インプロ教育の探究

学校教育とインプロの二項対立を超えて

高尾隆・園部友里恵 編著

新曜社

目次

おわりに——学校教育とインプロの二項対立——高尾隆・園部友里恵　297

装幀＝新曜社デザイン室

はじめに

園部 友里恵・高尾 隆

1 「インプロ教育」のひろがり

「インプロ」ということばを聞いたことはありますか？　そう参加者に問いかけると、全員が首を横に振る。この光景は、インプロのワークショップを様々な学びの現場でおこなう私たちがよく目にしてきたものである。何だろう？　という表情を浮かべる多くの参加者を前に、インプロとは、improvisation の略語で、即興演劇、台本がない状態で進めていく演劇を意味するものです、といった感じで、インプロの説明が続いていく。

しかし、最近、首を横に振るのは全員ではなくなってきた。知っている、やったことがある、やったことはないが聞いたことはある、といった参加者に出会うようになってきたのである。インプロは、近年の日本において、どのようにひろがってきたのであろうか。

そのひろがりを描く上で避けて通れないのが、「教育」である。「インプロ」と「教育」は、強く結びついている。この本の目的は、「インプロ教育」（高尾 2006）の昨今の多様なひろがりについて、インプロの研究者・実践者たちの視点から、それぞれの関心キーワードや現場の状況を描いていくことである。

2 「インプロ」はそもそも「教育」的？

日本における「インプロ教育」の変遷を紐解くにあたり、まず、日本におけるインプロのはじまりについて、園部・福田（2016）を参照し触れておきたい。厳密には「即興的な演劇」や「即興的な要素を含む演技法」は日本にも古くからあるが、現在の日本において「インプロ」と呼ばれているもののはじまりは、1990年代半ばにその起点を置くことができる。というのも、現在日本のインプロ界で活躍している指導者・実践者の多くは、1994年、海外と親交のある芸能プロダクション「UPS（United Performers' Studio：アップス、代表・奈良橋陽子）」が主催した「シアタースポーツ（Theatresports™）」事業に参加しているからである。

シアタースポーツとは、イギリスの演出家・劇作家でありインプロの創始者の一人とされるキース・ジョンストンが開発したインプロ上演形式である。演者がチームを組み、それらのチームが対戦形式でインプロのゲームやシーンを展開していく。UPSの事業には、オーストラリアのインプロ実践家リン・ピアスを講師として招聘し、当時日本でまだおこなわれていなかったシアタースポーツの全国公演やワークショップの開催、テレビ番組の制作を通して、シアタースポーツを全国に普及させるという意図があった。

インプロは、UPSのシアタースポーツ事業に集まった俳優たちが、シアタースポーツに留まらない「インプロ」の多様なスタイルについて学び、独自の団体を立ち上げ、上演やワークショップを展開したり、俳優養成所やカルチャーセンターなどで講師を担ったりすることで、俳優・俳優志望者や、俳優をめざしているわけではないが演劇に関心のある社会人や学生にひろがっていった。また、主に2000年代以降、インプロをおこなう人（インプロバイザー）の多様化がさらに進み、学校教育や企業研修において、インプロを学びの「手法」として活用することも増えていった。こうした流れのなかで、必ずしも演劇経験のない人や演劇に関心のない人も、インプロに触れる機会が増えていったのである。

インプロはなぜひろがったのか。UPSのシアタースポーツ事業で特徴的なのは、公演のみならず、ワークショップもあわせて実施している点にある。UPS代表の奈良橋は、シアタースポーツ事業以前にもインプロのワークショップを単発実施してきた。奈良橋がインプロおよびシアタースポーツを導入した理由は、インプロには俳優養成に必要な要素が含まれているため、そして、シアタースポーツを全国に普及させることで俳優の仕事を増やすためであった。UPSが対象としていたのは俳優および俳優志望者であるが、インプロの「教育」的要素や、「観る」だけでなく「参加」するという特徴が、そのひろがりの契機となっていることが分かる。

実際、インプロが日本にやってきた時期は、日本において「ワークショップ」という営みがひろがり始めた時期と重なる。ワークショップとは、「講義など一方向的な知識伝達のスタイルではなく、参加者が自ら参加・体験して共同で何かを学びあったり創り出したりする学びと創造のスタイル」（中野 2001:11）である。「ワークショップ」という学習形態や、「ファシリテーター」というワークショップの進行役を担うことへの関心から、インプロを学び始める者も少なくない。

3 「即興」と「教育」

インプロのひろがりをみると、そこには「教育」が大きく関係している。インプロと教育は、どのように結びついてきたのか。

もともとインプロは、教育、特に学校教育と対立するかたちで生まれてきた歴史をもつ。ジョンストンが「反教育」的思想をもっていたことは、彼の著書（*Impro:Improvisation and the Theatre*）（Johnstone 1979）から読み取ることができる。同書の第1章には、彼の被教育経験が綴られている。そこでは総じて、「教育」や「学校」「教師」は良いものとしては描かれていない。例えば、成績優秀だったジョンストンが「落ちこぼれ」になった時の教師たちの自身への関わりの変化（「教師のお気に入り」から「クズの仲間入り」へ）や、学習者の感情を押し殺すような授業、「知性」を重視するあまり「失敗」を恐れてしまうこと、などである。ジョンストンは、インプロにおいて、学習者が学校教育を通して身につけてしまった学習への向き合い方、他者との関わり方を変えていこうとする。そして、インプロを学ぶ現場で起こる様々な問題について、ゲームを通して解決していこうとする。

学校教育とインプロの二項対立。実際、約20年前、教育の世界でインプロがおこなわれるようになった時期には、二項対立的に両者の関係を捉え、インプロが学校教育、言い換えれば近代的なものの見方とは異なる価値や選択肢を提示し、主流となっている「教育」観の問題点をあぶりだす役割を担ってきた。学校の先生たちのなかには、ゲスト講師として学校にやってきたインプロバイザーのやることやふるまいを見て、「反教育」的な雰囲気を感じた人もいるのではないか。「野生」的であり、「毒薬」にも見える。この時期のインプロは、「反教育」的な雰囲気を隠しながら「学校」という枠のなかに入り込もうとするか、「反教育」的な雰囲気をまといながら入るがゆえに拒絶されるか、のいずれかであった。

では、いまの学校教育とインプロはどうか。近年、両者は二項対立的な関係かといえば、決してそうでもなくなってきた。両者がやろうとしていることは少しずつ近づいてきているように見える。たとえば、昨今の日本の教育界では、2017年に学習指導要領が改訂され、「主体的・対話的で深い学び」(いわゆる、「アクティブ・ラーニング」)の重要性が叫ばれるようになった。そうしたなかで、学校の先生に求められる資質能力にも変化が生まれ、「ファシリテーターとしての教師」像がめざされている。また、渡部淳らが主導してきたアクティビティを通して学ぶことを重視する「獲得型教育」や、川島裕子らによる北海道教育大学における演劇を用いた教員養成、渡辺貴裕・藤原由香里の「演劇的手法」および「なってみる学び」など、学習指導(教科教育)や生活指導(集団づくり)、そして教師教育のなかに、「演劇」が学習方法の一つとしてひろがりつつもある。

インプロは、「反教育」的な要素を失ったのか。決して、そうとはいえない。近年のインプロ教育は、学校教育の論理にも理解を示し、協働できるところは協働しながら、相容れないところには乗っからない。すなわち、学校教育とインプロのあいだの境界線上に立ち、両者をつなぐところにある新たな価値を見出そうとしているのが、この「インプロ教育の10年」ではないか。

加えて、ゲームを楽しみながら学ぶ、学習手法の一つとして活用する、という次元をこえて、ゲームの背景にあるインプロの考え方を学ぶというようになってきたのも、この10年の変化と言える。実際、この本で見ていく多様な領域におけるインプロ教育は、その視点から描かれている。インプロが教育のなかに広まっていったのには、「ゲーム」形式で学ぶことができるというインプロの特徴も関係している。すなわち、まさに、アメリカのインプロの創始者の一人とされるヴァイオラ・スポーリンがねらっていたように、指導者が演劇を専門的に学んでいなかったとしても、ゲームの手順やルールさえ覚えてしまえば実施することができるからである。参加者も、演劇未経験者であっても、ゲームに参加することで、自然に演劇の世界に入っていくことができる。

4　この本について

この本には、個別具体的な教育領域における多様な実践が描かれている。しかし、いわゆるハウツー本、教育のここにインプロを取り入れればうまくいく、ということを示すものではない。先述した通り、「インプロ教育」は、この10年間で、「インプロ・ゲーム」から、「インプロの考え方」へと着眼点が変わっていった。すなわち、その教育現場に合うインプロ・ゲームを選択・活用する、という段階から、インプロで大切とされている考え方が教育現場におけるシステムや規範にどうゆさぶりをかけるかを省察する、という段階へとシフトしたと言える。

また、インプロ教育の文献となると、実践やアクティビティが紹介されているものが多い。そこで、この本では、実践やアクティビティの紹介に留まらず、多様な領域でインプロ教育にたずさわる実践者・研究者たちによる、理論的な分析や検討も含めている。

この本の特色は、次の二点にある。一点目は、多様な領域でのインプロ教育が扱われていることである。小学校、中学校、高等学校、専門学校、大学、大学院、そして子どもの習い事や企業研修など、学校外での学びの現場における様々なインプロ教育をカバーしており、それぞれの現場でどのような実践がおこなわれているのかを描いている。

二点目は、理論的な分析・検討がおこなわれていることである。芸術、美、創造性、想像力、身体、遊び・楽しさ、物語、祝祭、コミュニケーション、協同、行動、探究、感情、虚構性など、インプロには多様な要素が含まれている。また、教育学のみならず、心理学、社会学、生物学、現代思想など、人文科学・社会科学・自然科学との関連性もある。そうした理論的な視座から深い分析・検討がおこなわれている。

この本の執筆者は、主に2010年代に東京学芸大学においてインプロを学んできた者たちである。ともにインプロを学んだ私たちは今、自身の関心のある領域・現場でインプロ教育の実践と研究を展開している。すべての章が出そろった今振り返れば、この本の執筆過程は非常に「インプロ的」であったと言える。メンバー一人一人の関心や持ち味、こだわりを熟知し、何度もミーティングを繰り返し、相互にフィードバックやアイデアを重ね合いながらつくられてきた。

また、この本は、インプロや演劇に関心のある人、教育に関心のある人、両方に読んでもらいたいという思いを抱きながら執筆している。関心のある実践領域の章のみ読んでもいいが、全体を読み、「インプロ教育」のひろがりや、この書をつらぬく「インプロ教育」の軸のようなもの、著者の私たちが自然に身につけていた「インプロ教育」の思想を感じ取ってもらえると嬉しい。

【謝辞】

本書の出版・編集にあたり、新曜社の塩浦暲様には大変お世話になりました。感謝申し上げます。

【文献】

川島裕子（編著）(2017)『〈教師〉になる劇場 ―― 演劇的手法による学びとコミュニケーションのデザイン』フィルムアート社

園部友里恵・福田寛之 (2016)「日本における「インプロ」の導入と展開 ―― 1990年代を中心として」『東京大学大学院情報学環情報学研究 調査研究編』32, pp.1-23.

高尾隆 (2006)『インプロ教育 ―― 即興演劇は創造性を育てるか?』フィルムアート社

中野民夫 (2001)『ワークショップ ―― 新しい学びと創造の場』岩波新書

渡部淳・獲得型教育研究会（編）(2010)『学びを変えるドラマの手法』旬報社

渡辺貴裕・藤原由香里 (2020)『なってみる学び ―― 演劇的手法で変わる授業と学校』時事通信社

Johnstone, Keith (1979) *Impro:Improvisation and the Theatre*. Faber & Faber.

第1章　インプロは教育できるのか

高尾　隆

教えはじめるにあたり、自分の教師たちがしていたことのすべてを逆にするのは私にとってとても自然なことでした。（Johnstone 1979: 14）

1　インプロを教育することは不可能か？

インプロ（即興演劇）の創始者の一人、ジョンストンは反教育の人と言えるかもしれない。1933年にイギリスに生まれたキース・ジョンストンは、11歳をすぎた頃から学校で不適応を起こす。彼の著書*Impro*には彼自身について書かれた自伝的な章があるが、その前半は彼が受けてきた教育、彼のいた学校、彼が出会った教師について書かれており、それらのほとんどがネガティブなイメージで彩られている。その後に書かれるのは、彼があるきっかけで教師を目指すことになり、教員養成校でそれまで経験したことのない教え方をする美術教師に出会い、教師になってからそのやり方で教えてみたところ子どもたちが驚くべき成長を見せ、やがて教師をやめて劇場で教え出すジョンストンの人生初期のライフストーリーである。

ジョンストンのインプロの理論は既存の教育、学校、教師のやり方を反転させたものが多い。ジョンストンは9歳の時から「都合がいいからという理由では物事を信じるまいと決めました。どんな話でも必ずひっくり返して考え、逆もまた真なりかどうかを確かめることにしました」(Johnstone 1979: 14) と言う。ジョンストンは、子どもたちが持っている能力が教育によっていかに潰されているかを次々と指摘し、そうしないためのインプロの指導法を模索していく。

しかし、もしジョンストンの言うように、人が生得的に持っている能力がいいものであり、教育が人をいずれかの方向に変えようとする営みであるならば、すでに理想的である子どもたちにインプロを教育することは不可能なのではないか?

この章では、インプロを教育することはできるのか、もしできるとするならばどのような教育ならば可能なのかを考えていきたい。そのために、まずジョンストンの言うように、本当に人が生得的に持っている能力がいいものだと言えるのかを、トマセロの協力論・コミュニケーション論と、ダマシオの情動・感情論を補助線にして確認していく。さらに、インプロは何をどのように教育するのかについて検討していきたい。

2　トマセロの協力論・コミュニケーション論

まずは、人がそもそも協力、コミュニケーションの能力を持っていることを、トマセロの理論をもとに確認していく。進化生物学者のマイケル・トマセロは、人間の子どもと類人猿の比較研究に取り組む中で、人間の文化に特有なものとして「文化の累積的進化」（時間とともに複雑さを増していく、つまり「歴史」を持つこと）と「社会制度を生み出したこと」の二つがあると言う（トマセロ 2013: 2-3）。そして、この二つの根底には人間が持つ「協力する技能」と「協力しようとするモティベーション」があると言う（トマセロ 2013: 4）。

トマセロは利他性と協働行動をテーマにした実証研究を繰り返しながら、人間は発達早期においても利他性が出現することを明らかにした。この利他性は文化によって子どもたちに授けられるものではなく、子どもたちから自然に現れるものであると言う。

トマセロの数々の実証研究は、乳幼児でも協力的であることを明らかにする（トマセロ 2013: 14-20）。1歳児でも困っている大人を見ると、物を取って渡したり、扉を開けたりして助けようとするし、指差しによって情報提供して他者を助けようとする。同じようなことは類人猿には見られない。これらの助ける行為は親からの報酬や促しなどとは関連がなく、文化にかかわらず起こることから、学習や文化化によって身についたものではなく、生得的なものであることが分かる。

やがて、3歳ごろになると、子どもは他者に対して互恵的な行動をおこなっていいかを見極めるようになる（トマセロ 2013: 32-33)。また、社会規範に沿って振る舞うようにもなる（トマセロ 2013: 18)。これらも学習や文化化の結果によって起こるのではなく、生得的なものであることが実証的に示される。

トマセロは、初期人類は、（1）目標を共有することや、複数の役割同士が互いに協調して労働を分担することを含めて、他者と複雑に協調・コミュニケートする本格的な社会・認知的スキルとモティベーションを進化させる必要があり、（2）これらの複雑な協働行動を開始するにあたって、互いに寛容になり、信頼し合わなくてはならず、（3）さらに寛容で協働的になったことから、公的社会規範や、制度における役割を義務的なものとみなすことを含む、集団レベルでの制度的慣習を発達させる必要があったと説明する（トマセロ 2013: 50)。つまり、人間はその初期の段階から、目標に向けて協働しコミュニケートするための能力や動機を持ち、寛容さや信頼を必要とし、それを支える規範や制度も発展させてきたということになる。

3　ダマシオの情動・感情論

次にダマシオの情動・感情論を見ていく。脳神経学者のアントニオ・ダマシオは、身体、情動・感情を重視した脳科学理論で知られている。

ダマシオの理論の前提は、心、情動、感情、意識といったものが進化の過程で生存に有利だったために生まれ、発達してきたというものである。生命はその維持を本質とする。そのために大事なのは、自らを生存に適したある幅の間に置き続けることである。それをホメオスタシス（恒常性）と言う。これは単細胞生物を含めたすべての生物がおこなっていることである。快適に暮らすことのできる温度の幅に自らを置くために、暑い環境や寒い環境を避け、自分にとって有害なものからは遠ざかり、有益なものには近づいていく。それを可能にするために、生命に備わっているのがヴェイレンス（valence）、つまり快・不快の感覚である。快を維持し、不快を避けることで、ホメオスタシスを実現することができる。

やがて、進化の過程で、この快・不快の感覚が複雑化してきて、快の中でもどのような快なのか、不快の中でもどのような不快なのかが細分化してくる。そうして、ホメオスタシスを求める行動がより精緻になってくる。そうした反応をダマシオは情動（feeling）と呼ぶ。やがて生物は感覚器を持つようになり、自分と直接には接していないものからも情報を得ることができるようになり、より早く正確にヴェイレンスにもとづく行動ができるようになる。

ここまでは今ここで起こっていることへの反応であるが、やがて一部の動物は脳を持ち、身体の各所で起こっている反応を収集し記録できるようになる（これをダマシオはマッピングと呼ぶ）。ここから自意識の起源である原自己が生まれるとダマシオは言う。原自己は身体各所の情動的反応を総合して一つの像を作る。これをダマシオは感情（emotion）と呼ぶ。この記録をさらに記憶して蓄積できるようになると、過去の経験を参照しながら、未来の危機が予想される場合は不快の情動・感情が生じるようになり、未来の利益が予想される場合には快の情動・感情が生じるようになる。したがって、情動・感情にしたがって動くことは、生物が生きていく上で有利となる。人間においても基本的に己の欲する方に動き、己が忌避する方を避けていくと、適切な判断ができるようになっているということである。

ダマシオの有名な理論にソマティック・マーカー仮説というものがある。これは、理性だけでは適切な判断をすることができず、情動・感情が適切な判断のために大きな役割を果たしているというものである。人間がうまく判断して行動できるのは、理性が情動・感情を抑えているからではなく、理性と情動・感情が協働できているからである。

やがて、これらの情動、感情、意識が発展して創造性が生まれてくる。創造性はさらに効率よく迅速に行動できるようになるために人間が持つようになった能力なのである。

4　インプロは何を教育するのか

ここまで見てきたように、協力やコミュニケーション、判断や創造に必要な能力や、それに向けての動機は、進化の過程で私たちに備わっているものであると言える。インプロはこれらの能力を用いる芸術表現であるが、それはすでに備わっているものなので、インプロを教育することは、これらの能力が欠けている私たちに、それを学ばせるものではなくなる。では、インプロでは何を教育するのだろうか？　私はジョンストンの理論と照らし合わせながら、四つを仮説的に提示する。

一つ目は、情動にまかせることを学ぶことである。ダマシオの研究を見ても分かるように、情動が果たしている役割は私たちが思っているよりずっと大きい。ソマティック・マーカー仮説から分かるように、私たちが正常な判断をする際にも、情動と理性は協調してその仕事をおこなっている。しかし、理性がすべてをコントロールしようとして、事を意識的におこなおうとすると、情動と理性の協調が崩れてしまい、判断がおかしくなってしまう。

これはジョンストンが好んで引用するヘリゲルの『弓と禅』やガルウェイの『新インナーゲーム』とも関わっている。

『弓と禅』は、ドイツ人オイゲン・ヘリゲルが日本滞在中の弓道の体験を自伝的に描いたものである。禅の精神を学ぶために弓道に通いはじめた彼は、アーチェリーの経験があったこともあり、いろいろと考えてやろうとしてうまくいかない。師匠はその考えてやろうとすることがうまくいかない理由であると指摘する。ある日、彼が何気なく放った矢を見て師匠が「今、はじめて矢が放たれました」と言う。彼はそれに気を良くして、もう一度それをやろうと考えた瞬間にまた矢を放つことができなくなってしまう。

著書『新インナーゲーム』の中で、テニスコーチのティモシー・ガルウェイは、テニスの試合では相手とのゲームの前に、自分の中に存在する二人の自分が戦ってしまうと言い、この戦いをインナーゲームと呼ぶ。一人の自分であるセルフ1は意識的に考えて何かを成し遂げようとする自分であり、もう一人の自分であるセルフ2は無意識的にいろいろなことに好奇心を持ち、実際にどんどん試していき、そこから自動的に修正していく。セルフ1は親のような自分、セルフ2は子どものような自分であり、セルフ1はセルフ2が勝手に動こうとするのを止めようとする。するとすべてがぎこちなくなってうまくいかなくなる。逆にセルフ2に任せた方がうまくいくことが多々ある。

これは右脳と左脳で右脳を優先させればいい、あるいは精神と身体で身体を優先させればいいという単純な話ではない。

情動と理性は協調して働いている時には、右脳と左脳は両方とも働いているし（そもそも近年の脳科学研究の進展により、各脳部位の働きが細かく分かってきており、決して右脳と左脳といった大雑把な話はできなくなっている）、精神と身体もダマシオのように、デカルト的心身二元論でなく、スピノザ的心身一元論に立てば、両方とも働いていることが分かる。しかしその際、脳が身体に命令を下すというイメージではなく、脳が身体の各所で起こっていることについて情報収集して統合し、過去の身体の記憶とも照らし合わせながら、一つの像を作るシンセサイザーとしての脳のイメージとなる。

私たちは舞台に上がった時、あるいは日常でもプレッシャーのかかる場面や人に見られている時には、過度に頭で考えてしまう。そうなっている自分を発見し、安全な環境でそれを緩めることを試みる。その後、仲間からパフォーマンスについてのフィードバックをもらって、それでもひどいことは起こらない、むしろスムーズに行くことが多いことを確認する。そのような体験と振り返り（reflection）から、より情動に任せられるようになっていくのがインプロの学びの一つである。

二つ目はジョンストンの用語で言えば「ビーイング・ゼア（being there）」ができるようになることである。私たちの意識は、過去と未来に向きがちである。それは、過去に身体で起こったことを脳が記憶として蓄積し、それを参照することで失敗しないようにして、また未来を想像力によってシミュレートして危機を回避しようとする私たちの自己防衛と関わるものである。意識が過去や未来に向いている時には、今、ここで起こっていることを五感で感知すること、また今、自分の身体に何が起こっているのかを感じることができなくなっている。今、身体に起こっている情動を知覚できると、そこから感情が呼び起こされる。そうして、精神と身体の協働が取り戻されるのである。

ビーイング・ゼアの状態は、禅のマインドフルネスに近いものであるとも言える。ジョンストンはビーイング・ゼアのためのゲームとしてハットゲームを挙げ、このゲームをサンフランシスコ禅センターで禅僧たちとおこなった時に、ある禅僧から「これはマインドフルネスのゲームですね」と言われたエピソードをワークショップで好んで話し、著書にも書いている（Johnstone 1999: 159）。

三つ目は役割を終えた情動を抑制することである。情動は私たちの生存に有利になるように進化的に身についたものである。しかし、進化は長いタイムスパンで起こることであり、短いタイムスパンで変化していく私たちの生活環境、文化環境ではもはや有利ではない、あるいは不利になってしまうものも出てくる。

たとえば、ダマシオは怒りを例に挙げる。自分が脅かされたと感じた時に、顔が紅潮し、心臓が高鳴り、怒りを感じる。そして、相手に殴りかかりたい衝動が起こる。その情動・感情は、初期の人類がたとえば猛獣に襲われた時に適切に対処するのには必要だったかもしれない。しかし、今現在、その情動・感情にしたがって行動してしまっては、社会から制裁を受けて生きていけなくなってしまう。したがって、理性によってその情動・感情を抑制する必要がある。

人前に立った時の恐怖も人間に普遍的に見られる情動である。これも以前にはなにかしらの生存のためのメリットがあったと考えられる。しかし、今の文化環境では有効ではない。このような役割を終えた情動は抑制することができる。やってみて、いかに有効でないかを認識し、理性によって行動修正し、それを繰り返していくことで学習し不要な情動を減らしていく。これがインプロで学べることである。

四つ目は演技に情動・感情を取りもどすことである。これは演劇に直結した学びである。私たちは情動・感情における脳と身体の関係について、次のような素朴な考え方を持っている。外部（環境・他者）からの刺激があると、五感がそれを感知して脳に伝える。そして脳はそれに対して感情を持ち、適切な反応をするよう身体に指令する。たとえば、熊に遭遇した時に、熊がいることを目が捉えて情報を脳に送り、脳は恐怖を感じ、心拍数を上げろ、身体を震わせろ、手に汗をかけと指令していくというものである。

しかしダマシオはそれは脳と身体の順序が実際とは逆であると言う。外部（環境・他者）からの刺激は、まず身体に情動的反応を引き起こす。脳が身体の各所に起こる変化をモニタリングしていて、それを統合する形で感情を作り出す、という順序が正しいと言う。熊との遭遇の例で言えば、熊がいることを目が捉えると、心拍数が上がる、身体が震える、手に汗をかくなどの情動的反応が起きる。脳はこれらの身体的変化を総合して、恐怖という感情を持つ、という順序である。心理学者のウィリアム・ジェイムズはこれを「悲しいから泣くのではなく、泣くから悲しいのである」と表現した。

私たちが感情を演じようとする。たとえば喜びを表現しようとする。脳が身体に、口角を上げろ、目を見開き、両手を突き上げろなどの様々な指令を出す。これは運動皮質が錐体路を通して筋肉を動かしていることになり、実際に情動・感情のプロセスとは異なるので、見る人には不自然に見える（ダマシオ 2010: 223-224）。身体への指令が観察にもとづくものでなく、ステレオタイプにもとづくものだとしたら、なおさらそうなる。

もちろん人の情動的反応を微細に観察して把握し、それを運動神経によって完全に再現することができれば、脳から身体への指令でも感情を演じることは可能になる。（ダマシオは俳優ローレンス・オリヴィエはそれができた稀有な人だという。）しかし、普通はそれは難しい。

そこで通常、演技では異なるアプローチを取る。一つ目は身体にある変化を人工的に引き起こし、それを脳が「誤解」して、ある感情を感じるようにするやり方である。仮面や化粧、衣装もその役割を果たす。あるいは腕を組む、呼吸を早めるなどの身体的動作もそうである。たとえば、恐怖の顔を作り、恐怖の時と同じような身体反応を人工的にしていると、やがてその感情が生まれてくる。

二つ目のアプローチはダマシオが仮想身体ループ（as if loop）と呼ぶものである。外部刺激は想像力によって創り出すこともできる。たとえば、もしも目の前に熊がいたらと想像する。微細に至るまで想像し、過去の類似経験の記憶を想像にブレンドすることで、熊の存在がリアルに感じられるようになると情動的反応が起こってくる。するとそれを感知した脳が恐怖の感情を感じるようになる。脳が作った仮想の外部刺激によって身体的反応が引き起こされ、脳に感情が生まれるので、仮想身体ループとなる。

ロシアの演出家コンスタンチン・スタニスラフスキーはこれを「魔法のもし（magic if）」と呼んで、

俳優が感情を演じる方法として用いていた。感情それ自体（たとえば「悲しさ」）を演じることはできないが、悲しさを感じるシチュエーションを想像力によって創り出すことはできれば、いつでも情動や感情を生み出すことができるということである。

インプロで運動神経的、ステレオタイプ的演技をしてしまう人たちに対して、脳が身体に指令を出すような演技をやめて、身体変化や仮想身体ループによる演技を経験してもらう。すると演技が真実味のある（truthful）、観客にとって信じられる（believable）なものになる。演じる人も、そのやり方で感情を持つことができること、逆にそれまでの演技が感情のふりをしていただけのものであることが分かる。

5　インプロはどのように教育するのか ―― ルソーの教育思想から

西洋文明における大きな論争のひとつとして、（たとえばルソー氏が述べたように）ヒトは生まれながら協力的で援助的なのに社会がそれを堕落させるのか、（たとえばホッブズが述べたように）利己的で非援助的に生まれたヒトが社会での教育によってましになるのかというものがあります。大きな論争がいつもそうであるように、どちらの主張にも、紛うことなくなにがしかの真実が含まれています。ここで私は、おもにルソーの考え方の肩を持ちつつも、さらにもう少しこみ入った主張をおこなうことにします。（トマセロ 2013: 11）

インプロを教育することがこれまで見てきたようなことだとしたら、それはどのようにして可能になるのだろうか？　ここまで見てきたように、人間が持っていない能力・技術・動機をインプロによってつけさせようとするものでなく、人間がすでに能力・技術・動機を持っているのにできなくなってしまうものをインプロによって再びできるようにすることならば、インプロに関する知識伝達や技術訓練だけではうまくいかないだろう。ここではトマセロもしばしば言及するルソーの教育思想に焦点を当てながら、インプロをどのように教育するのかについての示唆を得たい。

18世紀の思想家ジャン＝ジャック・ルソーは「自然に帰れ」という言葉が伝わっているように、教育に対しても自然な状態が一番であり、人間による介入がそれを駄目にするという放任主義、消極教育の思想を持つと思われがちである。

ルソーの教育思想書『エミール』では、冒頭で確かに「万物をつくる者の手をはなれるときすべてはよいものであるが、人間の手にうつるとすべてが悪くなる」（ルソー 1962: 23）と述べられているが、その直後に「しかし、そういうことがなければ、すべてはもっと悪くなる」（ルソー 1962: 23）と述べ、「こんにちのような状態にあっては、生まれたときから他の人々のなかにほうりだされている人間は、だれよりもゆがんだ人間となるだろう」と、人の手が加わること、つまり教育の必要性を言っている。

ルソーによると人は3種類の先生によって教育されるという。一つ目は「わたしたちの能力と器官の内部的発展」である自然の教育、二つ目は「この発展をいかに利用すべきかを教える」人間の教育、三つ目は「わたしたちを刺激する事物についてわたしたち自身の経験が獲得する」事物の教育である。そして、「これらの教えが一致して同じ目標に向かっているばあいにだけ」よい教育になると言う（ルソー 1962: 24-25）。そして、「自然の教育はわたしたちの力ではどうすることもできない」（ルソー 1962: 25）ので、そうすれば目標は「自然の目標そのもの」となり、「教育には三つの教育の一致が必要なのだから、わたしたちの力ではどうすることもできないものにほかの二つを一致させなければならない」（ルソー 1962: 25）と言う。

ここまでをインプロの教育で考えれば、自然の教育とは、人間が進化の過程で身につけている協力、コミュニケーション、情動と理性の協働による判断や創造力などであろう。人間の教育とは、周りの人たちが関わることによって実現する教育で、これらの能力や性向を発展させ、社会生活の中でいかに利用すればいいかを教えることだろう。そして、事物の教育は、インプロのワークを実際に体験しながら獲得するものだろう。そして、この三つが一致することで教育が実現するということになる。

この事物の学習について、ルソーが言うことはダマシオの理論に似ている。

わたしたちは感官をもって生まれている。そして生まれたときから、周囲にあるものによっていろんなふうに刺激される。自分の感覚をいわば意識するようになると、感覚を生み出すものをもとめたり、さけたりするようになる。はじめは、それが快い感覚であるか不快な感覚であるかによって、つぎにはそれがわたしたちに適当であるか、不適当であるかをみとめることによって、最後には理性があたえる幸福あるいは完全性の観念にもとづいてくだす判断によって、それをもとめたり、さけたりする。この傾向は、感覚がいっそう鋭敏になり、いっそう分別がついてくると、その範囲がひろがり、固定してくる。

しかし、それはわたしたちの習性に妨げられ、わたしたちの臆見によって多かれ少なかれ変質する。この変化が起こる前の傾向が、わたしたちの自然とわたしが呼ぶものだ。（ルソー 1962: 26）

ダマシオと同じように、ルソーは人間には快・不快、適当・不適当、幸福・不幸、完全・不完全を感知する能力があり、それに基づいて求めたり避けたりができるようになると考える。しかし、それらは習性や臆見によって歪んでしまうことがある。その歪む前の状態が自然だと言う。人間の教育、事物の教育は、この自然と一致している必要があるのである。

習性について、ルソーは「自然の欲求のほかに習慣による新しい欲求が生じてくる。そんなことにならないようにしなければならない」（ルソー 1962: 72）と言う。欲求は必要なものであるが、それが繰り返されて習慣化してしまうと、求めるからでなく、習慣から欲求するようになってしまい、歪む。ルソーは逆に「子どもにつけさせていいただ一つの習慣は、どんな習慣にもなじまないことだ」（ルソー 1962: 72）と言う。

ルソーは「子どもにほんとうの自由をあたえ、支配力をあたえず、できるだけのものごとを自分でさせ、他人になにかもとめないようにさせること」（ルソー 1962: 84）が大事だと言い、そのために「子どもの体や手足を完全に自由にしてやらなければならない」（ルソー 1962: 84）と言う。そしてその一方、「自由にしておくと言っても、高いところから落ちる危険がないように、子どもを傷つけるようなものをけっしてもたせないように、気をつけなければいけない。」（ルソー 1962: 84）と言う。傷つくことのない安全な環境で、自らの身体を動かして自力でやってみる中で、学ぶことが事物の教育だと考えているのである。

一方ルソーは、子どもは周囲の大人との関わりから臆病になったり強情になったりすることがあると言う。たとえば「体をしばられてもいず、病気でもないのに、そして、なんの不足もないのに、子どもが長いあいだ泣いているのは、習慣と強情で泣いているにすぎない」(ルソー 1962: 85)と言う。「こういう習慣をなおす方法、あるいはそれを予防する方法は、ただ一つ、ぜんぜん気にしないことだ」(ルソー 1962: 85)と言う。

ジョンストンは著書 *Impro for Storytellers* の一つの章を、フィードバックのことに割いている。この「フィードバックにともなうトラブル」の章で、ジョンストンは観客の笑いを取ったからといって愚かな行為をずっと続けるインプロバイザーの例などを挙げ、正確なフィードバックを得ることの重要性を述べる。事物の教育はフィードバックが正確でなければ、間違った習慣を身につけることにつながってしまうのである。

少年期になると、子どもはさらに活発に活動するようになり、怪我をすることも多くなる。ルソーは「けがをしないように注意するようなことはしない。かえってかれが一度もけがをせず、苦痛というものを知らずに成長するとしたら、これはたいへん困ったことだと思うだろう。苦しむこと、それはかれがなによりもまず学ばなければならないことであり、それを知ることこそ将来もっとも必要になることなのだ」(ルソー 1962: 98-99)と言う。しかしその際、周りの大人が慌てないことが大事だと言う。「けがをしたばあい、苦しみをあたえるのは、その傷であるよりも、むしろ恐れなのだ」(ルソー 1962: 98)と言う。もし大人が慌ててしまうと、子どもはそこから判断して恐怖を感じてしまうようになる。
ルソーは歩くことを学ぼうとしている子どもについて、次のように言う。

まいにち野原のまんなかに連れていってやることにしよう。そこで走りまわって遊ばせることにしよう。一日に百回ころんでもいい。それはけっこうなことだ。それだけはやく起きあがることを学ぶことになる。快適な自由は多くの傷をつぐなうものとなる。わたしの生徒はしょっちゅうけがをするだろう。それでもいつでも快活でいるだろう。あなた方の生徒はそれほどけがをしないかもしれないが、いつも意志をさまたげられ、いつも束縛され、いつも悲しげな顔をしている。そういう生徒のほうがいいかどうか、わたしには疑問だ。(ルソー 1962: 100)

ジョンストンは教育学者ジョン・ホルトの影響を強く受けているが、著書*Impro*の中でジョンストンはホルトの『子ども達はどうつまずくか』に触れながら、子どもたちが問題を解決することでなく、問題を回避することを学んでいると説明する(Johnstone 1979: 31)。頑張っても分からないふりをすると、教師はヒントを出してくれたり、答えを教えてくれたりする。そうすると、失敗の痛みを感じないで済む。そのような戦略を身につけてしまったら、いつまでも学ぶことはできなくなってしまう。ジョンストンはどんなことでも5000回やるとうまくなるという話をする。失敗してもすぐにまた挑戦し、それを楽しんでいることが一番の学びになるということである。
ルソーは「一般に行われていることとまさに反対のことをするがいい。たいていの場合はよいことをすることになるだろう」（ルソー 1962: 133）と言い、「人は子どもを子どもにしようとせず、博士にしようとしている」（ルソー 1962: 133）と言う。ジョンストンの「教師の多くは子どもを未発達の大人と考えています。もしも私たちが大人の方を萎縮してしまった子どもと考えれば、子どもたちに対して、よりよい、より『敬意を込めた』教育ができるでしょう。」（Johnstone 1979: 78）という言葉と共鳴する。

6　教育の否定ではなく

ジョンストンは反教育の人であると同時に、本物の教育を希求した人であると言えるかもしれない。彼は学ぶことを強く肯定し、教育に期待をしていた。だからこそ、既存の学校教育を厳しく批判した。彼のインプロ思想は学校を中心におこなわれてきた既存の教育に屹立する。それは教育の否定ではなく、既存の教育を解体し、その先にあらたな教育を構築しようとするものであった。

【文献】

ガルウェイ、W・ティモシー／後藤新弥（訳）(2000)『新インナーゲーム』日刊スポーツ出版社

ダマシオ、アントニオ・R／田中三彦（訳）(2005)『感じる脳 ―― 情動と感情の脳科学よみがえるスピノザ』ダイヤモンド社

ダマシオ、アントニオ・R／田中三彦（訳）(2010)『デカルトの誤り ―― 情動、理性、人間の脳』ちくま学芸文庫

ダマシオ、アントニオ・R／山形浩生（訳）(2013)『自己が心にやってくる —— 意識ある脳の構築』早川書房
ダマシオ、アントニオ・R／田中三彦（訳）(2018)『意識と自己』講談社学術文庫
ダマシオ、アントニオ・R／高橋洋（訳）(2019)『進化の意外な順序 —— 感情、意識、創造性と文化の起源』白揚社
ダマシオ、アントニオ・R／千葉敏生（訳）(2022)『ダマシオ教授の教養としての「意識」—— 機械が到達できない最後の人間性』ダイヤモンド社
トマセロ、マイケル／大堀壽夫他（訳）(2006)『心とことばの起源を探る —— 文化と認知』勁草書房
トマセロ、マイケル／橋彌和秀（訳）(2013)『ヒトはなぜ協力するのか』勁草書房
トマセロ、マイケル／中尾央（訳）(2020)『道徳の自然誌』勁草書房
トマセロ、マイケル／橋彌和秀（訳）(2021)『思考の自然誌』勁草書房
ヘリゲル、オイゲン／魚住孝至（訳）(2015)『新訳 弓と禅』角川ソフィア文庫
ルソー／今野一雄（訳）(1962)『エミール（上）』岩波文庫
Johnstone, K. (1979) *Impro:Improvisation and the Theatre*. Faber & Faber.
Johnstone, K. (1999) *Impro for Storytellers*. Routledge.
Johnstone, K. (1987-1994) "Keith Johnstone's News Letter"(1-6). The Loosemoose Theatre.

第2章　すでに学んでしまっている
――ジョンストンのスポンタナエティ概念

堀　光希

1　知らないうちに学んでいるという感覚

以前にはまったく分からなかったことや、できなかったことや、したいとも思わなかったことが、いつの間にか分かるようになったり、できるようになったり、するようになっていたりする。そんな感覚を覚えることがある。例えば誰からも教わっていないのにブランコがこげるようになった時とか、歌詞を見ずに歌を歌えるようになっている時とか、昔は理解できなかった人の行動に共感するようになった時とか、何回も繰り返し観たことのある映画なのにこれまで感じたことのない心の動きが感じられた時とかである。このような体験は日常の中に多く訪れているのではないだろうか？　最初はぎこちなかったものが次第にスムーズになっていったりする。それは料理や仕事みたいな日常動作かもしれないし、楽器演奏とかダンスとかの芸術実践かもしれないし、恋愛や親子とかの人間関係かもしれないし、苦悩や葛藤とかの精神面のことにも当てはまるかもしれない。

しかし、私たちはこのような変化を学びとは切り離して考えている。学びとはどこか、気合を入れて、頑張って、金銭的・時間的リソースを多分に割いておこなわれる、自分のためにおこなう、大変なものであり、かつ、そういうものであるべきだと思っている。そのため、上記にあげたような日常の中でほとんど絶えず微細にせよ起こっている変化を学びとは呼べない。私たちはどこか学びとは楽しくあってはいけないし、手軽に起きてはいけないと考えている。その結果、上記のような変化を価値のないもの、取るに足らないものだと考え、「これは学びではない」と考えてしまう。

この時に起きていることは自分自身で自分自身を萎縮させていることだ。ここで「自分自身」という言葉を二回用いたのには理由がある。自分自身には大きく二通りの存在の仕方があるという想定に立っているからだ。一つは社会的な自己で、常に誰かの視線を感じながら、所属する社会集団の中で評価を得て、生き延びようと頑張って防衛している自己だ。もう一つがあらゆるものに興味を示し、あれをやってみたいとかこれをやってみたいとか、手当たり次第に事物と関わってそれらを勝手に吸収してしまう自己だ。この後者の自己のエネルギーになっているのが本章のテーマであるスポンタナエティ（spontaneity）である。

スポンタナエティとは「自然発生性」とか「自発性」などと訳されるもので、なんらかの表現が自然に表出してくるような状態を指す言葉である。即興で演劇をおこなうインプロにおいて、スポンタナエティは中心的な役割を担う概念である。なぜなら即興では構造上、未来が見通せないためである。台本も、配役も、セリフもなく、誰がいつ登場するのか、誰と愛し合って誰と殺しあうかが分からない、そうした不確実な状況においては、あれこれと思案するよりも自分の内側に湧きおこる衝動や自動反応に任せてしまった方が結果的にうまくいく。そのため本章で中心的に検討するキース・ジョンストンをはじめ、ヴァイオラ・スポーリン、デル・クローズ、キャロル・ヘイゼンフィールド、ミック・ネイピアなどのインプロ指導者たちにとって、スポンタナエティは重要な概念として伝えられている。本章では特にジョンストンのスポンタナエティ概念について見ていく。それは筆者にこれらすべての思想を網羅的に記述する力の不足もあるが、ジョンストンのスポンタナエティ概念は、冒頭に述べたような学びのエネルギーについて考える際の枠組みを提供してくれるように思われるからである。

2 スポンタナエティの発見

キース・ジョンストンはイギリス出身のインプロの作家・演出家および指導者である。彼は学校の教師を経て、1950年代からロイヤル・コート・シアターにて劇作家グループの運営、教育事業担当者、演出家などを務め、インプロ集団として「シアターマシーン」をつくり、ヨーロッパ各地でインプロの上演およびワークショップをおこなった。その後カナダに移り、1972年からカルガリー大学で教鞭をとり（1995年に名誉退職）、1975年に学生たちとともにルース・ムース・シアターを立ち上げる。1999年まで当劇団の芸術監督を務めながら、世界各地でインプロのワークショップをおこなった。

まず、ジョンストンのスポンタナエティへの着目のきっかけから見ていく。[1] ジョンストンはかつて、成長に従ってすべてのものが生気を失っていったり、つまらないと感じるようになり、それは逃れられないものだと考えていた。

私は成長するにつれて、すべてのものが不鮮明に、そしてつまらないものになっていった。私は子どもの頃に生きていた世界の驚くべき鮮やかさのことをまだ覚えていたが、つまらなくなっていく知覚は老化による避けられない結果だと考えていた――まさに目の水晶体が次第にかすんでいかざるをえないように。私はあの鮮明さがこころに由来していたのだとは理解できなかった。(Johnstone 1979: 1)

ジョンストンは子どもの頃の鮮明さが老化ではなく、こころ(mind)の問題によって失われると経験的に発見する。そのきっかけになったのは、入眠直前に浮かぶイメージへの着目であった。ジョンストンは入眠直前にイメージが予測不可能的に次々と現れる現象を体験し、この現象をきっかけにスポンタナエティに興味を持ち始めた。ジョンストンにとって、スポンタナエティとは低覚醒状態の際に生じる脳の自動連想機能を一義的には指していることが分かる。ジョンストンはこの脳の自動連想機能の探求を繰り返し、浮かんでくるイメージに向き合い続けた。そして次第に、イメージの世界だけではなく、身の回りの現実にも同じように向き合うことを思いついた。その結果、不鮮明でつまらなくなっていた世界が崩れ、鮮明さを取り戻したと回想している(Johnstone 1979: 14)。

この体験から、ジョンストンは、無邪気に遊んでいた子どもが大人になるにつれてあらゆるものがつまらなくなっていくという経験は老化による避けられない身体的変化なのではなく、なんらかの精神的問題によってスポンタナエティが抑圧されることにより、現実と向き合わないようにしているからであると考えた。では、何がスポンタナエティを抑圧しているのか。それは教育が関わっているとジョンストンは捉える。ジョンストンは自分自身を振り返り、教育によって自分は実際に何がそこにあるのかではなく、世界はどのようにあって然るべきかと考えるようになったことが自身のスポンタナエティを抑圧したと振り返る（Johnstone 1979: 14）。

そのため、ジョンストンにとって教育とは、スポンタナエティを抑圧する営みのことを指している。ジョンストンが受けてきた教育は「全てがスポンタナエティを抑圧するようにデザインされて」（Johnstone 1979: 14）おり、「11歳か12歳くらいには、大半の子どもはスポンタナエティを失う」（Johnstone 1979: 77）のである。このように、教育によるスポンタナエティの抑圧は10代の初期には完成すると考えていることが分かる。

そして教育は、スポンタナエティを抑圧するテクニックを多く持っている。人間は成長や老化に伴ってスポンタナエティを失うのではなく、教育によって培ったある特定のテクニックによって、スポンタナエティを抑圧しているのである。そのテクニックを的確に用いるのが教師という存在である。この教師のふるまいを模倣し、内面化することによって、子どもたちはスポンタナエティの抑圧の仕方を習得するのである。教育における教師の役目をジョンストンは次のように記述する。

私の先生たちは、私たち生徒のスポンタナエティを破壊する義務を負っていると感じていたため、何百年もかけて有効だと証明されたテクニックを用いた。（Johnstone 1999: XI）

ジョンストンは、教育に携わる教師たちがスポンタナエティを抑えなくてはならないと感じていたと述べ、その教師たちが用いるテクニックによって、幼いジョンストンたちのスポンタナエティを抑圧したと考えている。こうして子どもたちは教育の成果によってスポンタナエティを抑圧するテクニックを内面化することで、現実の世界との関わりから疎外されていく。すなわち、スポンタナエティの抑圧とは技術的な問題なのである。技術的な問題である以上、それは技術的に回復が可能だということである。ジョンストンはスポンタナエティにもとづく即興を可能にするために、教育が使ってきたテクニックを暴いていく。では、そのテクニックとは具体的に何だろうか？

3　スポンタナエティを抑圧する三つのテクニック

教育によって獲得されたスポンタナエティを抑圧するテクニックは、大きく三つある。「もっと頑張ろうとする（try harder）」、「計画する（planning）」、「言語的に思考する（verbal thinking）」である。一つずつ内容を確認する。

まず、「もっと頑張ろうとする」である。これは生徒がスポンテイニアス（spontaneous）に学ぶことを抑圧するテクニックである。ジョンストンは、「『もっと頑張ろうとする』ことはあなたをスポンテイニアスにしない、それは回転扉を閉めようとするようなものだ」（Johnstone 1999: 64）と述べ、加えて、次のような考察を加えている。

この戦略（＝もっと頑張ろうとする：筆者注）は私を安全にしてくれたけれども、何も教えてはくれず、そして「考えること」が「強制された活動」になりうるリスクをもたらした。そうなると「考えること」は困難のないものとして経験されることはもはやない。(Johnstone 1999: 64)

「考えること」が「強制された活動」になってしまったのは、「もっと頑張ろうとする」ことが教師に対するアピールを目的としたパフォーマンスに過ぎないからである。眉をしかめ、首をひねり、頭を掻く、こうした「もっと頑張ろうとする」パフォーマンスはそれ自体が目的であるため、何かをスポンテイニアスに学び、考えるという営みからは遠ざかってしまうのである。

次に、「計画する」である。これはスポンタナエティを身体的に抑圧するテクニックである。ジョンストンは「計画する」ことの弊害を身体との関わりにおいて述べている。その際に参考にしているのは「剣術に関する日本の書物」(Johnstone 1992: 23) である。ジョンストンは「ハットゲーム」というゲームと剣術におけるスポンタナエティを関連づけ、相手をどのように切ろうかと計画する剣士はそうしている間に首を切り落とされてしまうが、「スポンテイニアスに行為すればいつの間にか帽子を取ることができるだろう」(Johnstone 1999: 162) と述べる。剣士が切られ、ハットゲームで帽子を取られてしまうのは、「計画する」ことによって「『現在の瞬間』にいることを妨げ」(Johnstone 1992: 23) られ、結果的に身体の自動的な反応が抑圧されるためである。

そして、「言語的に思考する」である。このテクニックはスポンタナエティを感情的に抑圧する。ジョンストンは「大半のインプロバイザーは言語的に解決策を探している」(Johnstone 1999: 156) と批判的に述べており、言語的な解決策ではなく、身体感覚的に納得のいく解決策を探すようにと促す。この時に「話すことを難しくすると俳優たちは『感情的』になると思われる」(Johnstone 1999: 156) と述べるように、言語的に思考することによって人はスポンタナエティがもたらす感情的な変化に反応することを押しとどめているのである。

このように人は「一生懸命頑張って、計画を立てて、それを言葉で説明できる」というテクニックを社会や教育的営みから習得する。そしてこれらはテクニックである以上、技術上の問題であり、変えることのできない私たちの本質的な性質を意味しない。よって私たちのふるまいには常にこれ以外のやり方、仕方が存在することとなる。しかし、私たちは教育によって培ったこれらのテクニックに過剰適応するあまり、それ以外のやり方、仕方を回避する。だがここで重要なのは、スポンタナエティを抑圧しているのはそれを良しとするコミュニケーション環境への適応の結果だということである。それゆえに、スポンタナエティを良しとするコミュニケーション環境を構築すれば、スポンタナエティを発揮できるようになるのではないかと考えられる。

ジョンストンは「一般的な人々の多くはスポンタナエティを信用していない」(Johnstone 1979: 149) と指摘し、スポンタナエティを信用し重視するがゆえにジョンストン自身が受けた批判を次のように記述する。

私がインプロを教え始めた時、私は次のように言われた。人間は常に「管理された状態」でいなければならない、とか、ナチスの台頭は「夥しいスポンタナエティ」と「無意識的な力の急増」によって引き起こされたとか。(Johnstone 1999: 55)

ジョンストンに向けられた批判は、私たちの社会においてスポンタナエティを危険視する価値観があることを表している。しかし、ジョンストンは、こうしたスポンタナエティの否定的な価値観は、管理された状態(be in control)であることを良しとし、それゆえにスポンタナエティを抑圧することを合理化する働きがあると指摘する。一方で、こうした価値観が関わり方ひとつで反転しうる可能性を、ジョンストンは「障害」と関連させて次のように述べる。

ヴェロニカ・シェルボーンが発達の遅れた子どもたちにスポンテイニアスに振る舞うことを許した途端に、私たちはその子たちの活気のなさが隠れ蓑であり、障害という社会的な見せかけであること、そして、私たち「普通の」人がその仮面を被った子どもたちに比べ、いかに精彩がなく、無表情であるかということがすぐに分かる。(Johnstone 1979: 173)

ジョンストンは「生気がない」とか「障害がある」というのはスポンタナエティを覆い隠し、社会的な生存を得るためのパフォーマンスであると考えている。ジョンストンはジョン・ホルトを引きながら、子どもたちはこのように大人から要求された人格を演じることで、身の安全を守っていると指摘する（Johnstone 1979: 173）。

このように人は人からどのようにみなされ、関わられるのかのコミュニケーション環境によって、スポンタナエティを抑圧したり解放したりするのである。すなわち、スポンタナエティの価値とは社会の相互作用やフィードバックの中で良し悪しが決まる文化的構築物であるという視点をジョンストンはもっている。次節に見るように、こうしたスポンタナエティを抑圧する文化装置としての教育に対する反作用という仕方で、ジョンストンのインプロ教育理論が作られていく。

4　教育の反作用としてのスポンタナエティ

では、前節で見たようなスポンタナエティを抑圧する教育への反作用として、ジョンストンはどのようにスポンタナエティを教えたいと思っており、そして、スポンタナエティを解放する手がかりをどこに求めているのだろうか。

ジョンストンのインプロ教育はスポンタナエティを動機にしている。自身が教育を経由したことによってスポンタナエティを抑圧するに至ったという分析から、ジョンストンは明確に「私はスポンタナエティを教えている」（Johnstone 1979: 32）と述べている。同時に「スポンタナエティを教えようとするなら、あなた自身がスポンテイニアスになる必要がある」（Johnstone 1999: 55）とも述べるように、こうしたスポンタナエティの教育は、教育者自身もその教育対象として含まれていると言える。

ジョンストンは「即興とはスポンタナエティに関することである」(Johnstone 1999: 305) と述べ、即興の性格をそのスポンタナエティに求めている。また「即興はスポンテイニアスで、シーンは瞬間、瞬間に創られていく」(Johnstone 1992: 32) と述べていることからも、即興の条件がそのスポンタナエティであり、即興を教えることとスポンタナエティを教えることは不可分であると考えられる。では、実際にどのようにして、抑圧されたスポンタナエティが解放されていくのだろうか。

スポンタナエティを解放するテクニックの一つは、混乱である。ジョンストンはスポンタナエティを教える戦略を次のように述べる。

> インプロバイザーが計画することや言語的に思考することによってスポンタナエティを枯らしていると想定するのであれば、「一単語ずつ繋げて物語をつくって」とか「全てのセリフが疑問形になるようにして」とかお願いすることで、そうした「策略」を混乱させることができるだろう。(Johnstone 1999: 130)

ジョンストンはスポンタナエティを引き出す戦略として、「計画する」「言語的に思考する」などのテクニックを混乱させるよう求める。「計画する」ことばかりに捉われているようなら、そもそも「計画する」ことが叶わないルールのゲームをすることで、そうした抑圧のテクニックを混乱させ、機能不全に陥らせることができる。その結果、邪魔がなくなったスポンタナエティが自然に表出されうる構図が示唆される。こうした構図は、次のような記述からも得られる。

私たちはスポンテイニアスにやってくるアイデアが響く通路に、いかなる凡庸な禁止的思考も立たせないようにしなさいと伝えた。(Johnstone 1979: 86)

ジョンストンにとって、アイデアは常に、すでに自然に溢れかえっている。しかし人はスポンタナエティを抑圧し、そのアイデアが表現されないようにせき止めている。そのため、その抑圧を取り払うことで、堰を切ったようにスポンテイニアスな表現が可能になると考えているのである。

これらの記述から分かるのは、ジョンストンにとってスポンテイニアスであることが自然な在り方であり、それを抑圧する状態の方が不自然な状態であると想定されていることだ。そのため、「もっと頑張ろうとする」や「計画する」「言語的に思考する」などの抑圧のテクニックにエラーを引き起こすことが、スポンタナエティを解放する戦略として採用されるのである。

また、こうして引き出されたスポンタナエティは、私たちにとって知性とは異なる価値がある。スポンタナエティを抑圧する習慣が一時的にエラーを引き起こし、スポンテイニアスな状態になれた時、人は「『知的』であることを止める」(Johnstone 1999: 178)。だが一方で「スポンテイニアスな応答は決して無意味ではない」(Johnstone 1999: 118) と述べ、スポンタナエティと知性とを異なる価値基準で対置させている。

これには、ジョンストン自身の経験が背景にある。ジョンストンはかつて自分自身が知性を重視しており、その結果として「失敗することの恐怖ゆえに何もしたくなくなり、最初に浮かんだ考えは決して良いものには思えなかった」(Johnstone 1979: 17) のである。こうした知性による不能さを抱えたジョンストンは、ドヴジェンコの映画『大地』を鑑賞した際に、知性への考え方を転換させたと述べている (Johnstone 1979: 17)。農民の主人公ヴァシリーが死の瀬戸際において夕日の中で踊り狂うシーンを見て、ジョンストンは「言葉に縛られ、かつ踊ることもかなわない」(Johnstone 1979: 18) 自分自身よりもヴァシリーの方がより多くのことを知っており、感じ取っていると感じたという。それ以降、ジョンストンは知性によって人を判断するのではなく、その人がしていることによって評価するようになったと述べる。

5　自己の複数性としてのスポンタナエティ

ここまで、ジョンストンにおけるスポンタナエティの考えを描き出してきた。すなわちスポンタナエティは教育によって培ったテクニックで抑圧されており、そのテクニックを混乱させることで引き出される。そうして引き出されたスポンタナエティは知性とは異なる価値や意味を持つ人間の自然である。ではもし、スポンタナエティへの抑圧を取り払うことに成功し、スポンテイニアスな状態となった時、インプロ教育はそこで終わりなのだろうか？　ここからジョンストンのスポンタナエティ概念が含む広がりを見ていこう。

スポンタナエティを抑圧している私と、抑圧していない私は異なる人格である。ジョンストンはスポンタナエティを「最も奥の自己」(Johnstone 1979: 111) と表現する。この最も深部に位置する自己は「本当の自己」でもある。

スポンテイニアスに行為したり、話したりすると、あなたの本当の自己が現れる。それは呈示するように訓練された自己とは反対の自己である。(Johnstone 1979: 118)

前述したように、スポンタナエティは安全を確保するために文化的に抑圧されており、スポンタナエティの抑圧を通して人は社会を安全に生き抜くための防衛的な人格を作り上げる。すなわち、自己の在り方は複数存在しており、社会的な制度からの期待に応えるための防衛的な自己と、「本当の自己」であるスポンテイニアスな自己がある。ジョンストンにとって、防衛的な自己はスポンタナエティの否定としての自己であるため、スポンテイニアスな自己こそ本当の自己である。

これを示す、ジョンストンのエピソードがある。あるインタビューの収録中に微細なノイズがあることが指摘され、撮影が中断された。そのノイズの正体は、インタビュー中にジョンストンが密かにクロスワードパズルを解いていた時の鉛筆と紙の摩擦音であったことが判明した。そのことについて注意されたジョンストンは、次のように答えた。

防衛的なキースがクロスワードに夢中になっている間に、スポンテイニアスなキースにインタビューしていた。防衛的なキースが相手では、何も得られなかっただろう。私たちは防衛的なキースがバス停の名前を思い出すために混乱している間にインタビューを続けられた。私たちは一時間以上創造性について語り合ったが、こうした「検閲する自己を取り除く」ことの好例を記録しておいてくれればよかったのにと思う。(Johnstone 2020)

ジョンストンは普段の防衛的な自己とスポンテイニアスな自己を異なる自己として記述しており、防衛的な自己をクロスワードパズルによって混乱させることでスポンテイニアスな自己の方が優位になり、有意義なことを話せるのだという。このような記述から、ジョンストンはスポンタナエティの抑圧が混乱し、エラーが起きることによってスポンタナエティが解放される際、そもそも異なる人格が立ち現れているのだと考えている。

ジョンストンは、人はスポンテイニアスな間、認知機能の面で変化が生じると述べ、スポンテイニアスな状態と宗教的儀礼に見られるトランス(trance)状態とを重ね合わせ、同様の事象として「記憶喪失」が生じることを指摘している(Johnstone 1979: 151)。すなわちトランス状態と同様に、スポンテイニアスな活動においては、その間の記憶が抜け落ちており、していたことや言っていたことなどが記憶されないことが観察される。そのため、まるで異なる人物が現れたという感覚が観察者にはもたらされる。

また、「人々ができるだけ早くスポンタナエティと共に動けば、グロテスクで怖いものは軽減される」(Johnstone 1979: 199)、すなわち、恐怖や価値判断といった認知機能も弱まるとも述べる。このように、抑圧的で防衛的な自己がスポンテイニアスな自己に切り替わった際、前者と後者とでは異なる認知的反応が引き起こされる。

しかし、スポンタナエティが達成されただけではよい作品は創れない。ジョンストンはスポンテイニアスになることがインプロのゴールを意味しないことを、次のように示唆する。

スポンテイニアスであることを証明しても、つまらないシーンはよりよくならない、実際はその作品が良いかどうかである。(Johnstone 1988: 2)

スポンテイニアスに創られたシーンが押し並べて良いシーンであるとは限らないということが分かる。スポンテイニアスであれば、即時的に良い作品が生まれるわけではないのである。そのため、本章にて見てきたスポンタナエティを取り戻していく試みは、インプロ教育のゴールラインとしてのみ考えることは難しい。スポンタナエティは防衛的な自己によって中断されていた現実との関わりを取り戻す、学びのスタートであると考えられる。

6 スポンタナエティはどこへ向かうのか?

ここまでのジョンストンの議論は抑圧されているスポンタナエティをいかに回復していくか、そして回復された時にスポンタナエティはどのような形で私たちの身体上に現れてくるのかを記述してきた。そして、それはインプロ教育のゴールではなく、むしろスタートを意味すると考えられた。では、この先にどうすればよいのだろうか？　スポンタナエティはどこへ向かうのか？　本節では、スタートとしてのスポンタナエティが現れたその後について検討する。

まず、ジョンストンの記述を見ていこう。実は、先に引用したスポンテイニアスであることが作品の良し悪しとは異なることを示した考えは、その後変容している。そのため、この点についてどのように考えるのか、ジョンストン自身にも未確定な点もあるようだ。ジョンストンは先の引用から11年後に、次のように書いている。

> プロセスがよければ、最終的な成果物もよいものになるだろうと思う。この考えによって私は、即興のシーンがまるで脚本と同じような「質」があると信じること（それはあたかも即興が一般的な演劇に至るための一つのステップに過ぎないかのようだ）をやめた。(Johnstone 1999: 339)

ジョンストンは即興と台本を中心とした「一般的な演劇」に、異なる美学的判断を用いることを提案している。すなわち、即興においてはよいプロセスが継続すれば結果的にできた成果物もよいものになるため、成果物よりもプロセスへの注目を促す。そのため、脚本の良し悪しの尺度を用いて即興のシーンの良し悪しを考えるべきではないということになる。そして、ジョンストンはその良いプロセスを示す俳優や観客の状態を記している（Johnstone 1999: 339-340）。その一部を抜粋すると、「俳優たちは演じているシーンを楽しんでいる（これは舞台上にいることが楽しいことと同義ではない）」「俳優たちは互いに配慮しあっており、互いによって変えられている」「俳優たちは観客と『一つの生命体』になっている」などが挙げられている。

しかし、ここで私たちはジョンストンに頼ることから自由になる必要がある。なぜなら、ジョンストンが記す俳優や観客たちの状態を確認したとして、それはただちに規範となってしまうからだ。こうしたスポンタナエティの理想化・規範化は、ジョンストンが批判したスポンタナエティを抑圧する教育の裏写しに過ぎない。ジョンストンがスポンタナエティを下敷きに目指してきたことは、私たちが自分自身を社会的に守るための孤立した学びではなく、あらゆる現実の経験に自己を開いていき、子どもにとって世界が現れるような鮮明さで学びを引き受けていくことであった。しかし、スポンタナエティの議論を進めていくにつれてジョンストンのスポンタナエティへの理想化と規範的介入が生じており、特定のふるまいに価値を置き、それ以外の仕方を閉ざすという点でジョンストンが批判した教育の再演となっていると指摘できる。よってジョンストンとは異なる仕方で、ジョンストンを理解する必要性が生じる。それに関して私見を述べ、本章の締めくくりとする。

冒頭に、筆者は自分自身には大きく二通りの存在が備わっているという想定があると書いた。一つは社会的な自己で、それは常に誰かの視線を感じながら、所属する社会集団の中で評価を得て、生き延びようと頑張って防衛している自己である。もう一つが、あらゆるものに興味を示し、あれをやってみたいとかこれをやってみたいとか、手当たり次第に現実と関わってそれらを勝手に吸収してしまう自己である。この構図はこれまで見てきたように、ジョンストンにおける防衛的な自己とスポンテイニアスな自己の構図を想定している。スポンテイニアスな自己は見たいと願うものや聞きたいと願うものを知覚するのではなく、今ここにある現実に向き合うことを恐れない。ここで私が提起したいのは、スポンテイニアスな自己による学びは常に、すでに駆動しているが、防衛的な自己によってかろうじて無かったことにされているだけではないかということだ。すなわち、防衛的な自己が優位な私たちは、スポンテイニアスな自己がすでに学んでしまっていること自体をも恐れ、認めていないのではないだろうか。

私たちは日々現実の中で生きている。私たちの周りにはあらゆる物や人や動物や自然があり、絶えず私たちに影響をおよぼしている。その影響を受け取り、防衛的な自己の願いとは関係なく自動的に学びを始めてしまうのが、スポンテイニアスな自己だと考えてみよう。そうすると、スポンタナエティとは防衛的な自己の意志や希望、要求に反して学習に向かってしまうエネルギーだと考えられる。防衛的な自己はスポンテイニアスな自己が何を学び、拾い上げてくるのかをコントロールすることはできない予測不可能性のただなかに置かれる。だからこそ、スポンテイニアスな自己の学びは防衛的な自己にとって危険で恐るべきものである。そうして防衛的な自己は、スポンテイニアスな自己が学んだものから身を守りながら、自身の学びを限定するのである。

ジョンストンのインプロ教育は、このように過剰に身を守っている防衛的な自己に対してその武装を解除し、心の機微や身体のコントロールをスポンタナエティに委ね、明け渡していくことを促しているのではないだろうか。そのために、防衛的な自己である私たちは何かを新しくできるようになる必要はない。必要なことは、すでにおこなっている防衛行為をほんの少しの間中断し、世界からの働きかけによってすでに生じている学びに気づき、認めていくことではないだろうか。

そして、ここでインプロを教える教師のことを考えたい。インプロを教える者とは、この意識状態に生徒を導くことを考える者のことだ。人はスポンテイニアスになる諸条件を整えられると、防衛的な自己の武装を解除していき、スポンタナエティが駆動し、既存の諸文化を勝手に吸収し、表現し、そして作り変えていくことだろう。この自動学習機能のことを信用し、現実世界との関わりを遮断させないことを目指す必要がある。例えばジョンストンは失敗を苦痛なものにしないことの重要性を指摘することで（Johnstone 1999: 61-63）、生徒が現実世界との関わりに挫折しないようにインプロを教えている。現実世界との関わりとは常に失敗がつきものであり、その失敗にこそ学びの要素が含まれている。だからこそ、失敗を拒絶したり無かったことにするのではなく、失敗に開かれていく態度が求められる。

そのためインプロを教える教師は、「スポンテイニアスに見える」ふるまいを生徒に習得させるのではなく、現実世界と向き合えるように在る必要がある。そのためには、教師自身がスポンテイニアスな身体として現にそこにいることが重要である。スポンテイニアスな身体が現にそこにあるという現実それ自体が、有効な学習環境となるからだ。誰よりもスポンテイニアスで、失敗を恐れることなく現実世界と関わり、それでもなお生きている証として教師と生徒は出会う。そしてそうした教師の身体が生徒の身体へと影響をおよぼし、スポンテイニアスであることが伝染する。そのため、教師がスポンテイニアスであることが、それだけで十分に生徒にとっては学びの源泉でありうるのである。

以上のように、インプロ教育は防衛的な自己の武装を解除し、スポンテイニアスな自己にコントロールを委ね、明け渡し、スポンテイニアスな自己が現実世界と向き合い、今すでにそこにあるものを学びつくすことに開かれていく実践だと捉える。このようにスポンテイニアスな自己が学んだことは防衛的な自己にも影響を与え、何から自分を守るべきかの価値観を変えるような相互作用も可能になるだろう。こうして防衛的な自己とスポンテイニアスな自己が対立するのではなく、相互にコミュニケーションすることで、学びの行き先は定まってくることだろう。そのため、防衛的な私たちは、スポンテイニアスな自己が何を学んでいるのかに耳を傾けてみるところからはじめよう。どこに向かおうとしているのかをスポンテイニアスな自己に聞いてみよう。こうしている間にも、スポンテイニアスな自己はきっとすでに学んでしまっているのだから。

【注】

［1］ジョンストンのスポンタナエティ概念を検討する具体的な手順は次のとおりである。ジョンストンの著作である *Impro:Improvisation and the Theatre*、*Impro for Storytellers:Theatresports and the Art of Making Things Happen*、*Don't Be Prepared:Theatresports for the Teachers* の三冊、そして、シアタースポーツの管理運営を担う団体 International Theatresports Institute にて１９８６年から１９９４年まで発行していた"Keith Johnstone's News Letter"および、ジョンストンの公式ホームページ上にて２０１９年より不定期に更新されていた"Keith's Blog"を対象とした。これらのテキストから **spontaneity** および **spontaneous (ly)** が出現する記述を全て抜き出すと、計62件の文章が抽出できた。これらを文脈を考慮しながら同様の意味内容ごとにまとめると、計18件のグループとなった。そして各グループ間の論理関係を構築することによってスポンタナエティの言説を統合することを試みた。その内容を踏まえ、最後にはスポンタナエティをきっかけにしたインプロ教育のあり方について私見を述べる。

【文献】

高尾隆 (2006)『インプロ教育 —— 即興演劇は創造性を育てるか?』フィルムアート社

高尾隆・中原淳 (2012)『インプロする組織 —— 予定調和を超え、日常をゆさぶる』三省堂

Dudeck, T. R. (2013) *Keith Johnstone:A Critical Biography*. Bloomsbury.

Johnstone, K. (1979) *Impro: Improvisation and the Theatre*. Faber & Faber.

Johnstone, K. (1987) "News One." Keith Johnstone's Theatresports(c) and Life-Game Newsletter, International Theatresports Institute.

Johnstone, K. (1988) "News Two." Keith Johnstone's Theatresports(c) and Life-Game Newsletter, International Theatresports Institute.

Johnstone, K. (1990) "News Three." Keith Johnstone's Theatresports(c) and Life-Game Newsletter, International Theatresports Institute.

Johnstone, K. (1992) "News Four." Keith Johnstone's Theatresports(c) and Life-Game Newsletter, International Theatresports Institute.

Johnstone, K. (1993) "News Five." Keith Johnstone's Theatresports(c) and Life-Game Newsletter, International Theatresports Institute.

Johnstone, K. (1994) *Don't Be Prepared :Theatresports for the Theachers*, The Loose Moose Theatre Company.

Johnstone, K. (1994) "News Six." Keith Johnstone's Theatresports(c) and Life-Game Newsletter, International Theatresports Institute.

Johnstone, K. (1999) *Impro for Storytellers:Theatresports and the Art of Making Things Happen*. Faber & Faber.

Johnstone, K. (2020) "Random Thoughts, Facts, Musings : To Be Sorted into Other Posts." Keith's Blog（２０２０年4月24日更新）https://www.keithjohnstone.com/post/_misc（２０２２年10月10日最終閲覧）

Zaunbrecher, Nicolas J. (2016) *Doing Spontaneity*. Southern Illinois University Carbondale, Ph.D. Thesis.

第3章　楽しむ中で「自分」になる
――スポーリンのシアターゲーム

豊田　夏実

この章の筆者である私は、即興演劇を扱うワークショップの講師をしている。実は即興演劇と一口に言っても、イギリスやアメリカなど生まれた国が違ったり、作り上げた人が違ったりする。私はその中でも、ヴァイオラ・スポーリンというアメリカの即興演劇の基礎を形作った女性の存在に惹かれ、彼女の考え方やシアターゲームを扱ってきた。

この章では、スポーリンが何を考え、私がどうしてスポーリンに惹かれているのかを伝えたいと思う。この章を読んでくれたあなたに、彼女の考え方の面白さを知り、自分でもシアターゲームをやってみたいなと感じてもらえたら、とても嬉しい。

そのために、この章では一つ一つの節の内容を「私が惹かれるスポーリンの考え方」と「私が実践を通して思うこと・感じた困難」、そして「あなたにおすすめしたいシアターゲーム」の三本立てで述べ、最後にワークショップを通じて感じた私の願いを述べる。

私が実施するワークショップの対象は学童保育に通う小学生、将来保育者を目指す保育者養成校の学生、コロナ禍により普及したＺｏｏｍを用いてのオンラインワークショップに通う一般の会社員や教員、役者など様々な背景を持つ参加者である。またスポーリンから直接学び、長く交流のあったアメリカの俳優であるゲイリー・シュワルツを講師に招いてのオンラインワークショップも複数回開催しており、シュワルツから聞いた話も参考にしている。

1　ヴァイオラ・スポーリンという女性

ヴァイオラ・スポーリンは１９０６年にアメリカのシカゴに生まれた。社会福祉士を目指した彼女は、シカゴにある福祉施設で開校されていたスクールでグループワークの理論やグループリーダーの養成法、レクリエーションの指導法を学んだ。そのスクールでの経験が、彼女の人生に大きな影響を与えた。

このスクールでスポーリンが学んだことについて少し補足をしたい。この場所でスポーリンは、ニーヴァ・ボイドという女性から学んだ。ボイドはアメリカの社会学者であり、「ゲーム」に関心を寄せていた。ボイド自身も、コミュニケーションとソーシャルスキルについてゲームを用いて教えることに取り組んでいた。ボイドから学んだこの「ゲームを通して学ぶ」という方法が、スポーリンのその後に大きく影響を与えることになる。

演劇を教える仕事に就いたスポーリンは、参加者にゲームを通して学んでもらうという手法を用いた。彼女は生涯で３００を超えるゲームを作り、それらを「シアターゲーム」と呼んだ。今ではシアターゲームは演劇の分野を越えて広まっており、スポーリン自身が学校でゲームを実践できるように教師向けの本を書き、またスポーリンから学んだ人によって企業研修に応用されたりしている。

2　知性・身体・直観の働きと有機的な存在としての自分

ここからはスポーリンの考え方のどこに私が惹かれるのかを述べていく。

最初に、私たちの中にある知性・身体・直観の働きと、有機的な存在としての自分について話したい。スポーリンによると、知性は私たちの脳の中を流れるものであり、身体は私たちが持っているいわゆるこの身体であり、直観は啓示の領域とも言われ、ピンときた瞬間を体験する時の源である。私たちは、頭で考え、身体を動かし、時に考えるということをしなくても直観で分かって行動することがある。スポーリンはこれらの働きを知性・身体・直観の働きとして捉えた。

そしてスポーリンが目指したのは、知性と身体と直観が統合された「有機的」と呼ばれる状態である。有機的な状態について、スポーリンは「頭（知性）、体、直観がひとつの単位となって頭の先から足先まで全身で反応すること。ひとつになっていること」と述べている（スポーリン 2005: 284）。

子どもの頃、遊んでいる時の自分を思い返してみてほしい。例えば、鬼ごっこをしている時に、相手の動きをよく見て、全力で走り、時には作戦を練りながらも目の前の状況に合わせてその作戦を一瞬で捨ててまた走ったのではないだろうか。こういった、子どもの頃の遊びに全力を尽くしている状態が知性と身体と直観が統合された有機的な状態の例だと私は思っている。頭の中で「鬼ごっこに一体どんな意味があるというのか？」と問うのではなく、身体の動かし方を考えるのでもなく、自分の全身が一つになっているような感覚である。

シアターゲームに取り組む中で、参加者は頭と身体と直観がばらばらに機能していた状態から、それらが一つに統合された状態に自分を構成し直すことができる。頭だけ、身体だけ、直観だけといった自分の一部のみに偏るのではなく、自分という存在全てで体験に入り込む。これがスポーリンのシアターゲームの特徴的な考え方の一つであり、全身で楽しみ、その過程で自分の能力を伸ばしていけるところが、私がスポーリンのシアターゲームに惹かれる部分である。

ここで、私が参加者とシアターゲームに取り組む中で感じた困難がある。それは、私たちの知性の働きはとても強いということであった。ゲームに取り組む前や取り組んでいる最中に、「どうやるのが正解なんだ？」「これであっているのか？」「私は何をやっているんだ？」といった思考が湧いてくるのである。そうして正解や正しさを頭の中で探し、意味を問うような頭の働きがゲームの間に事あるごとに浮かんできて、身体や直観の存在はないがしろにされ、頭で全てを理解しようとしてしまうのである。それは、実は自分の一部分しか使っていない学びになってしまっているのではないだろうか。

スポーリンは、知性の働きをなるべく参加者から遠ざけようとした。それはサイドコーチングと呼ばれる、ゲームに取り組む間に教師や演出家からかけられる言葉にも表れている。サイドコーチングは、ゲームの参加者がゲームの集中すべきポイントに集中し続けられるようにおこなわれる。「頭の外に出て！」はスポーリンがおこなうサイドコーチングに出てくるフレーズである。何かに取り組んでいる時に先に述べたような思考が湧いてきたとしたら、それは私たちの知性が働き、自分が頭の中に入っていることを示す合図である。参加者が自分の頭の中にいる状態から出てこられるよう、スポーリンは声かけをした。私もシアターゲームに取り組む参加者には、頭の外に出て、自分全てでその体験を楽しんでもらいたいと思う。

3　称賛／否定症候群を知る

私たちのつい正解を探してしまう頭の働きについてもスポーリンの考えがある。これには「称賛／否定（Approval/Disapproval）症候群」が関わっている。

スポーリンは、ゲームに取り組む中で参加者を称賛することと否定することを意識的にしないようにする。彼女は、称賛と否定が参加者の体験を歪めるものであると語る。教師や演出家といった他者からの称賛や否定は、次もその称賛を求めて参加者が行動することを引き起こしたり、否定されないように行動させたりする。それは自分からの行動ではなく、他者からの称賛や否定を元にした行動になっている。スポーリンは、称賛を得るためや否定を恐れるために行動する参加者の状態を「称賛／否定症候群」と呼んだ。称賛と否定について、スポーリンは以下のように述べる。

プレイする（体験する）ためには、まず自由でいなければなりません。（中略）自分自身と直接コンタクトすることは、ごく一部の人にしかできません。環境のなかに進み出るというもっとも簡単な行動は、名のある権威者からの好意的な批評や解釈を求めることで妨害されるのです。私たちは、認められないのではないかと恐れたり、部外者の批評や解釈を疑いもせずに受け入れてしまうものです。賞賛／否定が努力と地位の大きな指標となり、しばしば愛情とすり替えられる文化においては、個人の自由は浪費されるだけです。（スポーリン 2005: 21）

他人の気まぐれに身を委ねれば、愛されることへの欲求と拒絶されることへの恐怖で日々さまようことになり、生産的になれません。生まれたときから「良い子」と「悪い子」に分類され（中略）、賞賛／否定という細い糸にからめとられて創造性が麻痺してしまいます。（スポーリン 2005: 21-22）

私にとって、これらのスポーリンの言葉は身に染みるようであり、称賛と否定、またそれに対する自分の在り方を考えさせる。そしてこの称賛／否定症候群は、子どもたちあるいは大人との実践の場でも、実際に見られる。

例えば、私がシアターゲームのワークショップをおこなう小学生の子どもたちの中には、何か思いついたアイデアを持っていてそれを自分でも言いたいのに、皆の前で言わずにまず私に伝える子がいる。大人とのワークショップでも「何が正しいのか分からない。ゲームをしている最中にこれでいいのかと考えてしまう」と言われることが多くある。まるで誰かから「問題ない、それはいい」と言われることが必要であったり、「これが正しいやり方だからそうやりなさい」と言われることを望んでいたりするようである。

ここで知っておいてほしいことがある。スポーリンのシアターゲームには上手い、下手や「これは正しい、これは間違っている」という正誤はないということである。スポーリンのシアターゲームには、ゲームに取り組んだ後に他の参加者や教師、演出家全員でおこなう「評価」(evaluation)の時間がある。「評価」と言っても「あなたの演技は何点でした」といった点数や演技の出来・不出来を批評するのではない。この時間は、あくまでゲームの中で起きた客観的事実のみが確認される。例えば「空間の中にその物はあった?」とコーチが問い、見ていた人が「ありました」と答えるとコーチが「ありがとう」とだけ言って終わる。

もし私たちがその返事に物足りなさを感じたり、自分の足場が固まらないような感覚を覚えたりするとしたら、それは相手に何かしらの称賛や否定を求めたサインではないかと私は考えている。「何も言ってくれない、何も教えてくれない」と思うのだとしたら、それはすでに相手に正しい答えを与えてもらうのを待っているということであり、「それでいい」を今、他人に求めてはいないだろうかと自分に問い直すチャンスになる。もし自分が他人からの評価を求めているとしたら、自分の中にある称賛/否定症候群を知ることができる。

もし自分の中の称賛/否定症候群に出会ったら、どうしたらいいのだろうか? 私は二つできることがあると考えている。

一つは、スポーリンのシアターゲームに取り組む間は称賛や否定を求める必要がないと知り、「自分で自分の体験をしていい」と自分を許すことである。シアターゲームには「やり方」はあるが、そのルールの中でのあらゆる創造的な方法が許され、歓迎される。ゲームをする過程で、存在しない正解を問う必要はないのである。そうして、自分で自分の体験を積み重ねていくことにチャレンジする。

これは、自分一人で孤独に闘うということではない。「評価」の時間は、自分の探究を進めていけるように、その場にいる参加者や教師あるいは演出家から見えていた客観的な事実を聞くことができる。

ここで生じる困難は、これまで自分が生きてきた中で培ってきた、他者に称賛を求めたり否定を恐れたりする考え方がすぐにあなたを絡め取ろうとすることである。

その時には「称賛／否定症候群に出会ったらできること」のもう一つを使ってみることができる。もしも自分の中で「これでいいのか?」という声が聞こえてきたら、今その瞬間は自分が頭の中にいるのだと知り、自分で自分に「頭の外に出て!」とサイドコーチングをすることである。サイドコーチングは自分で自分におこなうこともできる。そうして自分の知性の働きから離れ、また自分の身体や直観に任せてゲームに取り組むことに戻ってくる。

補足になるが、このサイドコーチングがゲームの最中に他者からおこなわれた時、その内容を聞くために自分が今やっていることを中断する必要はない。スポーリンのシアターゲームでは、サイドコーチングをする他者を権威者として扱う必要はない。ただ聞いて、自分で「ああそうだった」とまた集中するポイントに戻ればよい。これも誰かに権威が集まり、称賛／否定症候群が登場しないようにするためのスポーリンの工夫である。シアターゲームに取り組む時は、自分の時間と自分の体験を楽しんでほしい。

スポーリンと長く交流のあったアメリカの俳優、ゲイリー・シュワルツが話すスポーリンの逸話で、私の好きなものがある。シュワルツがスポーリンのワークショップに参加し、終わった後に感謝を伝えに行った時の話である。お礼を言うシュワルツに対して、スポーリンは「私にお礼を言わないで！私じゃない、ゲームのおかげだ！」と言い放ったという。スポーリンは自分に権威が集まってくることを嫌っていた。彼女がそんな人だったと思うと、ゲームの中で称賛や否定に絡め取られていることが意味のないことだと思えてこないだろうか。

またもう一つの困難として、「評価」に参加する側も「これを言ったら相手を傷つけてしまうかもしれない」や「相手に批判的な人だと思われてしまうのではないか」といった恐れを感じて発言を控えてしまうということがある。これではゲームに取り組んだ参加者の「評価」が成り立たなくなってしまう。

「評価」は見ていた側が相手を批判したり、判断したりする場ではない。あなたは見えたものを客観的に相手に伝えることで、その人の課題解決を手助けする存在なのだということを知っておいてほしい。伝える側も客観的な事実に基づいて発言をし、受け取る側もそれをそのまま受け取ることにお互いが努めることで、徐々にその在り方に慣れていき、相手もあなたも称賛／否定症候群から抜け出していくことができるのである。

4　子どもたちとの実践の中で

ここからは、私が実際に現場でシアターゲームを実践した際に感じた具体的な内容を交えながら、私が思うおすすめのゲームについて述べていく。家族と、児童生徒と、身近な人と、同僚と取り組んでもらうきっかけになったら嬉しい。

4-1　子どもたちと実践する時におすすめしたいシアターゲーム

私は民間の学童保育で小学生の子どもたちにインプロのレッスンを実施してきた。一クラスは10人前後で、1年生から4年生までの低～中学年が大半の1時間のレッスンである。そのレッスンの中で、子どもたちとシアターゲームに取り組んでいた。

以下は実際に私が出会った子どもたちが熱心に取り組んだシアターゲームの一部である。ゲームのやり方と目的、集中するポイントを併せて紹介する。スポーリンの著書には「そのゲームの目的、フォーカス（ゲームの際に集中するポイント）、やり方、ゲーム中のサイドコーチング、評価時の質問、その他の細かいメモ」が書いてある。詳しく知りたい方はそちらも参照しつつ、子どもと関わりがある人にはぜひやってみてほしい。

「三つの変化」

二人組になって向かい合い、お互いのことをよく見合う。その後、背中合わせになって自分の服装や髪型をどこか三つ変える。変え終わったらまた向かい合い、相手のどこが変わったかを当てるゲームである。

これをすると、背中合わせのまま、熱心に自分の服装を変化させる子どもたちの様子が見られる。自分の方が先に準備を終えて「まだー？」とそわそわ待っている姿や、二人とも準備ができて向かい合い、相手の頭から爪先まで眺める姿が見られる。こだわる子は「服のポケットをちょっと外に出したんだ」と、それは分からないだろうと思うような変化も作ってくる。変化を誇らしげに伝えてくれるのが印象深い。三つが終わったら四つ、五つと変える箇所の数を増やしていくことができる。

参加者の観察する力を伸ばすことが目的であり、相手のどこが変わったかを見ることに集中する。

「ミラーゲーム」

二人組になって、片方が人間役、片方が鏡役になる。鏡役は人間役の動きを正確に反射しようとする。途中で「交代！」と声をかけ、人間役と鏡役を交代する。繰り返し「交代！」と声をかける中でだんだんと交代のスピードを速くしていくこともできる。

人間役になった子どもが、立ってポーズを決めるだけでなく、寝転がるなど全身を使って様々な動きを試している姿が見られる。人間役が走り回り、鏡役の子どもが追い付けないこともあるので、鏡が反射していることを確認するようサイドコーチングをすることもある。

参加者が全身で相手を見られるようにすること、相手を真似るのではなく、鏡のように映すことが目的であり、動いている人の動きを正確に鏡の像として映し出すことに集中する。

「目に見えない綱で綱引き・縄跳び」

目に見えない綱を全身で引き合って綱引きする。最初は「綱なんかないよ！ 見えないもん！」と言う子どももいる。だがいざやり出すと、やるのである。そのため「綱なんて見えないもん！」という発言に対して初めは驚くかもしれないが、めげずにやってみてほしい。

それぞれが目いっぱい綱を引くことで、綱ではなくゴムを引っ張り合っているように見えることがある。その時は、サイドコーチングで綱を見るように声かけしたり、綱が見えていたかどうかを一緒に話したりすることができる。

綱引きだけでなく、目に見えない縄で縄跳びもできる。一人で目に見えない縄で跳ぶこともできるし、大縄跳びにすればより多くの子が参加できる。縄を回す役割を交代することもできる。

参加者同士の目に見えないコミュニケーションを呼び覚ますことが目的であり、参加者同士の間を結ぶ目に見えない綱を保ち続けることに集中する。

4-2 シアターゲームと子どもたちの関わり

学童でシアターゲームを実施する中で私が見た姿は、説明を聞き、ルールが分かった子どもたちからうずうずしたように「もうやっていい!?」という声が飛び、目の前の相手と一緒に全力で取り組んで、気がつけば30分も1時間も同じことをしている姿だった。

「これのやり方って…」という細かい確認や、「これをやることにどんな意味があるんですか?」という問いはない。目に見えない綱を使った綱引きを見事にやってのける二人もいれば、目に見えない縄を使っての縄跳びに興味を持ち、皆で大縄跳びを楽しんだり、一人で縄の片方を壁に結びつけて回したりしている子もいる。「三つの変化」では変化させる場所にこだわりにこだわって、「ミラーゲーム」で全身を使って遊び回る。子どもたちとのゲームの時間は活気に溢れていた。レッスンが終わったら「あれでよかったのだろうか」と悩むわけではなく「ばいばーい!」と笑顔である。

シアターゲームは、参加する子どもたちに演技やパントマイムの経験があるかどうかは関係ない。ゲームという形式を通して、子どもたちは楽しみながら集中する力や問題を解決する力、グループの相互作用についてのスキルを伸ばしていくことができるとスポーリンは考えた。スポーリンは言語の異なる移民の子どもたちともシアターゲームに取り組んでいた背景があるため、言葉を介さなくても遊ぶことができるゲームが数多くあり、子どもたちも取り組みやすい。

またスポーリンは、教師が子どもたちと教室でシアターゲームに取り組めるように、教師向けの本も執筆した。その本にはおすすめのワークショップの展開例も載っている。そしてスポーリンは、目の前の参加者の課題を解決するために、何か問題に直面する度に新しくゲームを開発してきた。そのためシアターゲームを実践する際には目の前の子どもたちが楽しめるゲームに一緒に取り組みつつも、時にその子たちに合わせて新しいゲームを生み出してもらえたらと思う。

5　インプロ・台本のある演劇に取り組む参加者や保育者養成校の学生との実践の中で

5-1　役者やインプロバイザーにおすすめしたいシアターゲーム

スポーリンのシアターゲームには、「空間物質（space substance）」という言葉が出てくる。これはスポーリンの独特な考え方の一つであり、役者やインプロバイザーがパフォーマンスをする時にとても助けになってくれるものである。

空間物質とは、私たちの周りを取り囲んでいる目に見えない物質である。例えば海の生き物の周りを海水が満たして海の生き物を支えているように、私たちの周りを取り囲んで支えている。この空間物質は私たちが自由に扱えるものである。

例えば、今自分の手の中に石鹸があると思ってみてほしい。石鹸の表面の質感や厚み、温度、人によってはぬめりや匂いを感じることもあるかもしれない。こういった感覚が感じられるとき、私たちの手の中には空間物質でできた石鹸があると言っていい。

また、今いる部屋の中を歩いてみてほしい。その中で、鼻で、腕で、お腹で、お尻で、身体全身で空間物質を感じながら歩いてみると、身体が物質の重たさを感じたり、「何かある」という違和感があったりするかもしれない。そうやって空間を何もないものだと捉えるのではなく、私たちが自由に扱い、自由に踏み入ることができるものだとスポーリンは考えた。

空間物質に関するシアターゲームには以下のようなゲームがある。

「スペースウォーク」

サイドコーチングに従いながら、空間に未知の物質が満ちているのを全身で感じて探りながら歩く。サイドコーチングの例としては「物質の中を歩きながら全身で空間に触れて！　膝で！　鼻で！」など参加者が空間を感じることに集中することができるような声かけが飛んでくる。

参加者が慣れてきたら取り組みが発展していき、空間物質の中を歩きながら空間物質に自分を支えてもらったり、反対に自分自身だけで自分を支えたりすることにも取り組む。

参加者に、自分がいる空間に親しんでもらうことが目的であり、全身で空間を感じることに集中する。

「空間物質」

自分の左右の手のひらを向かい合わせにした状態で、近づけたり遠ざけたりしながら、手のひらの間にある空間物質を感じる。慣れてきたら、二人組で向かい合って立ち、自分と相手の手のひらを向かい合わせて、二人の手のひらの間にある空間物質に集中することに取り組むこともできる。

空間を感じることが目的であり、参加者の手のひらの間にある空間物質に集中する。

「物体の変容」

一人の参加者が、空間物質が形を成すのに任せて何か物を作り出し、出来上がった何かを使ったりその物と関わったりして隣の参加者に渡す。渡された参加者はその物の形が変わるに任せてまた新たな物を作り出し、使うか関わるかして次の参加者に渡す。これを繰り返す。

目に見えない物を見えるようにし、物の本質を感じ取ることが目的であり、空間物質が変化するよう、全身の動きとエネルギーを使うことに集中する。

空間物質について知っていると、シーンの最中に実際には存在しない物を扱うことが怖くなくなる。それどころか無尽蔵に物を生み出すことができるようになる。

即興演劇のパフォーマンスをする中で、パフォーマーがコップで水を飲みながら言葉を喋り、目の前のテーブルにコップを置いたかと思うと、次の瞬間コップを置いたテーブルを突き抜けて歩き出す。そんなシーンを見たことはないだろうか。もし普段実際にはない物を扱う時に雑になってしまうことがある人は、ぜひ空間物質のゲームに取り組んでみてもらいたい。水の入ったコップには重さや質感があり、冷たい水が舌の上をなぞって喉を通り、それを飲み下した後に相手と会話をしながらコップをテーブルに置き、テーブルを避けて歩き出すことができるようになる。その後、手に取ったカバンは中から財布を取り出せて、その財布にじゃらじゃらと入っている小銭が目に入り、その小銭の中から一枚の硬貨を取り出して相手に渡せるかもしれない。

イギリス出身の教育者・劇作家・演出家であり、インプロの世界的指導者であるキース・ジョンストンは、小物はできる限り用意するように言う。そうすることで、観客と役者に明確に、今何が場面の中にあって何を手にしているかを把握させ、物語に集中させることができる。一方スポーリンは、空間物質を扱う。だからこそ、実際にある小道具には縛られない。演じる人の直観と自発性は実際にある物に縛られないでどこまでも広がっていくことができるのである。参加者が創造性を発揮するにあたってのアプローチの違いの一つである。

空間物質を扱えるようになると、シーンの中で「説明する」ためにセリフを言うことをしなくて済むようになり、代わりに観客に「見せる」ことができるようになる。即興で自分が海にいる場面を演じる時、スポーリンは演者が「わあ、海だ！」というセリフを言うことを避ける。このように言葉で自分が置かれた状況を言うことを、スポーリンは「説明する」と言う。

他の例を想像してみよう。登場人物が窓を拭く動きをしながら「まったく、先生ったら僕がちょっと宿題をさぼったくらいで僕に放課後の教室の窓掃除させるなんて」と言う。これは自分が今演じている状況を言葉で説明している。

そうではなく、スポーリンは「見せる」ことを大切にする。登場人物が空間物質でできた雑巾を持ち、同じく空間物質でできたバケツに浸し、水が染み込んだ雑巾を持ちあげて絞る。埃で黒く濁った水が滴り落ち、水のついた手を軽く振りながら雑巾を開いて窓につける。上から下へ、苛立ちながら拭いていると後ろから「終わったか」と声がする。そこからは「はい、先生」と登場人物が応答するかもしれないし、先生が「宿題をちゃんとやる方が楽だろう」と声をかけてくるかもしれない。全てを言わずに見せることは難しいかもしれないが、「説明するのではなく、見せることができる」と知り、できる限りやってみることで場面の質感が変わっていくことを感じられるだろう。観客に自分が置かれた状況、手に持っている物、どういう人物なのかを知ってもらうために、セリフに全てを乗せて説明する必要はないことをスポーリンは教えてくれる。

5－2　五感を扱う

スポーリンのシアターゲームの中には、五感を扱うゲームがたくさんある。私は五感を扱うゲームを役者やインプロバイザー、保育者養成校の学生と一緒におこなっている。

日頃、自分の感覚というものは当たり前に機能しているため、さらっと味わうか、もしくは味わいさえもしないで過ぎ去ってしまう。スポーリンは参加者の「身体」にも注目し、知性と身体と直観が統合された一つの有機体としての自分という存在を目指した。自分という存在を改めて感じ直すことができる感覚のゲームは、子どもにも大人にも実施してもらいたいと感じるゲームである。

おすすめしたい五感を扱うゲームに以下のようなものがある。

「周りの音を聞く」

椅子に座るなど落ち着ける状態になり、1分間周りで聞こえる音を聞く。この時、できる限り多くの音を聞いてみようとする。

聞くことの感覚を発達させること、味わうことが目的であり、近くの環境の中にある音をできる限りたくさん聞くことに集中する。

「グループタッチ」

石鹸など皆がこれまで何度も触ったことがある物を、実物を使わずに感じるゲームである。参加者に「石鹸の感触を手で思い出せる?」と質問し、実際に試してみる。思い出せたらすぐに他の物を参加者から募り、また皆で手のひらで思い出せるかどうかを試してみる。

物体を感じることに集中する。

「触れる・触れられる/見る・見られる」

自分がいる場所の中を自由に歩き回り、物に触れたり、見たりする。その物を感じたら、今度は反対にその物があなたに触れたり、見たりしていることを感じてみる。

参加者の感覚をより研ぎ澄ますことが目的であり、物体に触れ、そして物体があなたに触れるようにすることに集中する。

先に述べた「スペースウォーク」など参加者が空間を探索する流れの中で、このワークに取り組むことができる。

「味と匂い」

参加者でごく簡単に食べられる物を決め、実際にはそこにない食べ物の味や匂いを感じながら食べてみる。何を食べているか参加者同士で当てるようにすることもできる。

食べ物の味と匂いを味わうことに集中する。

保育者養成校では、保育者を目指す学生に自分の感覚と出会い直すことをテーマに取り組んでもらった。学生は、普段聞いているようで聞いていなかった部屋の音に気がつき、実際に食べていなくてもカレーの味が思い出せること、かき氷のひんやりとした味わいを楽しめることを感じたと教えてくれた。そうやって自分の五感を研ぎ澄ませる体験を経ることで、絵本の中で五感を扱う表現（おじいさんが箒でさっさっと落ち葉を掃く音や、登場する食べ物の味など）への没入具合が体感として変わる学生も現れた。

また学童の子どもたちも実際には手の中に石鹸はないが、石鹸のぬめりやざらざら感を思い出せると意気揚々と話してくれた。また「周りの音を聞く」ワークではただ座って音を聞くだけでなく、床に耳をくっつけたらこんな音がする、この物を叩いた時と、あっちの物を叩いた時では音が違うと五感を使った探究にも発展していった。

即興のシーンに五感を活かそうという試みでは、シーンに落ち着きが生まれ、物語を展開させるジョンストンのインプロのように大きな変化がなくとも相手と繋がりながらシーンを作ることができた。即興のシーンに自分の感覚が活かせるようになり、シーンの中の波の音が耳に入り、潮の匂いが鼻に抜け、海風が頬を撫でるようになる。そこから言葉を紡ぐことができれば、シーンの質感は実感を伴った一段と深いものになっていく。

6　ワークショップを通して感じる私の願い

この章では「私が惹かれるスポーリンの考え方」と「私が実践を通して思うこと・感じた困難」そして「あなたにおすすめしたいシアターゲーム」の三本立てで書き進めてきた。

スポーリンはシアターゲームの中で、参加者が知性・身体・直観が統合された有機的な存在になることを目指し、称賛や否定に体験を歪められないよう工夫した。そうすることで、参加者がその人自身として存在でき、学びを得られることに繋がっていると私は考える。スポーリンの言葉や在り方から、一人一人を心から尊重し、その人が自分の人生を生きることへの応援を感じるのである。

最後に、ワークショップを通して感じる私の願いをお伝えしたい。

それは、自分の頭から出て、シアターゲームを全身で楽しみ、自分の身体を通した学びや直観的に感じる学びも大切にしてもらいたいということである。

以前、シュワルツに二ヵ月の短期のワークショップを依頼したことがあった。その時にシュワルツからもらったコメントで彼はこう述べていた。「シアターゲームはゲームとして作られ、あくまでもレッスンではないんだ。皆結果を求めるけれど、プロセスなんだ。あなた自身が誰なのかを理解する過程だ。八週間でできることは、価値観が変わること。自分自身が誰なのかを発見すること。そのプロセスを楽しむことだ」「その楽しさから、自分の本当の才能や、ユニークさを発見することへつながっていく。そうしないと、他の誰かになりたくなってしまう。」

私は、この章を読んだあなたに、他者の称賛や否定に価値判断を委ねるのではなく、また「正しいやり方は？」や「このゲームに一体どんな意味があるのか？」といった知性の働きに留まることなく、全身でスポーリンのシアターゲームを楽しんでもらいたい。そうしてよりよい自分になっていってもらえたらとても嬉しい。

【文献】

Spolin, V. (1986) *Theater Games for the Classroom:A Teacher's Handbook*. Northwestern University Press.

Spolin, V. (1999) *Improvisation for the Theater:A Handbook of Teaching and Directing Techniques* (3rd ed.). Northwestern University Press.（スポーリン、ヴァイオラ／大野あきひこ（訳）(2005)『即興術 —— シアターゲームによる俳優トレーニング』未來社）

Schwartz, G. "Spolin Games Online" https://spolingamesonline.org/（２０２２年10月10日最終閲覧）

第4章　即興演劇における仮面とトランス

福田　寛之

口をマスクにフィットさせて下さい、からだをマスクにフィットさせて下さい。鏡に映っているそれが音を出します。音が出たら続けて下さい。マスクが見るものをみて下さい。そして、マスクを外して下さいと言ったら外して下さい。

図4－1　ハーフマスクをかぶりトランスをする人

これはカナダのインプロ劇場、ルース・ムース・シアターの舞台脇にあった手鏡の裏に書いてあったものだ。ハーフマスク（顔の上半分だけを覆う仮面）でトランスをする際、仮面の指導者が仮面をかぶっている人にささやく言葉である。ハーフマスクでトランスをするというのは、大まかに言うと、ハーフマスクをかぶり、鏡を見て仮面のキャラクターに「変身」する手法だ（図4-1）。キース・

ジョンストンは*Impro*の第5章「仮面とトランス」で、自らの仮面との出会いやトランスや憑依、仮面演技の教え方や仮面の種類、危険性などについて書いているが、「ステータス」や「スポンテイニアス」など即興演技の方法論が書かれている他の章と比べると、インプロとの関連を理解しがたく面食らう人も多い。本章では、ジョンストンのインプロにおける仮面を大まかに掴んでもらうことを目的に、ジョンストンが仮面とどう出会ったか、ジョンストンの仮面とトランスの特徴、実際の仮面ワークショップでのトランス体験について記述していく。

1　ジョンストンと仮面の出会い

誰でも仮面との出会いがある。第一印象は大切だ。そこで生涯の仮面への接し方が決まってしまうと言ってもよい。それはジョンストンでも例外ではない。ジョンストンと仮面との出会いは、1958年にロイヤル・コート・シアターで、劇場の初代芸術監督・演出家ジョージ・デヴィーンがおこなった劇作家グループのための仮面のクラスだった。クラスの内容について、ジョンストンはこう証言している。

デヴィーンは埃まみれの仮面が詰まった箱を持ってきて40分くらい仮面についての講義をした後、デモンストレーションをおこなった。縦に長い教室の奥の暗がりに引っ込み、仮面をつけ、鏡を覗き込み、そして私たちのほうを振り向いた。そこにいたのはデヴィーンではなく「仮面」だった。私たちの前に現れたのは、滑稽で卑しいものを見るかのように笑い転げている「カエルの神様」だった。この「場面」がどのくらい続いていたかは覚えていない。私にはとてつもなく長い時間のように感じた。（Johnstone 1979: 143）

ジョンストンは仮面をかぶったデヴィーンの変貌ぶりに時間を忘れるほどの衝撃を受けたが、その時間は実際には1分にも満たなかったようだ。同じくクラスに参加していた演出家のウイリアム・ギャスキルは、同じ場面をもう少し冷静に振り返っている。

私たちが仮面演技の初回クラスに到着したとき、仮面はすでにテーブルの上に並べられていた。ジョージがコメディア・デ・ラルテの伝統についてかなり重々しく話している間、私たちは緊張しながら仮面を見ていた。そして、ジョージは仮面の選び方やかぶり方をやってみせて、鏡を覗き込んだ。彼が振り向いたとき、キース・ジョンストンが「カエルの神様」と呼んだものに突然変身し、私たちを軽蔑のまなざしで見て鼻で笑った。それは1分にも満たない時間だったと思うが、とても衝撃を受けた。（Gaskill 1988: 42）

このときデヴィーンがかぶった仮面はハーフマスクだった。デヴィーンは仮面を脱いでジョンストンたちにも試してみるようすすめた。しかし、その試みはうまくいかなかったようだ。デヴィーンはすっかりしょげかえり、仮面の授業は失敗でそれは自分のせいだ、ジョンストンたちが試した仮面は生きてなかったと落ち込んだ（Johnstone 1979: 143）。ただ、ジョンストンやギャスキルは、仮面を使った俳優トレーニングにそれまでの頭で考えることを優先する分析的な役作りにはない可能性を感じた。

2　20世紀の俳優トレーニングにおける仮面

デヴィーンの仮面のルーツはどこにあるのか。デヴィーンは仮面の演技を、フランス出身でロンドン・シアター・スタジオやジュリアード演劇学校を作った俳優・演出家のミシェル・サン＝ドニから学び、ロンドン・シアター・スタジオやオールド・ヴィック・シアター・スクール、ロイヤル・コート・シアターで教えていた。サン＝ドニの叔父はヴィユ・コロンビエ劇場に演劇学校を開いた演出家のジャック・コポーで、サン＝ドニはコポーの劇団に参加しており、ここにコポーから始まる仮面を用いた俳優トレーニングの系譜を見ることができる。

批評家として演劇に関わることからキャリアをスタートさせたコポーは、小手先のテクニックで演技をする商業主義に毒された当時のフランス演劇界の風潮を嫌い、俳優のスポンタナエティに基づき自分の中のナイーブなものを知性で抑えずに受け入れ、情緒の衝動に的確に応える身振りを発展させることを望み、演劇学校を作った。緊張して思うように演技ができなくなる「血の凍結」を防ぎ、偽りなく演技をするためにコポーが用いたのは、体操などの身体訓練や歌唱、そして即興や仮面であった。

コポーが仮面の可能性に気づいたのは、偶然の出来事がきっかけだったという。稽古中緊張で身体がカチカチになり思うように演技ができない女優に、コポーはハンカチを顔にかぶせた。すると、彼女は緊張から解放されスムーズに演技ができるようになった（Rudlin 2000=2005: 55-78）。顔が晒されていることが緊張の原因で、ハンカチが防御壁となり匿名性をもたらすことで安心して演技ができるようになったのである。それ以来コポーは、仮面を俳優養成のプログラムに取り入れ、コメディア・デ・ラルテや日本の能なども参考にして仮面のトレーニング方法を作っていった。顔全体を覆うフルマスクは、「貴族のマスク」（のちのニュートラル・マスク）と呼ばれ、演技の出発点にあたるニュートラルな状態をつくるために欠かせないものとなった[1]。フルマスクは「悲劇の仮面」とも呼ばれ、仮面を扱うための身体トレーニングが開発されていった。ハーフマスクはフルマスクとはトレーニング方法も効果も大きく異なっていた。デヴィーンは、フルマスクを学ぶことは歌うことを学ぶことと同じだが、ハーフマスクは瞬時に変身できる手段であると語っている。フルマスクでは、装着する仮面に合わせた身体動作の獲得など練習を重ね、仮面のキャラクターを探っていく長い時間が必要である[2]。ハーフマスクは、まずかぶって、その結果を鏡で垣間見るというもので、その衝撃は即興のキャラクターへと飛躍させ、俳優は自分のイメージを超えて仮面のキャラクターと一体化することができると述べている（Irving 1978: 63）。

3　ジョンストンたちは仮面をどう受容したか

ジョンストンとギャスキルは、仮面のクラスの衝撃が冷めやらぬうちに仮面の演技を教え始めた。初めはギャスキルが仮面のクラスを担当し、のちにジョンストンも加わった。デヴィーンのやり方に沿って仮面のクラスを進めながら、俳優が仮面をかぶった自分を鏡で見て衝撃を受ける方法を発展させていった。鏡を見る時間を短くし、生徒は湧き上がった衝動にそのままに振る舞うようにした（Johnstone 1979: 143）。彼らはデヴィーンのやり方のうち、即座に仮面のキャラクターに変身することを重視していた。それは、変身したふりや演技をするのではなく、「俳優は、仮面をかぶったら〝仮面の状態〟に入る努力をするべき」（Johnstone 1979: 144）、「俳優は自分のキャラクターが消えていくのを感じたらすぐに仮面を外さなければいけない。ごまかそうとしたり、テクニックで即興演技を続けようとすると、見ている人には分かってしまう。」（Gaskill 1988: 42）というもので、現在のハーフマスクのトレーニングで大切だとされていることがすでに意識されていた。

次第に二人の仮面の教え方は、デヴィーンとは異なるものになっていった。仮面演技の教え方は、「サン＝ドニやデヴィーンが想定していたよりも極端だったのではないか。」（Gaskill 1988: 42）とギャスキルが述懐しているように、厳しいものだったようだ。ジョンストンも、「自分たちのやり方が生徒にかなり努力を強いるものであったのに対して、デヴィーンのやり方はもっと穏やかだった」

(Johnstone 1979: 144) と語っている。

その違いは、仮面を用いた演技の目的の相違にあった。デヴィーンは、俳優が役をもらったとき、仮面がなくても使えるキャラクターをつくりあげることに興味があったが、ジョンストンは、仮面そのものが素晴らしい上演であり、演劇の新しい形だと考えていて、俳優が仮面に憑依されている限り、どんな生き物や人物が現れてもかまわないと考えていた (Johnstone 1979: 144)。そのため、舞台袖に置いていた全身鏡を手鏡に変え、舞台のどこにいても仮面が「自分でスイッチを入れる」ことができるように改良を加えていった (Dudeck 2013: 61)。手鏡に変えることで、俳優はより顔に集中できるようになった。ジョンストンは「鏡が大きいと全身が映るので、俳優はすぐにそれらしいポーズを取り始めてしまう。別の生き物になることを『考えて』ほしいのではない。別の生き物になることを『体験して』ほしい」と、その効果と目的を述べている (Johnstone 1979: 166)。

しかし、目的の違いがジョンストンとデヴィーンの間で軋轢を生むようになる。デヴィーンは、初心者の生徒が気楽に臨めるように仮面をつけながら普通に喋ることを許すこともあった。ジョンストンはそれでは仮面の状態に入ることができなくなるし、生徒の多くは安全な範囲でしか演技をしないから上達しないと考えた。一方で、デヴィーンはジョンストンがハーフマスクとフルマスクを一緒に舞台に立たせていたことに驚き、そのやり方は間違っているとジョンストンに告げた (Johnstone 1979: 144)。デヴィーンはハーフマスクとフルマスクを同時に出すことで、コポーから受け継がれてきた「伝統」がなくなってしまうと考えていたのかもしれない。ハーフマスクとフルマスクは全く違うトレーニング方法を用いるし、演技の方向性も異なるので、俳優養成の場でその二つを混在させるのは適切ではないという趣旨だったのかもしれない。だが、その姿勢はジョンストンからしたら保守的にうつったことだろう。それはコポー以来の仮面の方法論に忠実なデヴィーンと、新たなものを生み出そうとしている若きジョンストンやギャスキルとの相違である。デヴィーンは1966年に亡くなるが、仮面の教え方に対する溝は埋まることがなかった。

4　キャラクターからトランスへ

ジョンストンは、1970年代にカナダに渡るとカルガリーでルース・ムース・シアターを設立した。その後、1979年に*Impro*を上梓している。このときまでには仮面の指導法がほぼ現在の形で完成しているが、現在の形に至るプロセスは資料も少なく、分かっていない。[3] ロイヤル・コート・シアター時代と比べると大きな変化が二つある。一つは、仮面をかぶった俳優が「仮面の状態」に入ることを「トランス」と結びつけたこと、もう一つは、それまで俳優が自ら鏡を見て「変身」していたやり方から、俳優をトランスに誘うため、鏡を手にサポートする指導者の役割を加えたことであった。

ジョンストンは、「仮面を理解するにはトランスそれ自体の特徴を理解する必要がある」(Johnstone 1979: 143) という。これは直感的なものだったのかもしれないが、俳優が我を忘れて心身ともに仮面のキャラクターになるとき、「役を演じる」という能動的なものではなく「役が降りてくる」という受動的で神秘的なものを連想させたのだろう。この「役が降りてくる」という考え方は理性や合理性を重んじる西洋文化の中には見られないようで、ジョンストンは、「他の文化圏では俳優が役に『憑依された』と簡単に言うことができるが、我々の文化はトランス状態を敵視していてそれを理性で置き換えようとする」（Johnstone 1979: 151）と語り、理性を重視する西欧文化に基づいた近代的な俳優トレーニングにトランスや憑依の考え方を持ち込んでいる。

トランスや憑依という言葉は呪術的な怪しさがつきまとうことから、抵抗感を持つ人も多い。ギャスキルはジョンストンがトランスや憑依を使ってハーフマスクの「仮面の状態」を説明したことに対して、必ずしも賛成していない。即興をしていると普通ではなく暴力的なものが出てくることがあるが、それは憑依されたというよりも、顔を隠すことによって引き起こされる無意識の衝動の解放だとギャスキルは考えている（Gaskill 1988: 43）。また、ナイトは、霊が憑依するというような考え方を持ち出すのは時代錯誤的であるし、仮面のトランスが伝統的な儀式でのトランス状態と本当に同じものなのかどうかは分からないと指摘する（Knight 2004: 143）。

しかし、ジョンストンはトランスを神秘のベールに包むわけではなく、我々の日常生活のすぐ近くにあるものだと捉えている。「どうやってトランス状態に入るのかよりも、『どうすればトランスしないようにできるか？』と私は聞きたい」（Johnstone 1979: 153）と問いかけ、日常的に「普通」の人々が、トランス状態に出入りしていると主張する。ジョンストンのトランスとは、儀式で忘我の境地になり神や先祖が降りてくる体験のみならず、野球選手が集中しボールが止まって見えるような「ゾーン」に入っている状態、素晴らしい映画や演劇を二時間もの長い間じっと座って見ているとき、催眠術にかかり握った手を離せなくなるようなときなど、様々なことをトランスと関連づけている。あれもこれもトランスだという説明は似ているものを羅列しているだけにも感じるが、ジョンストンは最初にハーフマスクを見たときの体験をなんとか言語化しようとしたのかもしれない。演技の道具の一つである仮面に人格を感じ取り、自らの人格を明け渡して仮面に乗っ取られる行為は、理性を超えた神がかり的な領域に踏み込むことを想起させたことだろう。理解し難い体験をしたとき、人は言葉を尽くし説明しようと努める。ジョンストンは、多くの文化に見られるトランス儀礼や憑依体験などスピリチュアルなものから、催眠やゾーンという心理学的に解釈可能なものまで、関連すると思われるあらゆる知見を動員し「仮面の状態」を説明しようとした。そのため、***Impro***の「仮面とトランス」の章は様々なエピソードや引用が散りばめられていて、仮面とトランスに関してすっきりとした理解をもたらすとは言えないものの、ジョンストンが仮面の体験からどんな刺激を受けたかを読み解くことができる。他方、どうやったらトランスできるのかという方法論に関しては具体的に記述している。とりわけ多くのページを割いているのが仮面を教えることで、心構えから指導の仕方を詳述している(Johnstone 1979: 164-174)。ジョンストンのハーフマスクには、トランスに誘う指導者の存在が欠かせないのである。

5　トランス体験をサポートする

ジョンストンのハーフマスクでは、仮面をかぶった俳優自身が鏡を見てトランスするのではなく、サポートする指導者が手鏡を見せてトランスを手助けする。これは、ジョンストンのトランスの捉え方に基づいている。ジョンストンは、催眠術のようにコントロールできるトランスが仮面のトランスに近いと考えていて、仮面のトランスを催眠術のアナロジーとして説明する。「私が関心を持っているのは『コントロールされたトランス』だ。『トランス状態』を保つかどうかの許可判断は自分以外の人物（個人もしくはグループ）から与えられる。このようなトランスはめったにないかもしれないし、我々の文化圏では見過ごされているかもしれないが、人間の普通の行動の一部として考えるべきだ」（Johnstone 1979: 159）と述べ、仮面のトランスは指導者のコントロール下でおこなうべきだとしている。そうすることで安全にトランスできるだけではなく、トランスすることへのハードルが低くなると考えている。

仮面の指導者は、ハーフマスクを指導するとき、ステータスを高くし威厳を持った雰囲気で振る舞う。これは厳格な大人を演じている。仮面は危険でないこと、何が起きても指導者が対処できること、そして何よりも重要なのは、指導者が指示したら必ず仮面を外すことを生徒に分かってもらうためである（Johnstone 1979: 164）。つまり、何があっても助けてくれる、コントロールしてくれるという安心感があってこそトランスという自ら制御できない領域に自分を委ねて入れるのであり、仮面を外せと言われたら外すことを約束させることは、主導権が指導者にあることを明確に確認することである。主導権が仮面をかぶった俳優にないので、トランスをしているときにおこなったことの責任を俳優は問われない。ジョンストンは「仮面をかぶっているときにしたことには責任を感じなくてよいという雰囲気づくりが必須だ」（Johnstone 1979: 164）という。仮面をかぶってトランスをすると、感情があふれたり、粗暴に振る舞ってしまったりと、普段しないような行動をとることがあるが、それは自分のせいではなく、そう振る舞わせた仮面のせいであり、そうすることを許可した指導者のせいなのである。さらにジョンストンは「トランスをすることには目的があり、仮面指導者や同級生の支えがあるからこそトランス状態でいることができるのだという点を、忘れてはいけない」(Johnstone 1979: 197)とさえ述べる。ジョンストンにとって仮面のトランスは、あくまでも俳優トレーニングや上演パフォーマンスといった目的を持っておこなわれるものであり、幾重にも安全装置を張り巡らして、俳優の心身が傷つかない工夫を凝らしている。

ジョンストンは、「仮面とトランス」の最後の節で仮面を扱うときの危険について述べているが、そこで強調しているのも指導者の役割である。仮面は時に恐ろしいものかもしれないが、指導者は俳優が安心してトランスに入れるように、冷静で穏やかな雰囲気をまとい俳優の安全を守ることが重要で、俳優は高い「ステータス」の指導者に守られていると感じるときのみトランスに入れるという(Johnstone 1979: 198-199)。

6　仮面のワークショップではどんなことをするのか

ここでは、筆者の仮面のトランス体験を２０１２年8月にカナダのルース・ムース・シアターでおこなわれた仮面ワークショップのノートを元に記していく。このワークショップは仮面の制作と仮面

図4－2　ルース・ムース・シアターのハーフマスク

演技が学べるワークショップで、毎年夏に開催されていて世界中から参加者がやって来る。指導者はジョンストンの元で仮面を学び世界中で教えているスティーブ・ジャランドで、半日だけキース・ジョンストンが教えた。ジャランドやジョンストンの仮面ワークショップの雰囲気はYouTubeの動画でみられるので、未体験の方は視聴しておくとさらに理解が進む[4]。

初日の午後に早くもハーフマスクの時間となった[5]。それまで開放され外から光が入ってきていた劇場の出入り口を閉め、照明もやや暗くした。指導者もシリアスな表情になり、いよいよ始まるのかと緊張が走る。これを学ぶためにカナダに来たのに、遂にその時間がきてしまったかという感じだ。うまくトランスできるか不安というのが正直なところであった。舞台脇の暗がりに机が置かれ、ハーフマスクがたくさん並べられていた（図4-2）。直感でかぶる仮面を選ぶよう言われる。私は、自分が薄い顔立ちで顔面にパワーがないと感じていたので、あやかろうと目がぎょろっとした分厚い唇の仮面を選ぶ。そして、一人ずつ舞台に上がり、ジャランド進行のもとトランスをしていく。

驚いたのは、他の参加者がワクワクして待っていたことだった。おやつを待つ子どものようにガンガンみんながトランスしたがる。トランスと現実を行き来するのが楽しそうだ。マスクを取ったときの少し照れくさいような顔は万国共通で面白い。私は、それまでのハーフマスクの体験から、トランスをすることは自分が隠しているネガティブな部分、暴力的であったり、弱々しかったりする心を曝け出すような印象を持っていたので、あっけらかんとトランスする様子に驚いたし、ほっとした。周りの環境はトランスに大きな影響を与える。トランス経験者がいると初心者でもトランスしやすくなる。自分の順番がきて舞台に上がるが、ここで大きなミスに気づいた。眼鏡をコンタクトレンズに換えるのを忘れていたのだ。仮面をかぶるには眼鏡を外さないといけないが、近眼の私には鏡の中の顔がぼんやりとしていてよく見えない。当然トランスはできない。唸り声ひとつ出せずに終わった。仮面の視界は重要で、鏡が見づらいなという意識が生じてしまうとトランスに至らない。

仮面をかぶるときはフィット感が大切である。ここでのフィット感とは、仮面をかぶったときに隙間があってグラグラしない、圧迫されない、視界が悪くないという物理的なフィット感と、仮面をかぶった姿が「仮面をかぶっている人」にならず仮面のキャラクターに見えるという、外見上のフィット感である。物理的なフィット感は隙間にスポンジを挟んだり、後ろで結んでいる紐を締めるなどして着用感を調整する。仮面をつけているのを忘れるくらいが理想である。外見上のフィット感は仮面と顔の境目が重要である。仮面の輪郭を髪の毛や帽子で隠すだけでも変わってくる。鏡に映るのは胸から上の部位なので、コートを着たりマフラーを巻くなどして首から胸元を隠すのも効果的だ。そして最も重要なのが、仮面と口がフィットすることである。ハーフマスクはたいてい上の唇まで作ってあるので、そこに自分の上唇を合わせ、口を動かしたときに仮面が口を動かしているように見えれば良い。自分で鏡を見て確認するのではなく、他の人がチェックする。手にとってパワフルだと感じる仮面であっても、自分の顔にフィットしていないと何も起こらない。

そして、指導者のガイドのもと、何も考えずにリラックスする。鏡が顔の前に差し出されたら覗き込む。上手くいけば何か変化があるし、何も起こらないかもしれない。何かを起こそうとしてはいけない。何かが起こるのを止めてはいけない。感情が湧いてきたらその感情に任せれば良いし、声が出そうだったら出せば良い。もし声が出たらそれを持続するようにする。ただし無理に続ける必要はなく情動や声が消えてしまったら止める。多くの場合は鏡を見た瞬間が一番エネルギーが高くだんだんと下がってくる。そのときはもう一度鏡を見るとまたエネルギーが増加することもある。これを鏡を使った「チャージ」と呼んでいる。

ワークショップでは様々な仮面をかぶった。青い海賊のような仮面では、濁音まじりの唸り声が出て身体が敏捷な感じになり小道具として置かれている野菜を手にして遊んだ。老人の顔の仮面をかぶると、「フォー、フォー」という声が出て人に懐きたくなった。目の大きい驚き顔の仮面をかぶったときは「アーオー」という声が出て好奇心旺盛になった。ニワトリの人形に興味を示し、同じく興味を示していた別の仮面とニワトリの取り合いになった。「ハディコー」というジブリッシュ（デタラメ語）をしゃべった。仮面をかぶってしっかりとしゃべることができたのはこれが最初だが、感覚的には乗り移っているというより、コツを掴んだという方が正しいかもしれない。何度も同じ仮面をかぶることで、子どもが成長するのと同じように、仮面も成長していく。私は老人の顔の仮面が馴染んでいるように感じたので繰り返しかぶった（あまりにも気に入ったので購入し、今も手元にある）。仮面は、まず声を出すことを学び、次に歩いたり体を動かしたりおもちゃで遊ぶことを経験する。他の仮面と遊んだり喧嘩したり、本を読んだりするようになる。そして、言葉を覚え話すようになり、自分の名前を見つける。さらには他の仮面の世話をしたり、言葉を教えるようになる。

仮面のパレードもした。指導者自らハーフマスクをかぶりトランスして7人の仮面を連れて旅に出る。劇場を出て廊下、バーカウンターの方へと歩いていく。途中、トランスがだんだん抜けるのを感じたら、鏡を見て「チャージ」をする。モノ（おもちゃや花）と関わるのも良い。仮面同士で顔を合わせるのも効果的。仮面のパワーが同じくらいのほうが良い。

7　トランス体験を振り返る

筆者のトランス体験はどんなものだったか。後日スティーブに送ったメールに筆者はこう書いていた。

マスクをかぶったときの個人的な体験ですが、私の意識は天井から私自身を眺めているようでした。でも自分自身をコントロールできない。花を見てその名前を教えてもらったときの感覚が不思議で、「その花の名前を知っている、その名前を言うことができる…。でも、今は言えない。なぜだろう」と私の冷静な部分は考えていました。自分と「仮面」が同居していることが不思議でたまりませんでした。

これは、鼻が長く目が丸い仮面をかぶり花を見せられ「flower」という言葉を教えられたときのことを書いている。「flower」という単語は当然知っているが、口に出してしまった瞬間にギリギリで成立している仮面と共存している状態が消えてしまうと思い、仮面を通して言うことができなかったのだ。

トランスは、忘我の境地のように語られることも多いが、ハーフマスクのトランス体験に関しては覚えていることが多い。後から振り返って、たまに覚えていない部分もあるという感じである。ある俳優が仮面をしているときの姿をビデオにとってみたところ、自分が覚えていることがほとんどだったが、たまに記憶していない動きがあったそうだ。調子がよいときには完全に別の人になっていたという。ワークショップでは、参加者同士で体験を共有することが推奨された。トランス体験は個人的なもので正解があるわけではないが、自らの体験を言葉にして説明し、トランス仲間の体験を聞くことで世界が広がっていく。

ここで筆者の体験をもとに、トランスするかどうかの境目について考えてみたい。トランスはオンかオフかではなく、グラデーションがあると筆者は考えている。印象的な出来事があった。鏡を見て少し間があってから声を出した参加者がいた。指導者はすぐに仮面を外させた。理由はトランスしたように演じているからだ。鏡を見るのと変化するのは同時に起こり、そこに間があるということは、考えて何に変わろうかどんな声を出そうか選んでいるのだという。しかし、仮面をかぶっていた参加者は考えていないと言った。また、ある参加者は木の枝を客席に投げるとき、ソフトに投げた。これもトランスしているフリをしているから理性的な行動をしてしまったのだろうか。必ずしもそうとは言えないだろう。そこには思い切り投げたいというマスクの衝動と、それはまずいだろという冷静な自分の綱引きが感じられる。筆者がトランス時に感じていた、自分と「仮面」が同居している感覚だ。

トランスするときは、トランス状態と理性の間に境界線が引かれていてそれを乗り越えるというイメージではなく、渚や波打ち際のように境目が曖昧で動いているというのがしっくりくる。さっきまでトランスしていたはずが、いつのまにか潮が引くように無くなってしまい、また次の波がやってくる。うまくいけばいつの間にかその波に乗っているが、うまくやろうとするとうまくいかないものである。能動的に仮面のキャラクターになろうとすることは意図を持って演じることにつながり、仮面のトランスとは程遠くなる。一方で、仮面をかぶり受動的に何かが起こるのを待っているだけでもまたトランスには至らない。音楽を聴いて気づいていたら自然に体がリズムを取って乗っているように、仮面をかぶり鏡を覗き込むと自然と声が出て体が動き出しているのである。

8　仮面を教える危うさ

本章では、キース・ジョンストンのインプロにおける仮面やトランスを大まかに掴んでもらうことを目的に、ジョンストンと仮面の出会いから、仮面のトランスの特徴、仮面ワークショップの具体例を示した。ジョンストンのハーフマスクは、コポーから始まる仮面を用いた俳優トレーニングの「伝統」を受け継ぐ一方、俳優が一人でトランスするのではなくガイドする指導者の役割を付け加え、「安全」にトランスに入り深めていく手順を細かく整備したことが特徴といえる。俳優トレーニングの文脈で言えば、「役が降りてくる」という感覚を、個人の頑張りや練習中の偶然に頼ることなく体得が可能な道を開いたことだろう。しかし、トランスの手順が整備されているが故に、不慣れな指導者でもトランスに誘うことができてしまうのが怖いところである。人の心の非常に繊細な部分にまで入り込む可能性があることは忘れてはいけない。仮面は顔を模しているため、様々な想像力を呼び込む。「自分たちとは違う」他人の顔（仮面）を用いてトランスをする行為自体が、ルッキズムやステレオタイプと容易に繋がる恐れがあることにも注意が必要である。ジョンストンは、人々が仮面やトランスを危険だというのは根拠のない漠然とした敵意にすぎず、適切な指導のもと目的を持って仮面のトランスをおこなう限り危険はほとんどないと主張するとともに、「良い演技指導は、仮面に限らずどんなものであれ、俳優の人格を変えてしまう恐れがある。優秀な指導者であるほどその効果は強力だ」（Johnstone 1979: 198）と述べていることを強調しておきたい。

【注】

［1］ニュートラル・マスクのトレーニングはその後ジャック・ルコックが発展させた。ルコックは、コポーの弟子の一人であるジャン・ダステからコポーのトレーニング方法を学んでいる。

［2］デヴィーンはロイヤル・コート・シアターでの二回目の講義でフルマスクを扱っている。フルマスクのトランスをジョンストンはシリアスなトランス状態と呼んでいる（Johnstone 1979: 190）。

［3］ジョンストンには仮面に関する未発表の文章として“The Things in the Mirror”がある。将来公開されれば、新たなことが分かるだろう。

［4］参考動画としては以下のものがある。
ジョンストンがハーフマスクを教えている動画
https://www.youtube.com/watch?v=QGpzYa9d-Hk
スティーブ・ジャランドのYouTubeページ
https://www.youtube.com/channel/UCq_LaAODvOw_tCD4peqrbww

［5］ワークショップのスタートからいきなりハーフマスクでトランスすることは無い。スポーツ選手が競技前にストレッチや準備体操をするように、頭で考え言葉でアウトプットするモードから、身体で感じ情動を「検閲」無しにアウトプットするモードに切り替えるため、仮面をかぶらず身体性に重きを置いたエクササイズやゲームをおこなう。

【文献】

Dudeck, T. R. (2013) *Keith Johnstone:A Critical Biography*. Bloomsbury.

Gaskill, W. (1988) *A Sense of Direction:Life at the Royal Court*. Faber & Faber.

Irving, W. (1978) *The Theatres of George Devine*. Jonathan Cape Ltd.

Johnstone, K. (1979) *Impro:Improvisation and the theatre*. Faber & Faber.

Knight, M. Y. (2004) Masks Praxis: Theories and practices in modern drama. University of Glasgow, Ph. D. thesis.

Rudlin, J. (2000) “Jacques Copeau: The quest for sincerity” In *Twentieth Century Actor Training,* edited by Alison, Hodge, 55-78. Taylor & Francis.（アリソン・ホッジ（編著）／佐藤正紀ほか（訳）(2005)『二十世紀俳優トレーニング』而立書房 所収）

第5章　教師が「学習者になる」とはどういうことか

――インプロの世界からみた「対話型模擬授業検討会」と教師教育

園部　友里恵

1　教師教育・教員養成の現場で――「学校」「授業」は窮屈な世界?

「予想される子どもの反応」を思いつくかぎりたくさん想像する。そのなかから都合のいいものを拾いあげ、それをもとにゴールに近づけるような授業を構想する。授業当日、都合のいいものが出なかったときは、「ちからわざ」で、計画通りに授業を終えるとホッとする。そうしたなかで、子どもたちの豊かな反応は、捨てられていってしまう。子どもたちも「間違い」や他の子と違う反応をすることを恐れ、教師が何を言ってほしいのか、どんな反応をしてほしいのか、「空気を読んで」授業に参加してしまう。

教員養成大学の学部生だった私は、こうした授業づくりの進め方に違和感を抱いてきた。その一方、例えば教育実習生として学校で授業をするとき、自分のした発問に対して子どもたちからどんな答えが返ってくるのか、当時の私は怖くてしかたがなかった。「教師」としてその場にいなかったとしたら、きっと私は子どもたちの答えに「おっ！」と思っていただろう。「この子、こんなこと考えているんだ、すごい」「そんなこと全然気づかなかった、おもしろい」といった、ポジティブな意味での「おっ！」は、自分自身が「教師」になろうとしたとき、ネガティブな意味での「えっ！」に変わっていく。「ちょっと待って、それどうやって返したらいいの」「この子また変なこと言って。それ拾ってたら授業進まない」というように。

教員養成大学卒業後には、教師になる。そうした「レール」から私を外したのが、「インプロ」という世界だった。大学で教育学を学ぶ傍ら学外でインプロを学んでいた当時の私にとって、学校教育の世界は「制約」だらけ。なんて窮屈なんだろう、としか思っていなかった。そして、いろいろな仕事をしたのち、一周まわって私は学校教育の世界に戻ってきた。現在、教職大学院という教員養成・教師教育のための専門職大学院に勤めている。学校教育の世界に窮屈さを全く感じなくなったかといえばそうとは言い切れないが、学校で仕事をする先生たちの姿に近くで触れながら、当時感じていた学校教育の世界の「制約」のなかで楽しむ方法を少しずつ見つけられるようになってきた。

いまの仕事のなかで特に関心を持っているのが、「模擬授業」という取り組みだ。教職大学院には、様々な場面で大学院生に「模擬授業」をしてもらう機会が多くある。私にとってのチャレンジは、学部生時代に違和感をもっていた冒頭の授業づくりのスタイル以外で、「子どもたちのおもしろい反応」と「教師が教えなければならない内容」のあいだを楽しくむすびつけていけるようにすること。そうしたなかで出会ったのが、東京学芸大学教職大学院で考案された「対話型模擬授業検討会」だった。

先に触れたような「模擬授業」を乗りこえる何かが対話型模擬授業検討会にあるのではないか。そして、そのことと、私を「レール」から外したインプロの世界とがつながっているように感じられた。この章では、対話型模擬授業検討会、そしてそのもとになっているオランダの教師教育学者フレット・コルトハーヘンの理論に触れながら、教師教育とインプロの重なりを、私の勤める教職大学院の現職教員学生たちの語りをもとに考えていく。

2 「対話型模擬授業検討会」とは

ここではまず、対話型模擬授業検討会の考案者である東京学芸大学教職大学院の渡辺貴裕らの論考を手がかりに、対話型模擬授業検討会のコンセプトや進め方について整理する。そして、その土台になっているオランダの教師教育学者フレット・コルトハーヘンの理論を概観する。

2-1 対話型模擬授業検討会

対話型模擬授業検討会（以下、「対話型」と略記）とは、東京学芸大学教職大学院において開発された模擬授業検討会のモデルだ。対話型の目的は、「指導案の改善や遂行の仕方の洗練」ではなく、「授業実践に関する問いを浮かびあがらせ、授業者役と学習者役とが共に探究すること」とされている（渡辺・岩瀬 2017:138）。

「指導案の改善や遂行の仕方の洗練」を目的とする従来型の模擬授業検討会の場合、授業者役と学習者役の関係性は、「評価される－評価する」「指導される－指導する」というものに陥りがちになる。すなわち、学習者役は、授業者役の進める授業を「学習」するためではなく、授業者役の実施した授業の良し悪しを評価・指導するために模擬授業に参加する。そして、模擬授業後の検討会においても、「ここは良かった」「ここは良くなかった」「もっとこうしたほうが良い」といった「評価」「指導」的な視点からの発言が繰り返されることになる。

対して、授業者役と学習者役とが「共に探究すること」をめざす対話型の場合、検討会では、「評価や指導ではなく、授業者役と学習者役とがそれぞれの立場から授業中に感じたこと、考えたことなどを出し合」(渡辺・岩瀬 2017: 138) うことが重視される。そしてそのためには、模擬授業のなかで「授業者や学習者として授業で起きる出来事を経験しておくことが求められる」(渡辺・岩瀬 2017: 138)。したがって、対話型は、学習者役の参加のスタンスが大きく異なるのだ。学習者役は、その名の通り「学習者」として、模擬授業に参加する必要がある。

次に、対話型の具体的な構成や進め方について触れておく。対話型は、模擬授業20分間、検討会30分間の計50分間で構成されている。参加者は、概ね7～10名前後、そのうち1名が授業者役を、その他のメンバーが学習者役を担う。検討会の進行は基本、院生たちがおこなう。したがって、大学教員の役割は、「最後に議論を整理するコメントを述べたり、途中で議論が沈滞してきたときに流れを変えるような一言を挟んだり」(渡辺 2019: 97) することになる。模擬授業で扱う校種・学年・教科・単元等は、その回の授業者役が自由に決める。授業者役は、簡易的な指導案も事前に作成するが、模擬

図５－１　対話型の検討会の様子（渡辺（編）2019）

授業当日は、それを事前に配布することなく授業を進めていく。

図５－１から分かるように、模擬授業後の検討会の進行の仕方も特徴的だ。検討会場面の冒頭には、記録係がホワイトボードまたは黒板に表をかく。行には「Do」「Think」「Feel」「Want」、列には「授業者」「学習者」と書かれる。「Do」は何をおこなったか、「Think」は何を考えていたか、「Feel」は何を感じていたか、「Want」は何を望んでいたかを指すものであり、それらが授業者役と学習者役、それぞれの立場から整理されていくことになる。ホワイトボードまたは黒板を囲うように半円形に座り、振り返りが始まる。座る位置も、司会者も、語り出す順番も決まっていない。すなわち検討会は、学習者役からの授業者役へ一方的な評価・指導をする場ではなく、両者がそれぞれ何をおこなおうとし、実際には何をおこない、そこからどのようなことを考えたり感じたりしたのかを交換する場として設定されている。そして、両者のズレが浮かび上がるようになっている。

2-2　コルトハーヘンの教師教育論

対話型の土台にあるのは、オランダの教師教育学者フレット・コルトハーヘンの理論である。ここでは著書『教師教育学 ―― 理論と実践をつなぐリアリスティック・アプローチ』を参照し、彼の理論を概観する。

コルトハーヘンの主たる問題意識は、「理論と実践の乖離」にある。学生が教育の最新の理論について学んだとしても、卒業後に教師として現場に出ると、その理論は役に立たないものになってしまうのだ。対して、コルトハーヘンのとるリアリスティック・アプローチでは、「客観的な理論」よりも「経験」が重視される。そして、「経験による学びの理想的なプロセスとは、行為と省察が代わる代わる行われるものである」（コルトハーヘン 2010: 53）と述べ提唱したのが「ALACTモデル」だ。ALACTモデルは、「Action（行為）」「Looking back on the action（行為の振り返り）」「Awareness of essential aspects（本質的な諸相への気づき）」「Creating alternative methods of action（行為の選択肢の拡大）」「Trial（試み）」という五つの局面の循環によって構成されている（図5-2）。そして、この循環を繰り返すことによって、教育実習生は「螺旋形に専門性を発達」（コルトハーヘン 2010: 55）させていくという。

次に、このALACTモデルを、対話型に重ねながら見ていく。ALACTモデルのポイントの一つは、第三局面「本質的な諸相への気づき」にある。例えば、従来型の模擬授業検討会でしばしば起

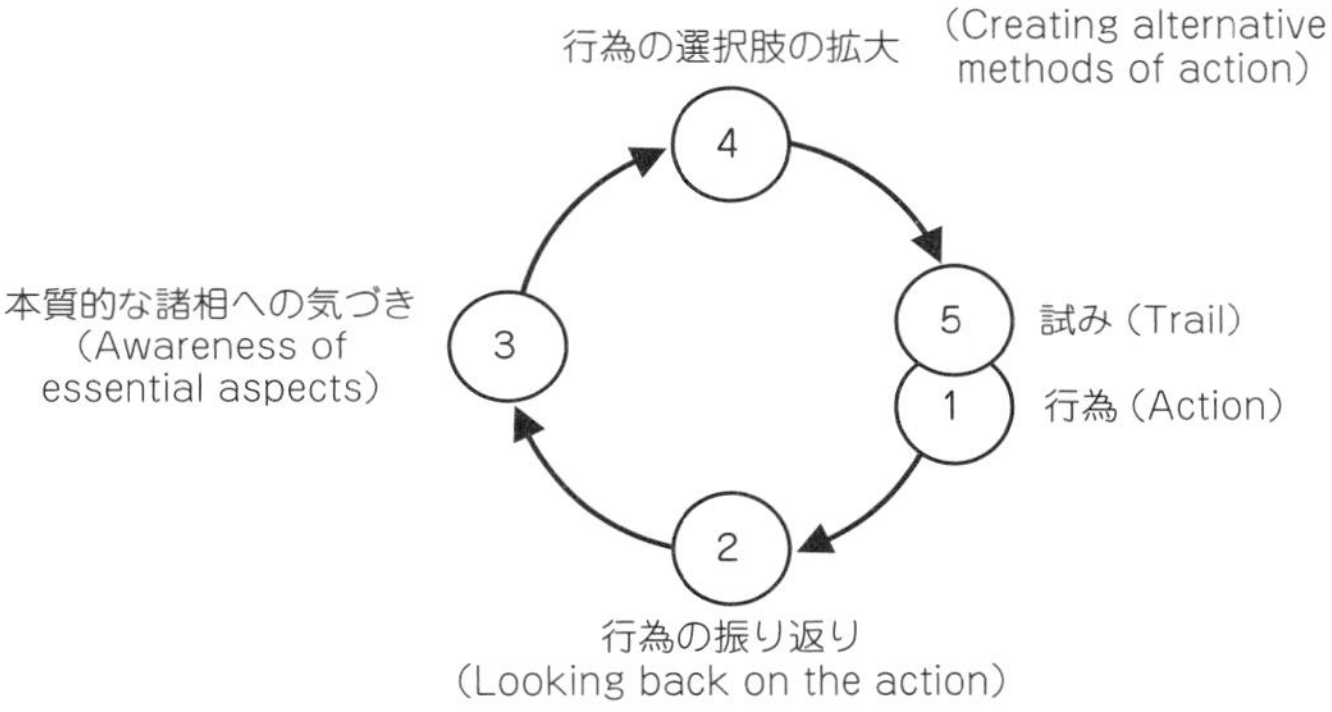

図5－2　ALACT モデル（コルトハーヘン 2010:54）

こりがちな、「じゃあ、こうすればいいんじゃない？」といった他者からのアドバイスは、まさに、この第三局面を経ないまま、第二局面から第四局面へと進んでいってしまうことを意味する。それに対して対話型では、第三局面を含むような省察がめざされる。すなわち、「何が授業で起きていたかを振り返った後すぐに『次にどうすればよいか』の検討に進むのではなく、何が本質的な問題なのかを掘りさげ」（渡辺 2019: 96）ていくのである。

コルトハーヘンは、第二局面「行為の振り返り」における援助の際に重要なスキルとして、相手を一人の人間として受け止めるという「受容」、相手を「内側から」理解し、それを伝えることを意味する「共感」、本当は理解できていないことを受け入れたふりや分かったふりをせず、自らの感情と思考をもちながら現実の人間として相手と向き合う「誠実さ」、実習生が物事を具体化してとらえられるようにすることをめざす「具体性」、の四点を挙げている（コルトハーヘン 2010: 128-136）。コルトハーヘンは、これらを指導者が教育実習生を援助するためのスキルとして論じているが、対話型の

表5－1　ALACTモデルにおける第二局面で有効な具体化のための質問
（コルトハーヘン 2010: 136）

0. 文脈はどのようなものでしたか？	
1. あなたは何をしたかったのですか？	5. 生徒たちは何をしたかったのですか？
2. あなたは何をしたのですか？	6. 生徒たちは何をしたのですか？
3. あなたは何を考えていたのですか？	7. 生徒たちは何を考えていたのですか？
4. あなたはどう感じたのですか？	8. 生徒たちは何を感じていたのですか？

検討会場面では、院生ら自身に求められているものとなっている。

では、どうすれば第三局面へ進めるのか。コルトハーヘンは、そのための手がかりとして、表5－1に示す0から8までの質問を挙げている。これがまさに、対話型の検討会においてベースとなっているものである。「あなた」と「生徒たち」、それぞれの視点から検討し、両者のズレを探っていく。

3　「学習者になる」とはどういうことか
――現職教員学生へのインタビューから

「学習者として」検討会で発言するためには、模擬授業において「学習者になって」いる必要がある。だが、特に現職教員学生にとって、これがなかなか難しいらしい。そこで私は、何が現職教員学生を「学習者になる」ことから妨げているのかを、現職教員学生へのインタビュー調査から描き出すことを試みた。その結果、「『教師』目線の染みつき」「専門教科での『教師』目線の強まり」「『先輩教員』という立場」が、現職教員学生が「学習者になること」を妨げていることが見えてきた（園部

2021）。

そして、実践を継続するなかで、私はこれら三つ以外にも難しさを生むものがあるのではないかと感じるようになった。先の論文を執筆していたときにはそれをうまく言語化できなかったが、それは本書のテーマであるインプロともかかわっていると思われる。そしてそれは、そもそも「学習者になる」とはどういうことか、ということでもある。

実際、私は、対話型を院生たちと実践するとき、この「学習者になる」ということを、どんな言葉でどう説明すればいいのかにずっと悩まされてきた。ここでは、実践のなかで起こったこと、そして実践後に実施した個別インタビュー調査における現職教員学生の語りをもとに記した、「学習者になれなかった」エピソードを二つ紹介する。なお、下記に登場する人物の名前は全て仮名としたほか、個人の特定を防ぐため、文意を損なわない限りにおいて変更した箇所がある。また、語りの引用時、筆者による補足は（　）内に示した。

3-1 「学習者になる」とは「子どもを演じる」こと？

やっぱり年齢が、もういい年になってるので。

40代の高校教師・上川さんは、インタビューのなかで自身の年齢を理由に挙げながら「学習者になる」難しさを語った。この日の模擬授業の想定学年は、小学4年生。「指導者や助言者ではなく、学習者になって授業を受けてください」という私の説明を、上川さんは「小学4年生を演じてください」と受けとったようだ。そして、自分の実年齢とのギャップから、「学習者になりきれなかった」と語っている。

しかし、そんな上川さんが、「小学4年生になれた」と感じられた瞬間があったという。そのきっかけは、参加していた実務家教員・久保先生の模擬授業中の授業者への質問だった。

途中であのときは、久保先生が、「私たちは何年生ですか」っていう、問いかけをしていただいたときに対象学年が分かった、あ、そこになったらいいんだと思った後から、「先生分かりません」、「これこれこうですか」っていう。4年生だったらこう言うんじゃないかなという雰囲気ができたので、なれたんですけど、それまではちょっと様子見。

模擬授業を始める前に授業者が想定学年を参加者に伝えることになっていたが、この回の授業者がそれを忘れてしまったため、模擬授業が開始されてから久保先生が授業者にその学年を確認する問いかけをしたのだった。それをきっかけに、上川先生は小学4年生になっていく。なっていくというよりも、その場に立ちあっていた私の感覚から言えば、「演じ始める」というほうが近いかもしれない。先述の「4年生だったらこう言うんじゃないかな」という表現からは、実際にいそうな子どもを演じようとしていたことが読みとれる。そして、小学4年生であれば授業のなかで分からないことがあった際に教師を気にせずすぐに「先生分かりません」と口に出すという「子どもを演じる」ことに結びついていったと推察される。

このような、〈「学習者になる」＝「子どもを演じる」〉と捉えた上での模擬授業内での言動は、「こんな子はいない」という意識を他の参加者のなかに生み出してしまう場合もある。50代のベテラン小学校教師・大黒さんもその一人だ。同じく模擬授業に学習者役として参加する上川さんの「子どもを演じる」姿を見て、大黒さんは次のように感じたという。

「分からん」みたいなことを、堂々と言ってたじゃないですか。（実際の小学校では）そういう「分からん」連発すると、怒られるっていうのが子どもには働くから。（中略）1年生とかだったらいっぱいいるんですけど、1、2、3、4年って積み重ねていくうちに、「約束事」が入っていくので。（中略）あんなにあっけらかんに言う子はおらんなと。

このように、他の学習者役の「子どもを演じる」姿が「本物の子ども」とかけ離れていると感じられた場合、その学習者役は、「実際の現場では」「本物の子どもは」で頭がいっぱいになる。そしてその結果、「学習者」として模擬授業に参加することが難しくなってしまう。

3-2 「そのまま」の自分で参加したら「学習者になる」？

「学習者になって授業を受けてください」という私の説明によって、「本物の子ども」とはかけ離れた「演技」がなされてしまう。それは違うと思った私は、その後「ただし、『学習者になる』というのは、『子どもっぽく振る舞う、子どもっぽく演じる』ということと同義ではありません」と説明を付け加えるようになった。しかし、それによってまた新たな難しさが生まれてしまった。

このときは、院生が現職教員学生・学部新卒学生混合の7人グループに分かれ、グループごとに対話型を実践した。実践の機会は二回。あるグループでは、一回目は高校2年生の数学の模擬授業（授業者役：学部新卒学生の船江さん）、二回目は小学校の特別支援学級を想定した模擬授業（授業者役：現職教員学生の山室さん）がおこなわれた。

30代の小学校教師・田村さんは、二回とも学習者役として模擬授業に参加した。田村さんは、模擬授業検討会後の振り返りのなかでも、インタビュー調査のなかでも、第一声として、特別支援学級を想定した模擬授業において「学習者になる」ことの難しさを、その前週に実施された高校数学の模擬授業のときと比べながら語った。

「特別支援の、学級の子やったらこうするかな」とか、どうしてもそれがよぎってしまって、学習者になりにくかったなっていうのを感じました。高校、数学、船江さんがしてくれたときは、もうそんなん一切なく、内容に入れて、うん、そんなん考えることはなかったんですけど「高校生やったら」とか。

田村さんが、高校数学の模擬授業のときに「学習者になれた」のは、「自分自身の数学の知識に自信がなかった」という「不安」があり、「もし高校生だったら」ということを考える「余裕」がないほど、そこでなされている学習内容に向き合っていたからだという。

余裕がなかったですね、自分が。あ、高校の数学や、みたいな、大丈夫かなっていうその、不安、分からんのじゃないか、みたいな。（中略）（「特支やったら余裕があった?」という私の問いかけに対して）でしたね、だし考えてしまいましたね。特別支援の子ってここんなにすんなりいっていいんかなとか、ここもっとその、こだわるやろうな。たぶん、山室さんも言ってましたけど、演じたほうがよかったんかなとか。

実際、私は、この模擬授業の前に、授業者役の山室さんから個別に相談を受けた。それは、私が付け加えた、「『学習者になる』というのは、『子どもっぽく振る舞う、子どもっぽく演じる』ということと同義ではありません」をめぐるものだった。特別支援学級を想定した模擬授業の場合、今回の学習者役は子ども時代に特別支援学級に在籍していたわけではないから、「演じない」＝「自分自身として」参加すると、通常学級の学習者になってしまう。そうすると、現場だったら、時間がかかったりするところもさらっと終えてしまう。かといって、例えば「あなたはこだわりの強い子をやってください」「あなたは言語化するのが苦手な子をやってください」といった「設定」を付けてしまうと、それは「演じる」ことになってしまう…。

最終的に、山室さんがおこなったのは、「チームのうちわをつくろう」という授業。皆で相談してチーム・カラーを一つ決め、その色の色紙をうちわに合う形に切って貼りつけるというものだった。

事前に悩んでいた「設定」はなし、そのかわりに学習者役全員が手袋をはめた状態で作業に取り組むことになった。これは、特別支援学級の子どもたちの手の感覚に近づけるための山室さんの工夫だった。

田村さんは、私が冒頭にした説明によって、「演じる」ことは避けねばという意識が働いてしまい、模擬授業を「自分自身として受けてました」と語る。しかしその一方で、20分間の模擬授業のうち、「ほぼ」全ての時間、「もし特別支援学級の子どもだったら」と考えてもいたという。それは、特別支援学級の子どもと自分とが異質な存在であるという認識が田村さんにあるからではないだろうか。そうであるからこそ、「自分自身として」学習に参加したとしてもそれは「学習者になった」ことにはならないのでは、といった戸惑いが引き起こされているのではないかと考えられる。

4 「学習者になる」こととインプロのつながり

対話型において「学習者になる」とはどういうことなのか。上川さんのように子どもを「演じ」ようとすることなのか、それとも、田村さんのように「自分自身として」参加しようとすることなのか。このことを考えるときに、私の学んできたキース・ジョンストンのインプロは手がかりになるかもしれない。というのも、私が対話型を初めて東京学芸大学教職大学院で見学したとき、インプロとの共通性を直観的に感じたからだ。インプロも対話型も、「台本」がない。インプロバイザーは、これからどのようなやりとりがなされるか分からない状態で舞台に立つ。同様に、対話型においても、学習者役はこれから授業者役からどのような問いかけがなされるのか、事前に知らない状態で模擬授業に参加する。両者とも、他者の問いかけに対して自分がどう反応すればいいのか決まってはいないし、この後自分がどうなっていくか自分でも分からないところに飛び込んでいかなくてはならない。

ここでは、院生たちの対話型に立ちあうなかで説明の難しさを抱え試行錯誤してきた「学習者になる」とはどういうことなのか、という問いについて、私の学んできたジョンストンのインプロ、特にインプロにおいて「演じる」ということがいかに捉えられているかを手がかりに考えてみたい。

4-1 インプロは「演じる」ということをどう捉えるか

インプロでは「演じる」ということがどう捉えられているか。ここでは三つの考え方を紹介したい。

一つ目は、「トゥルースフル（truthful）」だ。トゥルースフルとは、真実味があること、本物らしいことを意味する。例えば、「相手のことが嫌い」という役を演じるときに、「あなたのことが嫌い」という言葉を直接相手役に投げかけると、どこか嘘っぽくなってしまう。あるいは、深刻な病に侵された家族の病室に面会に行くシーンで、「お父さん‼」と号泣しながら駆けて入っていくと、どこか安っぽくなってしまう。なぜなら、日常生活で人はそのようにしないからだ。日常生活において、私たちは苦手な人がいたとき、その人に気づかれないようにうまく距離をとったりするし、深刻であればあるほど病室では悲しみを隠し気丈に振る舞おうとしたりする。脚本のないインプロでは、相手に自分の役どころを伝えるために大袈裟な「ステレオタイプ」的な演技になりがちだ。しかし、それをやりすぎるとトゥルースフルではなくなり、観客もその世界に入れなくなってしまう。

二つ目は、「ビーイング・ゼア（being there）」だ。直訳すれば、「そこにいること」。「そこにいる」とは、まさに、いま、その場で実際に起こっていることにインプロバイザーが注意を向けている状態を指す。ビーイング・ゼアを学ぶためのゲームとして有名なものに「ハットゲーム」がある。舞台上で二人のインプロバイザーが帽子をかぶった状態でシーンを始め、相手がそこにいないと感じたときに相手の帽子を取ろうとする。そこにいないと感じられてしまうのは、例えば、そのインプロバイザーが相手の帽子をとって勝とうとすることに気をとられていたり、この先どのようにシーンを展開させていこうかと考えていたり、自分をよく見せようと考えていたりするときなど。ハットゲームをすることで、いま、ここにいるとはどういう状態なのかを学ぶことができる。

三つ目は、「トランス（trance）」だ。トランスとは、通常とは異なる意識状態のことを指す。この概念は、ジョンストンのインプロにおいては仮面との関連で登場する。特徴的なのは、ジョンストンがトランスを人々が日常生活のなかで自然におこなっているものと捉えていることだ。ジョンストンは、俳優がスポンテイニアスに行動することにより「軽いトランス状態」になるという。それは、「まるで他の何かにコントロールされているよう」な状態だ（Johnstone 1979: 141）。インプロにおける「演じること」のヒントがここにある。つまり、インプロでは、これから自分が演じるキャラクターを事前につくり込んで演じるというプロセスを経ない。まず、やってみる。事前につくり込んでいなかったとしても、やっているうちにキャラクターとして何をすればいいかが見えてきたり、自然にキャラクターが動き出していったりするのだ。

4-2　模擬授業において「学習者」になるとはどういうことか

この三つのインプロの概念をもとにすると、3節で触れた二つのエピソードはどう見えるだろうか。まず、3-1で触れた上川さんと大黒さんの関係をこのトゥルースフルとビーイング・ゼアという視点から見ていこう。端的に言えば、上川さんの姿は、トゥルースフルに見えなかったということだ。上川さんは、小学4年生に「なれた」と言っていたが、大黒さんも私もそうは思わなかった。私たちは、上川さんが「演じようとしている」こと自体が気になってしまったのだ。そして、そのことは、大黒さん自身にも影響を与える。つまり、大黒さんが「(「分かりません」と）あんなにあっけらかんに言う子はおらんな」と語ったように、大黒さんにとっては、上川さんがトゥルースフルに見えなかったことにより、大黒さん自身のビーイング・ゼアの状態が保たれなくなってしまったと言える。

3-2で触れた田村さんも、大黒さん同様、実際の学校現場にいる子どものことを想起し、ビーイング・ゼアの状態で模擬授業を受けることができなかったのではないだろうか。ただ、田村さんの場合は、他の学習者役の状態というよりも、自分自身がそこにどういればいいのか、言い換えれば、模擬授業を自分自身として「そのまま」受ければいいのか、それとも本物の特別支援学級の子どもを「演じて」受ければいいのか、ということ自体に戸惑い、その結果、ビーイング・ゼアの状態でいることができなかったのだと考えられる。実際、授業者役の山室さんの、「手袋をはめる」という工夫も、その状態をどうすればいいのかの戸惑いになっていた。その戸惑い自体が、田村さんを「学習者になる」ことから妨げていたと言える。

トゥルースフルに見えない、トゥルースフルにできない状態は、私たちをビーイング・ゼアの状態から遠ざける。まさに、「ハットゲーム」で例えれば「学習者になれなかった」院生たちは、相手に帽子を取られてしまう状態にあったと言えるのではないか。自身が実際に出会ってきた子どもたちの姿が思い浮かび、過去の「教師としての自分」に引っ張り戻されてしまい、いま、この瞬間、この模擬授業のなかで起こっていることを体験し、それに対して反応することができなくなってしまうのだ。

田村さんは、特別支援学級を想定した模擬授業に比べ、高校数学の模擬授業の際には「余裕がなかった」と語った。彼の「余裕」をなくしていたのは、彼が苦手意識を持っていた数学、特に高度な知識が要求される高校数学というものであったのではないだろうか。「大丈夫かな」「分からんのじゃないか」といった彼の頭のなかを埋め尽くしていた「不安」の言葉はすべて、過去でも未来でもなく、「いま」の言葉だ。これらの言葉によって、彼は、「実際の現場では」「本当の子どもたちは」といった思考を止め、「そこにいる」状態が自動的につくられていったと考えられる。言い換えれば、そうした「いま」の言葉で頭のなかが埋めつくされた田村さんには、授業者から出された数学の問題に集中するという「行動」が自然に起こっていた。それはまさにそのときの田村さんが「軽いトランス状態」にあったとも言える。

「学習者になる」ということを、インプロの概念でいかに説明し得るか。このことを考えるための鍵となるのが、「頭」だ。頭で考えてしまうことをいかに妨げるか。そのためのしかけが多様になされているのがジョンストンのインプロの世界だと言える。トゥルースフルに見せよう、ビーイング・

ゼアの状態でい続けよう、トランスしよう、と思った瞬間に崩れてしまう。対話型の世界も同様だ。学習者になろう、４年生だったらこうするかな、特別支援学級の子ならどう動くのだろう。そう頭で考えた瞬間に、どこかちぐはぐなものになってしまう。

インプロが教えてくれるのは、自分の頭でコントロールしようとするのを手放すこと、そのために、そこでおこなわれている一つ一つに身を任せることの大切さだ。それによって、学習者役は、「学習者になる」ことに近づけるかもしれない。

5　「学習者になろうとする」こと・「学習者になれない」ことが教師に教えてくれるもの

この章では、対話型において「学習者になる」とはどういうことなのかを、現職教員学生たちの姿や語り、そしてインプロの概念を手がかりに考えてきた。ここから見えてきたことを一言でまとめるとすると、「学習者になる」とは、自分であり自分でないという、どっちつかずの状態なのではないか、ということだ。

対話型の学習者役は、「学習者になろうとする」ことや、「学習者になる」ことに近づくことはできたとしても、完全に「学習者になる」ことはできない。それは、どうしたって、自分から逃れることはできないからだ。渡辺・岩瀬は、「学生たちは実際の学習者と全く同じように考えたり感じたりするわけではない。自分にとって学習内容が当たり前の知識となってしまっている小学校低中学年などの場合はなおさらである。」（渡辺・岩瀬 2017: 142）と述べている。当たり前だが、やはり、模擬授業は「模擬」授業であり、現職教員学生は、今、「本物の子ども」ではないのだ。「演じよう」とし過ぎると、その本人も周りも学習者役も「本物の子ども」から遠ざかってしまう。かといって、自分として「そのまま」模擬授業を受ければいいかというと、決してそうでもない。なぜならば、授業者役は、子どもに向けて授業する想定で行為するからだ。そこでは、「自分がもつ知識をいったん保留」（渡辺・岩瀬 2017: 143）することが求められる。本当は知っていることを「知らない」ことにして存在しようと試みる、言い換えれば、「演じよう」とすることになる。「そのまま」の自分と、「知っていることを知らないことにする」もう一人の自分、その両方の自分が授業者役からの問いかけに反応していく。

しかし、それは3節で見てきたように非常に複雑で困難なものとなる。なぜなら、現職教員学生たちは、日々の学校現場のなかで多様な子どもたちと向きあい、教師としての経験を積んできているからだ。模擬授業場面で起こる、授業者役の問いかけ、他の学習者役のふるまい。その一つ一つが、自分が今まで出会い向きあってきた子どもたちや学校現場の風景の何かに瞬時に重なってしまう可能性も含んでいる。そしてその重なりは、瞬時にその学習者役を「実際の現場では」「本物の子どもたちは」という思考、言い換えれば、「学習者になろうとする自分」ではなく「教師としての自分」の思考を引き起こしてしまう。

私は、インプロの難しさも、似たようなところにあるのではと考えている。「学習者になろう」として「学習者になれる」わけではないのと同様、インプロにおけるトゥルースフルやビーイング・ゼアやトランスといった状態も、そうなろうとしてなれるものではない。むしろ、そうなろうとすること、すなわち、頭で考えることによって、かえってなれなくなってしまう。加えて、頭で考えないようにしよう、と考えてしまうことで、さらになれなくなってしまう。本当にきりがなく、私の頭は止まることなく働き続ける…。

では、「学習者になれない」のだったら対話型に取り組むことは意味がないのか。私は、決してそうは考えない。むしろ、「学習者になれない」、つまり「教師である自分」と「本物の子ども」は違う存在なのだと、教師の仕事を続けることで遠ざかっていってしまう子どもたちとの感覚の違いに気づくこと。現場で飛び交う「子ども理解」という言葉のとてつもない難しさを実感すること。「教師になってしまった」自分を学びほぐし（unlearn）していくこと。「学習者になれなかった」という体験こそが、「じゃあ本物の子どもたちは…?」といった問い、そこに自分の「偏見」はなかったのかという問い直しを生み出す。

自分も特別支援の子に対して特別な見方をしとんのかなってちょっと、反省も。（「どういうことですか」という私の問いかけに対して）なんか、特別支援の子やったらこうなるやろなとかこうするやろなとかって、勝手なその、偏見的な部分、なってしまっとったんかなーっていうのも思って。（田村さん）

私たちは、学校教育において頭を使うこと、「考えてから動く」ことを叩き込まれてきた。ここに描いたことは、逆のようである。その慣れない状況に、院生たちも、そして私自身も混乱し、ときに不安や恐怖を抱き、考え続けてきた。コルトハーヘンのＡＬＡＣＴモデルも、指導案検討に焦点化しない対話型も、行為（Action）から始まる。「考えてから動く」ことにあふれる学校だからこそ、教師教育の場においては「動いてから考える」時間を少しでも確保し、院生たちとその場を楽しみたい。

今回は、「学習者になる」ということ、すなわち模擬授業検討会のうちの模擬授業場面での学習者役のありかたをテーマとしたが、私は、検討会場面でのやりとりのしかたなどにもインプロとの共通性を感じている。インプロ公演の後の振り返りは、まさに、やってみて思ったことを思ったまま共演者に伝えるのを大切にしているからだ。今後、検討会場面でのやりとりにも目を向けながら、インプロという即興演劇の世界と、対話型、そして教師教育の世界とのあいだをつないでいきたい。

【文献】

コルトハーヘン、F（編著）／武田信子（監訳）(2010)『教師教育学 —— 理論と実践をつなぐリアリスティック・アプローチ』学文社

園部友里恵 (2021)「何が現職教員学生を「学習者になること」から妨げるのか —— 模擬授業実践における学部新卒学生との経験差に着目して」『質的心理学研究』20, 臨時特集 pp.82-89.

渡辺貴裕・岩瀬直樹 (2017)「より深い省察の促進を目指す対話型模擬授業検討会を軸とした教師教育の取り組み」『日本教師教育学会年報』26, pp.136-146.

渡辺貴裕（編）(2019)「「対話型模擬授業検討会」の実演とそれをめぐって 報告書」（日本教師教育学会第28回研究大会 大会校企画②）東京学芸大学教職大学院

渡辺貴裕 (2019)「協働的でより深い省察を伴う授業検討会に向けての話し合いの様相の変容 —— 教職大学院における模擬授業検討会の取り組みの事例を手がかりに」『日本教師教育学会年報』28, pp.96-106.

Johnstone, K. (1979) *Impro:Improvisation and the Theatre.* Faber & Faber.（本章における引用は、２０１９年に

Bloomsburyから刊行されたものの頁数を示している）
Johnstone, K. (1999) *Impro for Storytellers*. Routledge.

第6章　学校教育におけるインプロの教育的意味
――矢野智司の「生成としての教育」の観点から

郡司　厚太

1　インプロは「○○力」を育むための手段？

私は今年で、公立小学校の教師として働いて七年目になる。三年前から、授業の中で週に一回、子どもたちとインプロの実践をおこなっている。友達と協力して即興的に物語を作ったり、想像上の役を演じたりすることを通して、目の前の状況・世界へと没入していく。それは子どもたちにとって、ほかの授業では味わえないおもしろさをもつものであるらしい。インプロの時間は、子どもたちと私にとって週に一度の大切な時間となっている。

しかし、インプロを学校で実践するうえで私は一つの葛藤を感じる。それは「インプロにはどのような教育効果があるのか？」という問いに対する違和感に由来している。

さしあたり、その問いに対しては、インプロを通して「コミュニケーション能力を育む」「即興的な対応力を育む」「人前で発表する力を育む」「人との関わり方を学ぶ」「温かな人間関係を構築する」

うことはあるだろう。

しかし私にとって、インプロの教育的意味を「○○のため」という教育効果に回収して説明することには、どこか違和感がある。なぜなら、「○○のため」という理解の仕方では、インプロを実際に体験したときの、あの何とも言えない相手との一体感や、心が動く瞬間が、どこかこぼれ落ちてしまうと感じるからである。

インプロの教育効果として明確な資質・能力が育まれたり促進されたりすることは、結果として重要なことかもしれない。だが私は、それらが達成されたかどうかにかかわらず、子どもたちにはインプロに没頭することで、未知の物語に足を踏み入れドキドキしたり、予想外の出来事・展開に対して大笑いしたりするなど、実践の場で生じるあの何とも言えない「感じ」を全身で感受してほしいと願っている。

しかし、こうした私の主張は、通常の授業の考え方からすればおかしなものである。なぜなら、通常の学校教育の授業は、「系統的な学習内容」「ねらい」「ねらいを達成するための手段」「評価」といった要素に基づいて成り立っている。そこでは、一回の授業で子どもたちは何を学習したのか、それによってどんな知識・技能が身についたのか、その学習にはどのような有用性があるのか、ということにこそ、教育的意味が見出される。

そうした通常の授業の理解では、あらかじめ定められた「ねらい」と、学習の「結果」が重要なのである。そのため、もしインプロを授業に取り入れるとしたら、それは結果を達成するための「手段」

に位置づくはずである。そして手段とは、結果が伴わないと評価できないものである。だとすれば私が主張するように、結果よりも「実践の場で生じるあの何とも言えない『感じ』を全身で感受してほしい」ということを重視することは、通常の授業の考え方からすれば、手段が目的にすり替わってしまった「よくない授業」の典型例である。

教師として働く中で、授業のねらいや評価の重要性は重々承知している。一方で、ねらいや評価に関係なく、インプロを体験することそれ自体の豊かさに、私は教育的意味を見出している。では、インプロの体験それ自体の豊かさとは一体何なのだろうか。私は、なぜそのような体験に教育的意味を見出しているのだろうか。そもそも、そうした体験に教育的意味を見出すことは、私の主観的な主張であって、教育として求められることからいえば的外れなものなのだろうか。

以上の個人的な葛藤を背景として、本章では「学校教育におけるインプロの教育的意味とは何か?」という問いについて考えていきたい。このとき論点となるのは、「ねらい」「結果」「評価」といった、従来的な学校教育の教育観とは異なる観点からインプロの教育的意味を語ることは可能なのか、またそれは妥当であるのかということである。このことを考えるために、本章では教育学者の矢野智司の教育理論を手がかりにしていきたい。

2　矢野智司の教育理論

2－1　発達としての教育

矢野の教育理論は、「発達としての教育」と「生成としての教育」という二つの教育観を軸にして成り立っている。まずは「発達としての教育」について、矢野の議論を簡潔にまとめていこう（矢野 2008: 122-124; 200-202）。

今日の学校教育が前提としている教育観は、系統性・連続性・目標・評価といった原理の上に成り立っている。学校教育には、あらかじめ定められたカリキュラムが存在している。そのカリキュラムは、学習指導要領に基づいて作られている。義務教育であれば、小学校1年生から中学校3年生までの間に、いつ・何を・どのような順番で学習するのかが、教科ごとに系統性として定められている。そうした系統的なカリキュラムがあるからこそ、子どもたちは発達段階に応じて、効果的かつ効率的に知識や技能を身に付けることができるとされている。

たとえば小学校の算数における「数と計算」に関する学習では、1年生でたし算を、2年生でかけ算を、3年生で割り算を学習する。このとき、2年生のかけ算は1年生のたし算が身に付いていることを、また3年生の割り算は2年生のかけ算が身に付いていることを前提としている。これまでに学習したことを前提に新たな学習がおこなわれることで、知識や技能が系統的・連続的に積み上げられ、拡張されていくというわけである。

このとき重要なのが、「目標」と「評価」である。なぜなら、明確な目標を設定することで、学習者は何を習得すればよいのかがはっきりする。それによって、より最短距離で効率的・効果的に目標を目指すことができる。逆に言えば、定められた目標に到達するうえで関係のないこと・無駄であると思われることは、なるべく避けたほうがよい。

そのためには、評価が大切である。いま自分がおこなっていることは、本当に効果的・効率的な学習なのか。定められた目標に対して、手段は適切なのか。自分はどれほど目標を達成することができたのか。そうした評価に基づきながら、絶えず自己を振り返ることで、より効果的・効率的に目標を達成することができるのである。

以上のように、①あらかじめ目標をもって、②その目標を達成するためにより効果的・効率的に学習を積み重ね、③最終的には目標が達成できたかどうかを振り返る（評価する）という「系統的・連続的な学習プロセス」は、今日の学校教育における教育活動全般の基本原理である。こうした系統性・連続性・目標・評価に基づく教育観のことを、矢野は「発達としての教育」と呼んでいる。

2-2　発達としての教育の注意点 ―― 効率主義と成果主義

矢野は、「発達としての教育」の重要性を認める一方で、そうした教育観が過度に重視されたときに生じる問題を指摘している。それは「系統的で連続的な学習プロセス」を重視するあまり、ともすれば効率主義・成果主義が無意識のうちに絶対視されてしまうという危険性である。

系統性・連続性・目標・評価に基づく「発達としての教育」では、目標の達成に向けていかに効率的・効果的に学習をおこなうかということが重視される。そのため学習者としては、なるべく無駄な学習や非効率的な学習を避けることが望ましい。

この一連の学習プロセスは、確かに自身の成長にとって有用なものである。しかし、そのプロセスを絶対視し、囚われてしまうと、その帰結として「できる／できない」といった評価的態度、「何が有用で何が無用であるのか」といった価値判断的態度が、自己や他者の「存在そのもの」の価値基準として絶対化される危険性がある。

そうした評価的態度・価値判断的態度が内面化され、絶対化されてしまうと、「自分が成長できたかどうか」「自分の成長にとって○○は有用かどうか」というものの見方が肥大化していく。すると、自分の周りの物事や他者、そして自己に対してさえも、そのような評価的・価値判断的態度で接するという事態に陥る。つまり、効率主義・成果主義的な物の見方の肥大化が生じるのである。

効率主義・成果主義的な物の見方や人間関係は、子どもたちや教師一人一人を、あらかじめ定められた目標や評価によって規定するものである。そこでは、ひとたび「○○はよくない」「○○は無駄だ」と判断が下されてしまうと、その物事や他者とのつながりは絶たれ、ともすれば排除的な態度さえ向けてしまう。そうした態度が自己に対して向けられてしまうと、過度な自己否定に陥る可能性がある。すると人々は、そのような事態を避けるためになるべく失敗をしないように自己を厳しく統制するか、失敗のリスクがある選択を、あらかじめ避けるようになる。

教師にとって、このことは肝に銘じておかなければならない。私自身、日々の生活の中でついつい

「教師としての私」は、「できる／できない」という尺度で子どもたちと接してしまうことがある。頭では分かっているつもりでも、いざそのような状況に直面すると、既存の目標と照らし合わせながら子どもたちに評価的な眼差しを向けてしまうことがある。

確かに、目標や評価は大切である。しかしそのことに囚われてしまうと、目の前の子どもたち一人一人の本来的な豊かさ、かけがえのなさを見損なってしまいかねない。このことは、教師と子どもの関係性のみならず、子どもと子どもの関係性、あるいは教師と教師の関係性においても同じである。

以上のように、矢野は「発達としての教育」の重要性を認めつつも、そうした教育観が過度に絶対視されることで生じる、効率主義・成果主義の危険性を批判しているのである。そして、現行の学校教育システムが「発達としての教育」に基づく以上、そのような危険性はいつだって生じうるのである。

2-3　生成としての教育

確かに「発達としての教育」は、私たちが成長するうえで有用なものである。しかし考えてみれば、私たちが何かを学んだり成長したりするとき、そのすべてが「系統的で連続的な学習プロセス」に基づいているわけではない。特に、学校教育の文脈から視野を広げてみれば、そのことが理解できる。たとえば偶然の出会いや出来事が、自分のこれまでの物の見方を大きく変えたり、その後の人生に影響を与えたりすることがある。あるいは何かに没頭・熱中することで、知らず知らずのうちに成長したり、自己が変容したりすることがある。

そうした出会いや出来事は、事後的に振り返れば、なぜ・どのように自己の成長を促したのかを分析・説明・評価できるかもしれない。しかし、その出会いや出来事の只中にいるときに、それらはうまく言葉にできないが強く感銘を受けたり、心を揺さぶられたりするといった、ある種の衝撃や没入感として体験されるものである。そして、往々にしてそうした体験のときには分析的な思考や評価的な思考を働かせてはいないことが多い。

この「知らず知らずのうちに自己が変容した」という事態から、人間には自己の変容前と変容後の連続的なつながりが論理的に説明不可能な、非連続的な生の変容の次元があることが指摘できる。それは、これまでの自己の認識の枠組みのパターン・質からの飛躍を伴うような生の変容である。このことを矢野は、「系統的で連続的な学習プロセス」とは異なる、「質的な飛躍を伴う非連続的な変容プロセス」であると述べている。

以上のことから矢野は、教育には「発達としての教育」だけでなく、「質的な飛躍を伴う非連続的な変容プロセス」に基づく教育の次元があることを明らかにし、その重要性を指摘している。そうした教育の次元を、矢野は「生成としての教育」と呼ぶ。

2-4　生成としての教育における「質的な飛躍を伴う非連続的な変容プロセス」

では具体的に、「質的な飛躍を伴う非連続的な変容プロセス」とはどのようなものなのか。矢野は、その例として「ごっこ遊び」を挙げている。

たとえば、正義のヒーローと悪役の戦いを演じたり、おままごとをしたり、人形相手に遊んだりといったことを、子どもの頃に一度は経験したことがあるのではないだろうか。そうした「ごっこ遊び」とは、単純なようで、実は不思議な仕組みの上に成り立っていることを矢野は明らかにしている。何が不思議なのか。それは、ごっこ遊びというものが、一見すると矛盾する意味・メッセージの上に成り立っているということである。

おままごとの中で、ある子どもが草花でサラダを作り「さあどうぞ」と差し出したとする。このとき、おままごとに参加している当事者たちにとって、草花で作ったサラダは、設定上「サラダ」であるが、決してその「サラダ」をまちがえて口に入れることはない。なぜなら、それが本物の『サラダ』ではないことを理解しているからである。

つまりごっこ遊びの中で子どもたちは、目の前の草花が設定上の「サラダ」であることと、本物の『サラダ』ではないことの、二重性の世界を同時に生きている。

この点が、ごっこ遊びの不思議な仕組みである。ごっこ遊びの中で、目の前の草花はサラダであり、本当のサラダではない。正義のヒーローを演じているとき、自分はヒーローであり、同時に本当のヒーローではない。目の前の人形に語りかけるとき、人形は自分と会話ができるのであり、同時に本当は会話ができない。このようにごっこ遊びとは、一見すると矛盾する意味・メッセージを同時に引き受けながら、二重性の世界を同時に生きることによって成立する営みなのである。

二重性の世界を生きるということは、通常の私たちの生活ではありえないことである。なぜなら通常私たちは、なるべく矛盾のない、秩序ある世界を生きているからである。たとえば、「〇〇をしてもよい」と「〇〇をしてはならない」という矛盾するメッセージが同時に発せられたとき、私たちの多くは、「〇〇してもよいのか、〇〇してはいけないのか、どっちなのだろうか?」と、困惑することだろう。

一般的に、私たちは矛盾する状況に直面したとき、これまでの経験や自己の枠組み、価値観と照らし合わせながら、どちらのメッセージに従って行動すればよいかを判断し、選択することで、矛盾を解消し、自身の周りの世界の秩序を再び保とうとする。

それに対してごっこ遊びでは、むしろ矛盾を矛盾のまま受け入れ、その二重性の世界と戯れるということがおこなわれる。このとき、ごっこ遊びの当事者たちの間では何が生じているのだろうか。それは、複数の可能性に開かれた意味の生成である。

ごっこ遊びとは、その特性上、あらかじめ定められた秩序やルールに縛られることがない営みである。先ほどの例でいえば、突然誰かが、「サラダ」として扱っていた草花を、同時に「世界に一つだけの虹色のバラ」であると見なしたとする。そうしたことは、ごっこ遊びにおいて何ら問題ない。なぜならごっこ遊びとは、そもそも矛盾する世界を生きる営みであるからである。そのため、物事の意味を必ずしも一つに確定する必要はない。秩序ある日常の世界では、ある物事の意味や価値に一貫性がなくなったり、矛盾したりすることは、基本的に許されない。しかし、草花が「サラダ」から「虹色のバラ」に変わったところで、ごっこ遊びの世界が壊れたり、当事者たちが困ったりすることはない。むしろ、草花という事物を媒介に、当事者たちの間に新たな意味が生じることで、ごっこ遊びの世界はより豊かさと奥行きを増すことになる。

こうした点から、ごっこ遊びの当事者たちは、二重性の世界を生きることを通して、複数の可能性に開かれた意味の生成をおこなっているといえる。このときの意味の生成は、あらかじめ定められた秩序やルールに則ったものではない。サラダであった草花が、いつの間にか虹色のバラに変わるように、これまでの秩序やルールがある瞬間に一変する。またそうした中で、ごっこ遊びの当事者たちは様々な役や状況を演じていく。それは、ある種の飛躍を伴う非連続的な意味の生成・変容のプロセスである。以上のことから矢野は、ごっこ遊びとは「質的な飛躍を伴う非連続的な変容プロセス」に基づいていると述べている。

2-5　生成としての教育における「溶解体験」

矢野は、「発達としての教育」と「生成としての教育」を考える上で、経験と体験の意味を区別している。矢野は、「発達としての教育」に見られる、自己にとっての世界（事物・他者）を客観的に対象化して捉えながら、論理的思考を働かせて分析・理解し、自己の中に知識や技能として取り入れていくプロセスを、経験と呼ぶ。対して、「生成としての教育」に見られる、ある状況に熱中したり没入したりすることで、質的な飛躍を伴う非連続的な変容が生じるプロセスを、体験と呼ぶ。

矢野は、「生成としての教育」において生じる体験のことを、より具体的に「溶解体験」と表現している（矢野 2006: 86）。矢野は、溶解体験について次のように述べている。

我を忘れて夢中に遊んだり、美しい音楽に心を奪われたとき、あるいは時間を忘れて森を散策したりしたとき、いつのまにか私と私を取り囲む世界との間の境界がいつのまにか溶解してしまう。このような体験を溶解体験と呼ぶことにしよう。この自己と世界との溶解が生じるとき、私たちは、自己と世界とを、日常生活で経験する以上にリアルで、奥行きをもったものとして体験する。私たちは生命の充溢感を体験しているのだといえる（矢野 2006: 120）。

たとえば人は、かつて見た風景の美しさとそのときの感動を、いつまでも覚えていることがある。日が暮れるまで駆け回って遊んだことを、ふとしたときに思い出し、何とも言えない懐かしい気持ちになることがある。それらの体験は、「感動した」「楽しかった」といった言葉でしか表現されないかもしれない。しかしそうした言葉では表現しきれないくらいに、それらの体験が心に深く刻まれ、自己の一部となり、その後も自分に何らかの影響を与えることがある。

矢野は、そうした言語化することが難しい、情動的で直感的な体験のことを、溶解体験と呼ぶ。溶解体験の最中にあるとき、自己は世界を客観的に対象化して捉えない。論理的・分析的な思考を働かせたり、既存の秩序や認識の枠組みに当てはめたりすることで、理解可能・自己に取り込むことが可能な存在とは見なさない。むしろ世界は、うまく言葉にできない、これまでの枠組みでは捉えることができないものとして、自己に働きかけてくる。このとき自己は、既存の認識の枠組みや価値観を一度留保することで、世界に身を委ねるしかない。それによって、何だか分からないけれど心が動いたり、没頭してしまったりと、自己と世界が一体化していく。

以上のように、溶解体験とは論理的・分析的な思考が働く以前の体験である。それは言語化することで経験として理解され、自己に取り入れられる以前の、情動的で直感的な体験なのである。矢野は、こうした「生成としての教育」における溶解体験が、人間の生の営みを豊かにするうえで重要であることを述べている。

3 生成としての教育からみたインプロ

3-1 ごっこ遊びとインプロの共通性

ここまでの議論を踏まえたとき、私は、インプロと矢野の「生成としての教育」には親和性があると考える。なぜなら、インプロとごっこ遊びには「二重性の世界を同時に生きることを通して、飛躍を伴いながら複数の可能性に開かれた意味の生成・変容のプロセスが存在する」という共通の構造があると考えるからである。

インプロの中で、参加者は現実世界の自分であることと同時に、想像上の世界の中で役を演じている。このとき、インプロは即興であるから、あらかじめ設定や台詞を準備することはできない。相手の様子や状況によって、即興的に演じる必要がある。そうした即興的な演技には、少なからず私たちのこれまでの経験や物の見方が反映される。

しかし一方で、即興であるがゆえにシーンの中では突拍子のない展開が様々と生じうる。たとえば私は、以前子どもと一緒に即興でお話作りをおこなったことがある。それは、次のようなものであった。

私：動物が出てくるお話です。なんの動物？
子：チーター！
私：そう。チーター！　名前は？
子：チーターブラウス！
私：いいね、チーターブラウス！　じゃあ、チーターブラウスの出てくるお話ね。昔々、あるところに、チーターブラウスが住んでいました。どこに住んでた？
子：イギリス！
私：イギリス！　そう、イギリスに住んでいました。イギリスのどんなところ？
子：えーと、都会。
私：都会。そうです、イギリスの都会に住んでいます。毎日毎日、何をしているでしょう？
子：寝てる！
私：寝ている！　チーターブラウスは、都会のど真ん中で毎日毎日寝ています。なぜかというと、なんで？
子：うーんと、日本からイギリスまで、20日間、ずーっと走り続けたから、疲れちゃったの！

私：そうです、もう日本からイギリスまでずーっと走り続けてたので、疲れて寝ちゃったのです！　そんなとき、ある事件が起きます。どんな事件でしょう？
子：寝てる間にね、取っておいたお肉が盗まれちゃった！
私：そうです！　困ったチーターブラウスは…

このお話作りの中で、相手の子どもは自身の経験に基づきながら、想像力を働かせて私の質問に答え、お話を展開させている。だが、チーターがイギリスの大都会に住んでいるとはどういうことだろうか。動物園にでも住んでいるのだろうか。子どもによれば、チーターは日本から20日間、走ってイギリスまでやってきたらしい。普通に考えたら、ありえないことである。

しかしインプロでは、こうした日常的にはありえない展開・突拍子のない展開であっても、ストーリーとして成立する。確かに、普通に考えればチーターが走って日本からイギリスまで走っていくことなどありえない。だがこれは、想像上の世界での出来事である。想像上の世界では、そのようなことがありえるかもしれない。もし、チーターが日本からイギリスまで走っていくことができたとしたら、それはどんなチーターなのだろうか。何か特別な能力をもっているのだろうか。もしかしたら、そのチーターは海の上を走ることができるのかもしれない。空を駆けることができるのかもしれない。

このようにインプロでは、日常的にはありえないような状況に対して、「ありえない」「そんなことはおかしい」と、既存の物の見方や秩序・ルールを当てはめて判断したり、評価をしたりはしない。むしろ「非日常的な出来事」「一般的な考えとは矛盾や飛躍が生じる出来事」に対して自分を委ね、そのまま受け入れてみる。それによって逆に想像力が喚起され、これまでには考えもしなかった新たな意味や出来事が生成されていくのである。

ストーリーを作ることに限らず、インプロでは、様々なゲームを通して他の参加者と共に即興的に体を動かしたり演じたりする。そうした中で参加者は、自己にとっての日常的な世界と、想像上の世界という、二重の世界を同時に生きることになる。その中で、即興であるがゆえに日常的に考えればおかしな行動や発言、矛盾する出来事が生じる瞬間がある。しかしそれは、日常的な枠組みから逸脱した「おかしな行為」「失敗」とは見なされない。むしろごっこ遊びと同様に、インプロではその状況を受け入れおもしろがってみることで、ある種の飛躍を伴いながら、複数に開かれた新たな意味の生成・変容のプロセスが展開されていく。

このように、私はインプロとごっこ遊びには「二重性の世界を同時に生きることを通して、飛躍を伴いながら複数の可能性に開かれた意味の生成・変容のプロセスが存在する」という点で、同様の構造が存在していると考える。

3-2 インプロによって生じる溶解体験

現在私は、授業の中で週に一度、子どもたちとインプロをおこなっている。ある年、私は一年を通して子どもたちとインプロを実践してきた最後に、子どもたちに「自分にとってインプロとはどんな時間だった？」と訊ねたことがある。すると「たくさん遊んで楽しかった」「男女が仲良くなれた」「コミュニケーションを学ぶことができた」「他とは違う特別な楽しさ」「週に一度の癒しの時間」「祭りのような時間」などといった感想が返ってきた。

中でも一番多かったのは、「たくさん遊んで楽しかった」という感想である。その「たくさん遊んで楽しかった」という想いが、「特別な楽しさ」「癒しの時間」「祭りの時間」という興味深い感想につながっていた。

しかし、子どもたちはただ友達と一緒に遊んで、楽しんでいただけなのだろうか。そうした体験は、一見すると何も学んでおらず、授業としておこなうには不適切なのではないだろうか。たとえばもっと、感想にもあったコミュニケーション能力を育むことを目標として明確化した授業へと改善するべきなのではないだろうか。

ここで私は、子どもたちがインプロを通して体験した「楽しい遊びの時間」ということの意味を、矢野のいう溶解体験と接続して考えてみたい。矢野の理論を枠組みとするならば、インプロを通して、子どもたちの中には溶解体験が生じていたのではないだろうか。

インプロでは、即興的に生じた非日常的な出来事や、ある種の矛盾や飛躍を伴う出来事に対して、自分を委ねそのまま受け入れてみることで、逆に想像力が喚起され、これまでには考えもしなかった新たな意味や出来事が生成されていくのであった。このように、既存の枠組みや物の見方を一度留保し、目の前の状況に身を委ねてみるという点は、矢野の言う溶解体験と共通する点である。

溶解体験において、自己は世界を客観的に対象化して捉えない。世界は、自己にとって理解可能・自己に取り込むことが可能な存在ではない。むしろ世界は、うまく言葉にできない、これまでの枠組みでは捉えることができないものとして、自己に働きかけてくるのであった。そうした目の前の状況に自身を委ね、全身で飛び込んでいく。それによって、これまでの価値観や認識の枠組みが影響を受け、揺さぶられることで、ある種の飛躍を伴いながら、新たな意味や価値が自己の内で胎動し始めるのである。

このことをふまえると、子どもたちがインプロとは「楽しい遊びの時間」であると述べ、さらには「癒しの時間」「祭りのような時間」と表現した背景には、インプロを通して子どもたちの中に、矢野のいう溶解体験が生じたと推察できないだろうか。子どもたちは、インプロを通してたくさん遊び、即興的なやり取りや想像上の世界に身を委ね、全身で没入していた。それによって、未知の物語に足を踏み入れドキドキしたり、予想外の行動や出来事に対して大笑いしたりした。そうした体験によって、うまく言葉にできないけれど、自身の心を揺さぶるような「何か」が生じた。また、これまでとは「何か」違った物の受け止め方・他者との関係性が生じた。それらは、子どもたちからすれば「癒し」や「祭り」といった抽象的なイメージでしか表現できないものであるかもしれない。そうしたインプロの体験とは、自分にとって確かに影響を及ぼす、まさに矢野のいう溶解体験だったのではないだろうか。

3-3　学校教育におけるインプロの教育的意味とは何か

本章では「学校教育におけるインプロの教育的意味とは何か?」という問いについて考えてきた。

最後に、ここまでの議論を踏まえ、本論稿の問いに対して結論を述べる。

学校教育におけるインプロの教育的意味とは、「〇〇力」を育むということだけに留まらない。矢野の理論を枠組みとしたとき、インプロの教育的意味とは、「生成としての教育」が生起するという点にこそあるのではないだろうか。

なぜなら、矢野が指摘するように、学校教育とは基本的に「発達としての教育」に基づくものであった。それに対してインプロは、ごっこ遊びと同様の構造を有しており、インプロを通して子どもたちには溶解体験が生じうることが考察された。

実際、インプロは子どもたちにとって「楽しい遊びの時間」として体験されていた。このとき、子どもたちの表現する「楽しい遊びの時間」ということの意味を看過してはならない。なぜならそれは、子どもたちが溶解体験を感受したことの現れとして理解しうるものであるからである。

昨今の教育は、いかに子どもたちが学習内容を効果的かつ効率的に理解し、知識や技能を習得していくのかという点で、「発達としての教育」に重きが置かれている。教師がそのような考え方で日々子どもたちと接しているならば、必然的に、子どもたちが学級の中で体験することの数々が、「発達としての教育」に基づいた経験へと矮小化されかねない。

確かに、インプロを通してある種の資質・能力が育まれるという点で、インプロにも「発達としての教育」の側面があるだろう。しかし、そのような理解は一面的である。本章で明らかにしてきたように、インプロには「生成としての教育」の側面もある。

だとすれば、「発達としての教育」が支配的な学校教育の中にインプロを取り入れることの意味とは、私たちがついつい見過ごしてしまいがちな「生成としての教育」の存在を、子どもたちと教師の間で具体的に生みだしていくという点にこそあるのではないだろうか。そのことによって、学級という空間に「遊び」が生じ、子どもと教師の「世界に対する身の委ね方」が、少なからず変容していくのではないだろうか。すなわち、あらかじめ定められた物の見方や評価軸に則り、世界を自己の枠組みの中へと位置づけ、客体化して捉えるのとは異なる、未知なることにより開かれた自己の在り方というものが、インプロを体験した子どもと教師の内側で胎動し始めていくのである。

4　インプロは「?･」で、できている

ある年、私は子どもたちと共に一年間インプロを実践した。最後の終業式の日、一人の女の子が私に手紙を渡してくれた。その手紙にはこう書いてあった。

1学期からずっとやってた「インプロ」は、演劇の「即興」っていうすごさが分かりました。初めてだからどうやればいいのか？　何があっているのか？　色々なことをかけ合わせているのかな？　とも思います。でもインプロですることは本当に初めてだらけで毎回なにをするのかが楽しみでした。私は、インプロは「?･」で、できていると思います!!

分からないこと・未知なることに身を委ねることは、怖いことではない。実はそれは、とてもわくわくとする、楽しいことであり、新しい出会い・新しい何かが生じる契機なのだろう。私なりに彼女の言葉の真意を想像してみるものの、きっと私には知りえない、インプロを体験する中で感受した、彼女の言葉にならない想いがぎゅっと詰まっているに違いない。彼女からのメッセージを受けて、あらためて私は、これからもインプロを一つのきっかけとしながら、子どもたちと共に「?」の世界に身を委ね、この世界のおもしろさ・奥深さを探求し続けていきたいと思った。

【文献】

矢野智司 (2000)『自己変容という物語 ―― 生成・贈与・教育』金子書房
矢野智司 (2006)『意味が躍動する生とは何か ―― 遊ぶ子どもの人間学』世織書房
矢野智司 (2008)『贈与と交換の教育学 ―― 漱石、賢治と純粋贈与のレッスン』東京大学出版会
矢野智司 (2019)『歓待と戦争の教育学 ―― 国民教育と世界市民の形成』東京大学出版会

第7章　小学校におけるインプロ実践の方法とその意味

神永　裕昭

1　授業でインプロ?　どうやるの?

現在、使用されている5年生の国語の教科書（教育出版）に「わたしは木」という小単元がある。この小単元でインプロのゲーム「わたしは木です」が扱われている。教科書には「よく見て、よく聞いて、受け止めよう」と活動の目標が書かれている。ちょっと授業の様子をのぞいてみよう。

黒板には「相手をよく見て発言をしっかりと聞き、その発言を受け止めよう」とめあてが書かれており、「」「」「」のカードが貼られている。「わたしは木です」のゲームの活動の中で、授業者がそのカードを指しながら「しっかり相手を見て!」「相手の発言をしっかり聞いて!」「相手の発言を受け止めよう!」と子どもたちに声をかけ、子どもたちはその声に応えようと活動している。活動を終えると、子どもたちは、お互いにできたこととできなかったことを相互評価している。最後に、「相手を見ることが

できた」が◎、「相手の発言を聞くことができた」が○、「相手の発言を受け止めることができた」が△と自己評価し、「相手を見て発言を聞くことができましたが、受け止めることがうまくできませんでした。次は、受け止められるようにがんばりたいです」と振り返りを書いて学習が終わっている。

一般的に教室でおこなわれる「後戻り（working backward）アプローチ」の授業設計による授業風景である。よくある授業スタンダードの尺度に合わせれば、よい授業という評価を受けるかもしれない。しかし、このような授業スタイルでは、インプロの良さを生かすことはできない。

インプロを活用した授業は、「後戻りアプローチ」の授業設計と相性が悪い。「後戻りアプローチ」は、固定化した正解（the answer）を手に入れたり身に付けたりする学習を想定している。インプロを活用した授業は、インプロの活動を通して得た「感じ」や「気づき」を手掛かりに、自分なりの答え（an answer）をつくったりつくり直したりする営みが学習となる。授業設計としては、新しいコンピテンシー（行動特性）創発型の「前向き（working forward）アプローチ」と言える。

筆者は、小学校教員として、キース・ジョンストンのインプロの哲学や方法論を活用したインプロを教室で実践している。本章では、筆者が4年生の担任をしていた時の実践を例に、実践方法とその活動の意味について述べる。

2　インプロを活用した授業の入り口としての4年生

発達とは、個人差があっても、一定の順序と方向性をもって心身の機能が質的にも量的にも右肩上がりに上昇していくものと捉えられている。しかし、小学校6年間を見ると決して右肩上がりに上昇していかない時期がある。それが4年生の時期であり、俗に言う「10歳の壁」である。もともと、学習面におけるつまずきを指す言葉であったが、現在は、対人面や自己理解における困難にもつながっていることが指摘されている。

発達心理学・発達臨床心理学を専門とする渡辺弥生は、9、10歳という発達段階の特徴を「自意識過剰になる傾向が強いため、そこまで考える必要がないのに、考えすぎたりします。また、傷付くのを恐れて、自分の気持ちを伝えたり、相手の気持ちを一歩踏み込んで尋ねることができずに感情を抑え込んでしまったりします」（渡辺 2011: 210）と述べる。4年生という発達段階は、自身のことや他者との関係においてネガティブな受け取りが増えてしまう時期と言える。

認知発達科学や発達心理学を専門とする中垣啓は、10、11歳ころを「認知システムの再編成」の時期と捉え、この時期に現実性と可能性の分化が起こり、3、4歳前後、6、7歳前後と並んで、10、11歳前後が重要な発達的契機であることを指摘する（中垣 2012: 63-64）。4年生という時期に自身のことや他者との関係についてネガティブに考えすぎてしまうのは、この時期に起こる認知システムの再編成により現実の自分と理想の自分との乖離に気付くためという因果関係が説明できる。

4年生という発達段階は、急激に自己意識が発達するが、その自己意識をうまくコントロールできないことでネガティブな感情が生じやすい時期である。自分や他者に対してネガティブな感情を抱く自分を見つめたり、他者とのポジティブなかかわりを通して自己内にあるコミュニケーション観の編み直しを試みたりする学習がこの時期に必要だと考える。

3　4年生を対象としたインプロを活用した授業実践の概要

小学校においてインプロの活用を考えた場合、教育出版の国語の教科書のようにスポット的な活用も想定できるが、ここでは、カリキュラムとして考えた筆者作成の単元学習を紹介する。

先に述べたように、4年生は、自分や他者に対してネガティブな感情を抱く入り口に立つ時期である。このネガティブな感情を「何かする前に失敗するのではと考えてしまってチャレンジできなかった場面」や「考えすぎてしまって言葉が出てこなかったり行動できなかったりした場面」など具体例を示しながら「マイナスな思いこみ」という言葉で共通理解し、「マイナスな思いこみ」と自己表現や自己の在り方の関係について学習者自身が探求した実践である。

「マイナスな思いこみ」は、誰にでも起こることであり、悪いことばかりではない。「慎重」「注意深い」など、ポジティブな言葉に変換することもできる。しかし、必要のない場面においても機能し

表7－1　インプロを活用した授業の詳細

※12時間扱い（6回目と9回目は2時間扱いの授業）

回	テーマ	実践したゲーム
1	みんなで楽しい時間をつくる （ウォーミングアップ）	ゴー＆ストップ バースデイ・サークル 拍手回し 椅子取られないゲーム
2	相手のアイデアを受け入れる	二つの点（二人組） 物語づくり（二人組）
3	意識の向け方で作品がどう変わるか	二つの点（グループ） 物語づくり（グループ）
4	相手をサポートする	拍手回し（ウォーミングアップ） イルカの調教ゲーム
5	自分らしさではなく、相手のために アイデアを出す	魔法の箱 サンキューゲーム
6	失敗を楽しむ	ナイフとフォーク（ウォーミングアップ） リア・ハンド・ホップラ ワンワード（二人組・グループ） さしすせそ禁止ゲーム
7	相手にいい時間を与える	ナイフとフォーク（ウォーミングアップ） つなひき 次、何しますか？
8	相手にいい時間を与える	ナイフとフォーク（ウォーミングアップ） ワンボイス スモールボイス
9	相手にいい時間を与える	授業者とナイフとフォーク（ウォーミングアップ） 二人でインプロショー
10	インプロの授業を学級全体で振り返る	

てしまい、自分らしさを発揮できなかったりチャレンジすることを躊躇してしまったりするのはもったいないことである。「マイナスな思いこみ」を完全にコントロールすることは難しくても、その性質や自己の特徴を知ることで、「ここは敢えてこう行動してみよう」「チャレンジしてみよう」と、メタ的に判断することで自己を拡張することができる。インプロの活動を通して、どのような場面で「マイナスな思いこみ」が生起するのか、「マイナスな思いこみ」は自分の行動をどのように制限するのか、どうすれば「マイナスな思いこみ」は緩和するのか、自己の内側における答えづくりをしていく営みが本単元の学習である。なお、このカリキュラムは、本単元が始まる前から決まっていたものではなく、事前に計画したものを修正しながら結果としておこなったものである。詳細は、表7－1の通りである。

4　インプロを活用した授業の実践方法

4－1　インプロを活用した授業づくりの考え方

現行の学校教育システムは、「できる」「分かる」という言葉が表すように、自分に未だ無いものを身に付けて自身を成長させていく発想である。自分に未だ無いものとして想定しているものは、未来の社会を予想して、その社会で生きていくために必要な知識や諸能力である。しかし、その未だ無いものと想定している能力の中には、既にもっているのに、理由があって、その能力をうまく発揮できていないものがあると考えることができる。

ジョンストンは、「人を才能のない人と見るのではなく、恐怖症として見ることができれば、教師と生徒の関係を完全に変えることができる」（Johnstone 1979: 31）と述べる。ここでいう才能とは、ものごとを生み出す想像力や創造性であり、他者と関わったり協力したりする社会性である。その才能の発揮を阻むものが「恐怖」だとジョンストンは考える。

この「恐怖」について、高尾隆は、「失敗への恐れ」「評価への恐れ」「未来・変化への恐れ」「見られることへの恐れ」と整理している（高尾 2010: 79-80）。つまり、「失敗」「評価」「未来・変化」「見られること」の恐怖を感じて「間違っているかもしれないから言わないほうがよいのでは」「うまくいかないかもしれないからやらないほうがよいのでは」と、自分のアイデアを検閲し、自分がもっている想像力や創造性、社会性の発揮が阻まれてしまうということである。

インプロを活用した授業では、自分が感じる恐怖と自己表現や自己の在り方の関係について探求する。無意識に感じている「恐怖」を意識化させ、どのような「恐怖」に影響を受けて自己表現が制限されているのか考えたり、安全な場でいつもと違う自分を表現してみる活動を通して自己の在り方について考えたりする。インプロを活用した授業は「実験室」のようなものである。やってみて、振り返って、またやってみて、振り返る。その中で、自分なりの答えをつくっていく。

4-2　一様に目指す「めあて」を設けずに「テーマ」を提示する

筆者のインプロを活用した授業は、目的（objective）は設定するが、これができればOKという一様の到着点となる「めあて（goal）」は設けない。

「目的」は向かう方向である。活動の目的を設定することで学習者は活動の意味を見出すことができる。また、授業者は、目的に向かって学習活動が展開できているかどうかを学習者の様子から自己チェックできる。

では、「めあて」はどうか。「めあて」は具体的な学習者の姿が求められ、その姿の評価が絡んでくる。もし、「マイナスな思いこみをしないこと」をめあてに設定した場合、「マイナスな思いこみをしなかったかどうか」が評価規準となり、マイナスな思いこみをしないことに価値が生まれてしまう。授業者もマイナスな思いこみをしている／していないの価値規準で子どもたちを見てしまい、そこで起こっていることを感知することが難しくなる。また、この評価規準で授業を続けると、マイナスな思いこみをしていない「ふり」をする学習者も出てくるだろう。マイナスな思いこみをしないことに価値があり称賛されるのならば当然のことである。「めあて」を設けることで一つの評価尺度が生まれ、その尺度に準じた「見方」が生まれることをここでは問題視する。

単元の目的にアプローチするために、各時間に「テーマ」を学習者に提示する。表7-1にあるテーマ「相手のアイデアを受け入れる」「意識の向け方で作品がどう変わるか」「相手をサポートする」

通信用カード

■このはがきを，小社への通信または小社刊行書の御注文に御利用下さい。このはがきを御利用になれば，より早く，より確実に御入手できると存じます。
■お名前は早速，読者名簿に登録，折にふれて新刊のお知らせ・配本の御案内などをさしあげたいと存じます。

お読み下さった本の書名

通 信 欄

新規購入申込書 お買いつけの小売書店名を必ず御記入下さい。

(書名)	(定価) ¥	(部数) 部
(書名)	(定価) ¥	(部数) 部

(ふりがな)
ご 氏 名　　　ご職業　　　(　　歳)

〒　　　Tel.
ご 住 所

e-mail アドレス

ご指定書店名	取次	この欄は書店又は当社で記入します。
書店の住　所		

郵便はがき

恐縮ですが、
切手をお貼り
下さい。

101-0051

（受取人）

東京都千代田区神田神保町三―九
幸保ビル

新曜社営業部行

通信欄

「自分らしさではなく、相手のためにアイデアを出す」「失敗を楽しむ」「相手にいい時間を与える」は、本単元の目的である「マイナスな思いこみ」の探求に繋がっている。テーマは、その時間に実践するゲームとファシリテーションを包括している。どのように繋がっているかについては後段で述べることとする。

4-3 「振り返り」の時間を設定する

振り返り（reflection）は、インプロを活用した授業において最も重要な学習活動である。振り返りには二つの方法がある。一つは、ゲームが終わった後にゲームをした相手との交流を通した振り返りである。もう一つは、各授業の終わりに書く、まとめの振り返りである。

交流を通した振り返りは、一緒にゲームをした相手と感じたことや思ったことを伝え合う。描くよいので「あの時は…と思ったよ」「わたしはその場面で…と感じていたよ」とお互いの見えない部分を言葉で共有する時間とする。議論することなく、お互いに伝えっぱなしでよい。自分が感じたことや思ったことを言語化したり相手が感じたことや思ったことを聞いたりすることで振り返りが起こり、自己や相手を知るきっかけとなる。また、授業の終わりにおこなうまとめの振り返りの材料にもなる。

まとめの振り返りは、自己内対話の時間となる。書くことで自己と向き合い、自己内に存在する他者とも向き合う時間となる。インプロの活動と自己の特性を関連付けながら自己をメタ的に見直すことができる。この時に、各時間のテーマは思考の切り口となる。テーマの視点から「マイナスな思いこみ」について考えることで新たな発見を促すことができる。

振り返るということは、インプロの活動を通して、活動で起こったことや自己内で起こったことを意味付ける行為である。意味付ける行為とは、想像していたことと違った体験やその体験から引き出される今までの自分の考えとの相違などの言語化を通して新たな考えをつくる作業である。もちろん、今日はダメだった、何にも感じなかったという日もあるだろうが、それも含めてインプロの授業である。授業者がそこを評価しないことで、学習者は次時以降も安心してインプロの活動に取り組み、自己を振り返ることができる。

4-4　カリキュラムをつくる

カリキュラムをつくるときに意識することは、学習者がスモールステップで自己を見つめることができるゲームの配列とファシリテーションである。

自分が感じる恐怖を意識化させたり、いつもと違う自分を表現したりしながら自己を探求すること自体に「恐怖」が伴う。そのため、安全な学習環境づくりから始める。また、普段の授業では「漢字を正しく書く」「わり算の問題を解く」など、多くは正解があり、その正解に辿り着くことが学習となる。子どもたちはこの学習方法に慣れているため、正解がないインプロを活用した授業は、自己を探求すること自体が学習であることを繰り返し伝えたい。また、このメッセージと授業中の教師の言動を一致させ、学習者の探求活動をサポートするファシリテーションをしていきたい。教師が、活動がスムーズに上手くいくことに価値の重きを置くような言動を優先させると、学習者は、自分のことではなくその評価（尺度）を強く意識するようになってしまう。

ジョンストンは、カリキュラムをつくることはせずに参加者の様子を見ながらゲームを即興的に選択することでワークショップを進行する。しかし、学校でおこなう授業は参加者同士の関係や参加者の特性に対して授業者の理解度が高く、具体的に学習者の姿を想像しながら事前に単元を構想することができる。そのため、事前に実践するゲームを決めておくことを薦める。実践するゲームに迷いがあるときは、完全にゲームを固定して授業に臨まなくても、想定したゲームを手札として持っておきながら、学習者の様子を見ながら授業の中で決定していくことも可能である。授業が始まれば自然と決まる。自分が迷うことも大切にしたい。

4-5　安心感を醸成するゲームから始める

単元の入り口としては、個にフォーカスされない全体で取り組む不安度の低いゲーム、最初は不安だったけどやってみたら案外うまくできたというゲームから始めたい。

表7-1にある1回目の授業がこれに当たる。単元全体の入り口として、これからインプロの時間とは、こういう時間であるという方向性を共有する時間である。この時間で扱ったゲームはインプロのゲームではないが、全員が参加できて協力でき、うまくいった実感がもてるゲームを位置付けてい

る。「拍手回し」は、全員が輪になり拍手を回すゲームである。慣れてきたら一周回すタイムを計り、そのタイムをフィードバックしながら皆で速く拍手を回す工夫を考えていく。「椅子取られないゲーム」は一つ空いている椅子をオニに取られないようにするゲームである。授業者がオニになることで、椅子を取られない時間をコントロールすることができる。「みんなで楽しい時間をつくる」というテーマに沿って授業者がファシリテーションをすることで、学習環境を整えることができる。

2回目の授業は、いよいよインプロの実践である。「二つの点（ツードッツ）」は、安全なゲームである。ジョンストンの著書では、The Eyesという名前で紹介されている（Johnstone 1999: 112）。紙に二つの点を描いてからゲームを始めるので「二つの点」と呼ばれている。二人組（複数人でも可）になり、初めに、紙に二つの点を描く。その後、お互いに何も話さずに、交代で線を一本ずつ描き加えて協働で顔を描いていく。相手のアイデアをブロックすることなく受け入れることで作品を完成させるゲームである。このゲームは、お互いのアイデアを受け入れ合うことで予想していなかった作品を協働で作り上げる体験となる。うまくいくことが前提なのは、初めに描いた二つの点が目の役割を果たすからである。どのように線を描き入れても顔に見えるというゲームの構造になっている。また、二人で描くことがパーミッション（許可）となり、自分の作品という「責任」から逃れることができるゲームである。

授業で「二つの点」のゲームの説明をすると、学習者からは「相談できないから無理！」「難しい！」という声が挙がる。こそこそと相談し始めるペアもいる。とにかくやってみようと始め、30秒ほど経つと、所々で笑い声が生まれ始める。その笑い声がどんどん大きくなっていく。お互いが黙って線を加えていっても二つの点が目の役割となっているため、常に顔に見える安心感とともに自分の想像から かけ離れていく顔を楽しんでいる様子が分かる。出来上がった顔にお互いに一文字ずつ加えながら名前をつけて完成である。学級で作品を共有するために、すべての作品を黒板に貼る。表7-1の実践では、この後に完成した顔の人物が登場する物語を協働でつくるゲームへと移行している。

学習者の振り返りには、「どう描けばいいか分からなかった時に適当に描いたら、それに合わせて描いてくれたのでうまくいきました。相手の思っていることに合わせて描くのは大切だなと思いました」「自分は女の子にしようかなと思い描いていたら、相手は男の子っぽいやつを描こうとしていました。でも、どうなるのか確かめたくて、そのまま女の子で描き続けました」とある。相手を受け入れることと相手に受け入れてもらうことが重なり、自分がコントロールできない他者をポジティブなものとして受け入れる学習体験となっている。既に二つの点が目の役割を果たしているので、どのような線を描き入れても緩やかに活動のゴールに向かっている安心感から「試してみる」という行為が促進されている。

4-6 「利他」と「失敗の価値の転換」からのアプローチ

ジョンストンのインプロのゲームとファシリテーションには、「利他」と「失敗の価値の転換」が構造化されている（神永 2021: 149）。ゲームのルールが負荷となり行為が制限されて思考が促されたり、もしくはある一定のルールに沿うことで新たな行為が生まれて思考が促されたりする。このルールに埋め込まれた構造が「利他」と「失敗の価値の転換」であり、「利他」と「失敗の価値の転換」の視点から「マイナスな思いこみ」にアプローチする。ここでは、代表的なゲームとして「ワンワード」と「さしすせそ禁止ゲーム」を紹介する。

「ワンワード」は、人数や場面など様々な場面に応用可能なゲームである。本単元では、6時間目に二人組とグループで実践している。また「さしすせそ禁止ゲーム」に応用したり、9時間目の「二人でインプロショー」で活用したりしている。ジョンストンの著書では、Word-at-a-Time という名前で紹介されている（Johnstone 1999: 131-134）。このゲームは、二人から数名の参加者が組になり、「山の上に」「おじいちゃんが」「一人で」「住んでいました」「そこには」「大きな」「リンゴの木が」というように一人一人が一語ずつ加えていくことで物語をつくるゲームである。物語をつくるためには、出たアイデアをどう生かしていくかという視点が大切になる。例えば、「おじいちゃん」というアイデアが出されたら、創作する物語の中でそのおじいちゃんの役割をつくらなければいけない。「リンゴ」というアイデアが出されたら、そのリンゴをきっかけに物語が展開するようにしなければならない。登場人物が多過ぎたり、物語の展開の鍵となりそうな言葉が多く出てきたりすると回収しきれずに物語は破綻する。「ワンワード」のゲームを始めたばかりであればそれでよいであろう。初めから、物語の展開に規制をかけるとアイデアが出てこなくなるし、正解探しが始まる。また、子どもたちはその視点でお互いを指摘し合い始める。初めはどんどん出し合い、ある程度慣れてきたら、国語の教科書に載っている物語や誰もが知っている物語を想起させて、その物語の構造について確認するとよい。物語を前進させる方法について考える次のステップに進むことができる。

「ワンワード」は、即興でやっているので誰もが失敗するし、失敗することは当たり前だということを全体で共通理解したい。この先続けてもうまくいかないと思ったら、みんなで目配せして「アゲイン！」と元気に言って、もう一度初めからやり直す方法を伝える。うまくいかなかったらやり直せばよいのである。

「ワンワード」では、先のことを考え過ぎて物語の展開をコントロールしたい欲求や他者のアイデアを受け入れられない体験ができる。物語を即興でつくるという遊びの中でさえ「マイナスな思いこみ」が生起し、自己のアイデアを検閲する体験ができる。この欲求を手放すことや一度相手のアイデアに乗ってみることをゲームの中で試すことができる。

学習者の振り返りには、「何を言おうか迷ってしまいました。そして、あれを言おうかな、これを言おうかなって、頭が混乱しすぎて、何を言うのかもう分かりませんでした。何を言うのか分からなかったから難しかったです」とある。考えすぎるあまりに言葉が出てこないという体験をしている。また、「全部を自分が考えたおもしろいお話にしようと思った時が何度かあって、次のものを考えて、違うのができて、また、次のものを考えて、けど違うのができて、結局自分の思い通りにはならなかったけど、おもしろくなった。失敗してしまっても、それがいいほうにつながる時もあって、そういうのも面白かった」と記述がある。物語をコントロールしたい自分の欲求とプロダクトされた作品の関係を振り返り、自己のアイデアに固執することなく他者のアイデアとともに生まれた作品の価値付けをしている。「ワンワード」は、相手のアイデアを生かすことでうまくいく、「利他」の視点の基本的なゲームである。

次に「さしすせそ禁止ゲーム」である。ジョンストンの著書では、The No 'S' Gameという名前で紹介されている（Johnstone 1999: 188）。このゲームは、舞台スペースと観客スペースをつくり、二人が舞台スペースに出てきて、ある設定場面のシーンを即興でおこない、台詞の中に「さしすせそ」のいずれかが入ったほうが負けというルールである。慎重に一文字一文字を声に出したら間違えることを避けることができるが、そのような振る舞いを観客は好まない。ゲームに勝ったとしても観客は退屈してしまう。間を空けずに言葉を発することで「さしすせそ」を言ってしまう可能性は高まるが、負けたとしても観客はその敗者を称賛するであろう。観客の姿をフィードバックすることで、この空間における失敗の価値を転換させることができるゲームである。このゲームのポイントは「失敗すること」そのものである。そのため、失敗を誘発するようにファシリテーションする。ルールのシンプルさは保ちながら、禁止する言葉を「さしすせそ」以外に変えたり会話のスピードを上げたり工夫ができる。

表7-1の実践では、「ワンワード」のフォーマットで「さしすせそ禁止ゲーム」をおこなっている。学習者の振り返りには、「他の人がやっている時は、「さしすせそ」を言ってほしいと思って見ていたけど、自分がやった時は、絶対に「さしすせそ」を言いたくないと思ってしまいました」とある。失敗をしてもよいと言われたゲームでさえも失敗したくないと志向する自身を認知している。また、「何も考えないでやると失敗しそうとか思ったけど、マイナスな思いこみをなくそうと思ったらどんどん言葉が出て楽しかった」と記述がある。自らに負荷をかけることで新たな自己を試そうする姿と言える。全員が一度は前に出て「見られる」中で体験してほしいゲームである。

5　インプロ実践の意味

5-1　多様な価値の体験

私たちが日常的におこなっている行為や思考は自らの意志でおこなわれていると思いがちであるが、その多くは自分を取り巻く環境の価値に規定されている。学校という環境には学校的価値が存在する。それは学校のシステムや教師の言動によってつくり出され、子どもたちがその価値を信じることで強化されていく。

現代の学校では、「計画的」「主体的」「よく考える」「繰り返し練習する」という過程が称賛される。学習の過程の先にあるスピーチや発表などのプロダクトがうまくいったときは、この四つの項目と関連付けて価値付けされる。反対にプロダクトがうまくいかなかったときも、この四つの項目と関連付けて足りなかったものは何かと価値付けされるだろう。この価値はもちろん成立する。しかし、この価値は絶対的な尺度ではなく一つの尺度であり、すべての場面に当てはまるものではない。

インプロは、「即興的」「応答的」「あまり考えすぎない」「繰り返し試す」という過程が称賛される。そして、うまくいくこともうまくいかないことも同じ価値をもつ。現代の学校的価値とは異なる尺度であるが、決して学校において全否定される価値ではない。現場の教師であれば、先述の四つの項目を大切にしたい場面を容易に想起できるであろう。

現代の学校的価値もインプロ的価値も双方ともに大切にしたい価値である。しかしどうだろうか。

前者の学校的価値は高学年になるにつれてできるようになっていくが、後者のインプロ的価値は高学年になるにつれてできなくなっていく傾向にあるのではないだろうか。この傾向には、発達段階の影響もあるが「マイナスな思いこみ」の問題を内包していると筆者は考える。子どもたちの環境が学校的価値に傾きすぎているために学年が上がるにつれてその価値が学習履歴として身体化されてしまっていると考える。学校的価値とインプロ的価値の二項対立ではなくバランスの問題であり程度の問題だと筆者は捉えている。学校的価値の要素は、さまざまな授業や行事の中で体験し学んでいる。しかし、インプロ的価値の要素は、学校生活の中で教師がそのような声かけをしたり促したりする場面はあっても、その価値を意図的に体験したり学んだりする場面はあまりない。学校的価値を強固に推し進めることで、その反対側に位置するインプロ的価値は信用できないものとして学習されていく。その価値を取り戻すことが学校教育の中でインプロを実践する意味だと考える。

5-2 「利他」の構造

「二つの点」や「ワンワード」は、相手のアイデアを受け入れて繋げていくことで協働して絵や物語をつくることができる。「さしすせそ禁止ゲーム」においても失敗を怖れずにチャレンジすることで観客を喜ばせることができるという利他の関係になっている。ジョンストンは、「相手が望む存在になろう」(Johnstone 1999: 57)、「あなたのパートナーが楽しんでいれば、あなたはいい仕事をしている」(Johnstone 1999: 59)、「あなたのパートナーが良い時間を過ごすことができているか自己チェックしよう」(Johnstone 1999: 59) と、自己を振り返る視点として利他を提示する。

「利他」についても「人が生まれながらにもっている能力」の一つと考え、人はもともと利他的であるというところから出発する。マイケル・トマセロは、「人間のコミュニケーションは根本的に協力的な営み」であり、協力的コミュニケーションは「ほぼ確実に相利共生的活動の中で始まった」(トマセロ 2013: 1-10) と述べる。つまり、同じ目的に向かって協力するということは、本来、人間がもつメカニズムだと言える。

「二つの点」で描いた顔の絵や「ワンワード」でつくった物語は、利他的な「出来事」と言える。その「出来事」を通して、わたしとあなたが混ざり合った「わたしたち」が生まれている。そこにはわたしもあなたも存在するため、ここで言う利他は、利己の対義語としての利他ではなく利己も含めた「利他」だと言える。

自分が利他的であろうとするところ、相手が利他的であろうとしてくれるところに「快の感情」が生まれる。本来の人間行動として理にかなっているからである。この「快の感情」は、「マイナスな思いこみ」が緩和するためのポジティブな思考の源泉となる。

5-3 「失敗の価値の転換」の構造

ジョンストンが開発したゲームは、失敗することがゲームの一部となっている。つまり、ジョンストンのインプロの活動の中で失敗することは意図的に仕組まれた体験と言える。ジョンストンは、著書の中で「気持ちよく失敗する」(Johnstone 1999: 58)、「失敗のチャンス」(Johnstone 1999: 68)、「失敗の価値」(Johnstone 1999: 188)など、失敗をポジティブなものとして扱っている。新しいことを学ぶためには失敗が必要不可欠なものとジョンストンは考える。

現代社会は目前の成果を重視する。それは学校も同じである。この環境は、失敗への不寛容さを促進する。「学校は失敗から学ぶところ」「教室は間違えるところ」とお題目を並べても、実際の学校は「間違いや失敗＝よくないもの」という構造が出来上がってしまっている。インプロの時間は、真面目な子も勉強ができる子もみんなが失敗する。反対に、いつも教師に注意されている子が活躍することも少なくない。失敗に価値が生まれ、失敗しても笑い合える場が生み出される。このような環境だと、子どもたちは、「一生懸命やる(try harder)」ではなく「もう一回やる(try again)」の価値を重視するようになる。失敗に新たな価値を見出そうとするようになる。このような場は、授業者のファシリテーションのもと、参加者全員でつくり上げるものである。ここにも利他の視点が組み込まれている。「失敗したらもう一回やればいい」というマインドは、「マイナスな思いこみ」の緩和に繋がる。

5-4　自己の探求

学校教育における学習の成果のほとんどが自己の外側に尺度がある。学力の問題はもちろん、近年注目される非認知能力でさえも尺度で測り、そのデータは固定化される。学校は、その尺度の数値を高めることが目標となってしまうことも少なくない。時には教師が実際に観察した子どもの姿よりも尺度の数値が優先されることもある。

インプロを活用した授業では、学習の責任主体を学習者に返すことで自己の探求を成立させる。決して学習の自己責任を説いているわけではなく、子どもたちにとって学ぶことが自分事となるように授業をデザインすることを意味する。自分の内側における答えづくりが学習活動となるため、外の人間がその学びを支援することはできてもコントロールすることはできない。そのため、教師は多くのことを手放さなくてはならない。その代表的なものが「できた／できなかった」という評価である。子どもたちは「できた／できなかった」という観点による評価をされる対象でなくなることで、安心して自分事として思考し活動の意味付けをすることができる。教師も「できた／できなかった」という評価の呪縛から逃れることで授業の在り方が変わるであろう。

子どもたちが自己を探求することは生きていくことそのものである。インプロの活動を通して自分が見出した意味や「マイ理論」は日常と地続きに繋がっていく。

6　教室でインプロをしてみよう！

インプロを活用した授業は「実験室」のようなものである。やってみて、振り返って、またやってみて、振り返る。その中で、自分なりの答えをつくっていく。これは教師も同じである。うまくいかなかったときは、教師も「アゲイン！」して、もう一回やればいい。その中で、教師自身も自分なりの答えをつくり出していく。この繰り返しである。この探求活動こそが学びである。本章がその探求の一助となればこの上ない喜びである。

【文献】

安彦忠彦 (2012)「普通教育カリキュラム開発と脳科学」安彦忠彦（編著）『子どもの発達と脳科学』勁草書房

神永裕昭 (2021)『小学校高学年がもつ「否定的な主観的自己評価」にアプローチするためのインプロに関する研究』東京学芸大学学位論文

高尾隆 (2010)「キース・ジョンストン —— インプロヴィゼーション」小林由利子他『ドラマ教育入門』図書文化社

中垣啓 (2012)「認知発達と第二の誕生」安彦忠彦（編著）『子どもの発達と脳科学』勁草書房

渡辺弥生 (2011)『子どもの「10歳の壁」とは何か？ —— 乗りこえるための発達心理学』光文社新書

グリフィン、P・マクゴー、B・ケア、E（編）／三宅なほみ（監訳）(2014)『21世紀型スキル —— 学びと評価の新たなかたち』北大路書房

トマセロ、マイケル／松井智子・岩田彩志（訳）(2013)『コミュニケーションの起源を探る』勁草書房

Johnstone, K. (1979) *Impro:Improvisation and the Theatre*. Faber & Faber.

Johnstone, K. (1999) *Impro for Storytellers:Theatresports and the Art of Making Things Happen*. Faber & Faber.

第8章　小・中学校における外部講師としてのガイディッド・インプロビゼーションの実践
――心理教育的援助サービスとしての授業を通して

吉田　梨乃

1　学校心理学とインプロ教育をつなぐ

現代の学校の課題に取り組む専門領域として、学校心理学がある。学校心理学では、子どもの発達過程や学校生活で出会う問題状況・危機的状況の対応を援助する心理教育的援助サービスを提供する（石隈 1999: 15）。学校教育におけるさまざまな側面での問題状況の解決を援助し、子どもたちの成長を促すことは学校心理学の目的の一つである。そこには子どもたち一人一人の心理的安全性を守りながら、創造的な学びの環境を整えることも含まれる。

学校生活では何の問題もないように見られても、中には、自分の気持ちや意見を言うよりも、他者にどう思われるかを気にして、過剰に周囲に合わせようとする傾向がある児童生徒がいる。私は、このタイプの児童生徒も含めて、心理教育的援助サービスが必要と考えている。自分の意見を抑制し、常に周囲に合わすのではなく、その時、その一瞬の自分の考えを表現し、周囲に受け入れられる経験を持つことで、ストレスが軽減され、過剰な緊張のないコミュニケーションを学ぶことができるためである。

私は元々は小学校の教師を目指していたが、学生ボランティアとして多くの学校を訪れるなかで、学校外部から教師をエンパワーし、児童がとらわれている緊張をゆるめて、授業の中で自由な発言と感情表出を促す活動が必要ではないかと考えてきた。

私が大学院で学んだインプロ教育やワークショップはまさにそのための活動に思えた。大学院では特にキース・ソーヤーの考え方に影響を受けた。ソーヤーは教師が授業をおこなう中で即興をどう取り入れるかを理論化しているからである。

このような背景において、私が基礎自治体の学校教育支援センターから派遣される外部講師として、小・中学校でおこなっている授業実践を紹介し、その意義を考察したい。

2　どのように学校で授業をおこなうのか

2-1　心理教育的援助サービス

本節では、私が実践する授業について、学校心理学の枠組みのなかで説明する。学校心理学とは、学校で子どもが出会う問題を解決し、子どもの成長を促す心理教育的援助サービスの実践を支える学

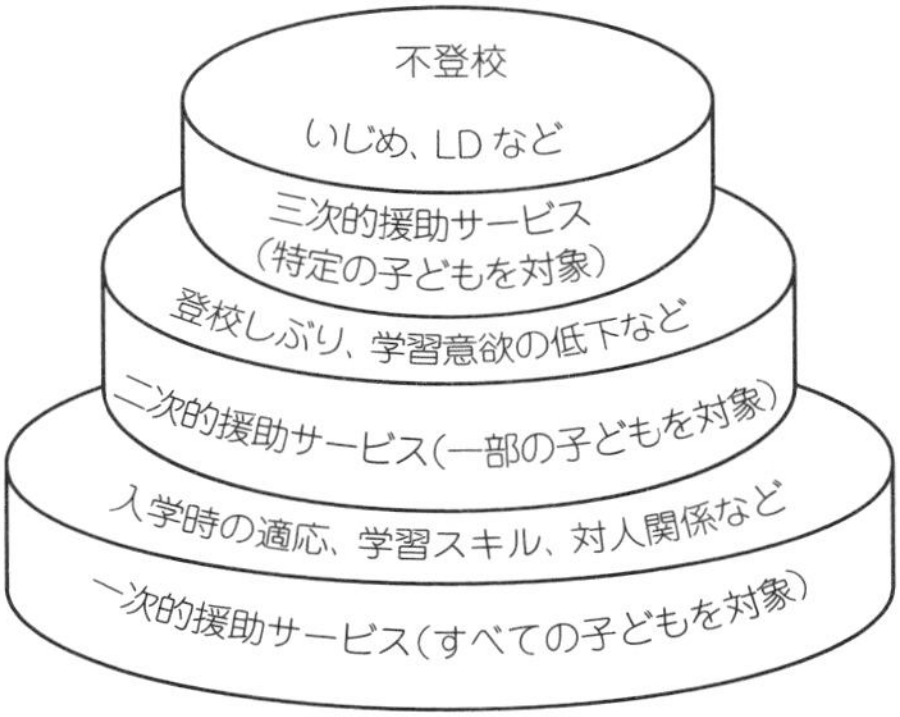

図８－１　３段階の心理教育的援助サービス、その対象、および問題の例
（石隈 2018: 27）

問である（石隈 1999: 326）。しばしば心理教育的援助サービスというと、スクールカウンセラーなどの臨床心理学的な枠組みだけが強調されやすい。しかし、心理教育的援助サービスはより広い概念であり、学校外部の団体との連携や外部講師との協働事業、チャレンジングな教授法の実施、さらには新たな教材開発等が含まれている。学校の課題に対して、誰に、いつ、どのように援助をおこなうかによって、心理教育的援助サービスは三つに分類される（図８－１）。

一次的援助サービスの対象は、学校に在籍する全ての児童生徒である。一次的援助サービスは発達促進的な援助（石隈・田村 2020: 26）であり、例えば新学期当初、学級や学年の人間関係を築くための授業をおこなうことは代表的な例と言える。ここにはいじめや学級崩壊に至らない人間関係の育成をねらった予防的な側面や、学校や学級で落ち着いて過ごすことができるようなスキルを学ぶという開発的な側面がある。

次に、二次的援助サービスとは、学校生活で何らかの問題が起きかけている児童生徒を対象にした援助である。例えば特別なニーズを持つ複数の児童が授業中に落ち着きをなくしているとき、アセスメントをおこなった後に担任と協力して個別対応を考える。そして、特別なニーズがある児童が周囲の他児と良好な人間関係を維持することをねらいとした授業をおこなうなどは、二次的援助サービスである。

三次的援助サービスとは、具体的な問題が発生している児童生徒に対する援助サービスである。対人不安が高く、教室に入ることができない児童に保健室やスクールカウンセリング室で個別に話を聞くこと等は、三次的援助サービスである。

この分類に従えば、外部講師としてソーヤーの考え方を重視した私の授業は学級単位でおこなう一次的援助サービス、または二次的援助サービスと言える。ソーヤーは、授業としての構造を保ちながらも即興的で予測のつかないプロセスを子どもと創り上げる教授法を「ガイディッド・インプロビゼーション（Guided Improvisation）」と概念化している。ガイディッド・インプロビゼーションでは、各教科の知識や生活で得た知恵、あるいは教師や友だちとの話し合いから得た情報などを新しく組み合わせて、日常生活のさまざまな問題を解決する方略を新たにつくりだす創造的な力の育成を目指している。また、ガイディッド・インプロビゼーションの一つである問題解決型の授業は、学習障害などの特別な支援を必要とする子どもにも効果的であることが示されている（Sawyer 2019: 65）。

2-2　外部講師として学校へ行く

私がおこなっている授業は、学校との打ち合わせを経て個別の授業計画を立てている。授業計画の背景には、学校のニーズを踏まえた私の学級に対する理解が存在している。児童生徒は必ずしも打ち合わせで聞いた通りの姿ではない。事前に聞いていた姿、様子と違った時にどのように対応したらよいのか、この部分は授業をおこなっている際に即興的な調整が求められる。

ここで、外部講師としての私の活動の枠組みを紹介したい。外部講師は基礎自治体の教育相談センターに所属し、各学校に派遣される。年度が始まると、教育相談センターは自治体内の公立小中学校へ外部講師派遣の募集をする。最終的な実施校数、実施学校の決定は教育相談センターによってなされる。年度によって応募数も異なるため、実施数も年度によって異なる。私の場合、一校につき、年間最大12時間の授業を実施することが可能である。

外部講師には、決定した学校名と申込時に提出された応募動機が知らされる。その後は実施が決定した学校ごとに、講師派遣の調整窓口と学校の窓口が直接調整に入る。

学校の窓口は、学校によってさまざまである。管理職が担う場合もあれば、実施希望学年の学年主任、校務分掌で研修を担当する教員、養護教諭、特別支援教育コーディネーター等が担う場合もある。このような窓口の担当者と、日時と時間数、希望する対象、学校のニーズに関する打ち合わせがおこなわれる。

実施形態は児童生徒への授業に限らず、教員研修、学校公開日等でおこなわれる保護者会での講演、児童生徒の授業中の様子を観察し教員研修でフィードバックをおこなう等、学校との打ち合わせによって柔軟に対応している。授業として実施する科目は、中学校では総合的な学習の時間、小学校では学活（学級活動）が多く、稀に国語などの場合もある。どの科目で授業をおこなうかは、実施する学校が判断している。

授業をおこなう時期は、学校の希望に加えて、学校行事等の時間の兼ね合いで判断される。実施を希望する学級が学級崩壊のような状態で、外部の介入に緊急性を要する場合には短期間で集中的におこなう場合もある。学校生活全体に関わる児童生徒への予防的カウンセリングとして心理教育をおこなう目的であれば、実施期間を少しあけながら授業をおこなう。

なお、外部講師の派遣事業の名称には「学校訪問事業」や「ＳＳＴ講師派遣事業」などがある。事業名に手法がついていることもあるが、実際に授業でどのようにおこなうかは学校との打ち合わせによって柔軟に決定できる。

3　心理教育的援助サービスでおこなうガイディッド・インプロビゼーションの実践

3-1　ガイディッド・インプロビゼーションとは何か

私は学校心理士として小、中学校で授業を実践しているが、ここでは私が重視するガイディッド・

インプロビゼーション（Sawyer 2019: 4）について詳しく紹介したい。

ソーヤーによると、教師は構造と自由、あるいは制約と即興のパラドックスの中に置かれている。教師は授業としての構造（枠組み）を維持しなければならない反面、子どもたちの自由な発言や、自由な発想での議論を促す必要がある。教師は児童生徒を自由にさせてしまったら授業の枠組みが壊れてしまうのでないかという不安に襲われ、自由を制限する一方で、機械的で予定調和の意見しか生まれないことが好ましくないことを知っている。授業である以上、そこには一定の制約があり、学習の導入や展開といった構造がある。その反面、時には決まりきった対応ではない個性的な対応を即興的におこなうことが、指導上好ましい場面もある。

ガイディッド・インプロビゼーションとは、構造と自由、または制約と即興のバランスがとれた教え方である。ベテランの教師はこのガイディッド・インプロビゼーションを実践できるスキルを持っていると考えられる。ガイディッド・インプロビゼーションはオープンエンドの創造的な知識を集団で獲得するときに、特に優れた力を発揮する。一義的な正解がない問いを集団で考え、全員が協働的に関わり、新しい見解が生み出されることを目的とするアクティブ・ラーニングのような授業では、教師にガイディッド・インプロビゼーションの教え方が求められる。

ガイディッド・インプロビゼーションの背景には、創造的な知識の獲得に関するソーヤーの考え方がある（Sawyer 2019: 2）。ソーヤーによると、知識は浅い知識（shallow knowledge）と創造的な知識（creative knowledge）に分けられる。中高生の時、試験前にどれほど必死に覚えても、試験で一度解答してしまえばその後は忘れてしまうことはなかっただろうか。試験問題に答えるためだけに暗記したような知識は浅い知識と呼ばれる。

一方、創造的な知識とは柔軟で、学習の転移が起こりやすい性格を持つ。それは、試験で解答するためにとどまらず、他の科目でも役に立つような、生きた知識として理解される。言い換えると、浅い知識をばらばらのままにせず、チャンク（知識のまとまり）としてまとめ上げ、より複雑な体系の中に位置づけて全体像をつくりあげたものである。

しかし、創造的な知識が重要だと理解していても、それをどのように学ぶことができるのか（教えることができるのか）について書かれた教科書はほとんどない。そのような中で、創造的な知識を教える方法として、ガイディッド・インプロビゼーションが重要となってくる。ガイディッド・インプロビゼーションでは、教師と子どもの両方が、協働的で、探索的で、即興的な対話に参加し、そのような関わりの中で、教師は子どもたちが自分自身の創造的なプロセスを通して学ぶように導く。

なお、ガイディッド・インプロビゼーションは、インプロゲームそのものとは異なっている点に留意したい。ガイディッド・インプロビゼーションはインプロゲームのような即興のアクティビティのみを指すのではなく、必要に応じてインプロゲームもおこないつつ、授業全体を即興的におこなうといった活動全体を意味している。したがって、インプロゲームを使わないガイディッド・インプロビゼーションの授業もあれば、インプロゲームを用いる場合もある。

インプロゲームを使わないガイディッド・インプロビゼーションはどのようにおこなわれるのだろうか。ソーヤーはナイトという教師がおこなった数学の授業の例を紹介している（Sawyer 2019: 26）。ナイトの数学の授業は、授業→宿題開始→宿題の確認という構造であった。しかし、ナイトは宿

表8－1　教師のための即興演技の手法（ソーヤー 2021:103-118より筆者作成）

即興演劇のテクニック	内容	解説
イエス・アンド	対話のすべてのセリフで役者は2つのルールを守る。 ①直前に発言した役者のセリフを受け入れる ②そこに新しい何かを加えて発展させる	例えば、授業開始時、チャイムが鳴り授業を始めたいが、児童が「この物をロッカーに片付けたい」と要求し、私はその要求を受け入れ、全体で1分後に開始するからそれまでに準備するよう伝える。
否定しない	ここでいう「否定」とは、役者が対話の直前のセリフを受け入れないことを指す。 暗黙で巧妙におこなわれる場合があり注意が必要：シェルビング（握りつぶし）	児童生徒の発言は可能な限り否定はしない。言葉では子どもの発言を否定していないが、目の前の子どもの発言を受け入れていない場合もあるので注意が必要である。
先導しない	一人の役者がどのようなシーンにするかを決めてしまい、他の役者がどのようなシーンにしたいのかを聞かないようなふるまいはしない。	教師の期待とは異なる発言が出ても、それを無理して、教師が考える授業計画に引き戻すのではなく、どんな発言からも次の展開につなげられるような教え方を心がける。
押し付けをしない	共演する役者のキャラクターや言ってほしいセリフを指示しない。	押し付けが多くなると教師の主導権が強くなりすぎてしまい、子どもの自由な発言にはつながりにくい。
質問しない	教師がしてほしい発言を答えさせるような質問はしない。	教師が期待する解答を子どもが先読みしてしまい、自由な発想が抑制される。

題の確認の際、生徒から出された質問から即興で新たな問題を創造し、生徒と一緒にその問題を考えるという取り組みをおこなった。この教え方は、数学のより深い理解につながることが指摘されている。

ソーヤーはガイディッド・インプロビゼーションという教え方によって創造的な知識を身につける授業を創り出すために、即興演劇で俳優がおこなっているいくつかのテクニックを教師が身につけることを推奨している。「イエス・アンド」「否定しない」「先導しない」「押し付けをしない」「質問しない」などは、代表的な即興演劇のテクニックである（表8－1参

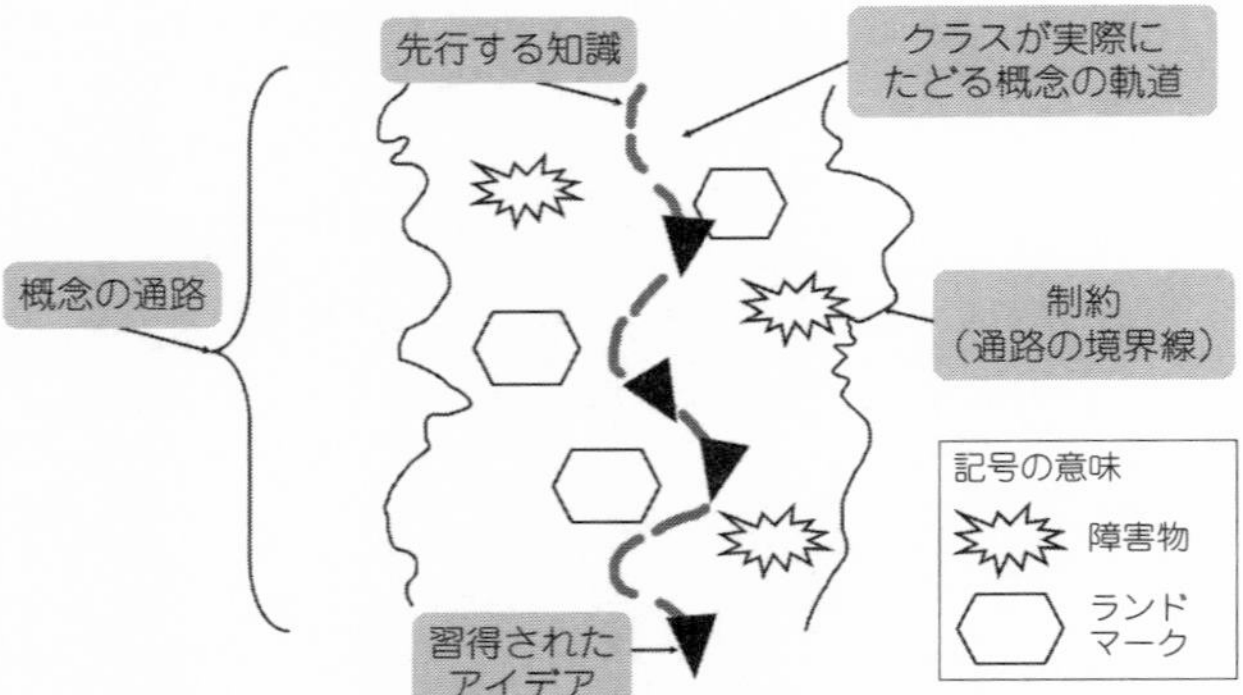

図8－2　学習軌道（ソーヤー 2021: 123より筆者作成）

照）。

授業の構造を保ちつつ、即興演劇の手法を取り入れながら児童生徒と接すると、当初の予定にはなかった問題や課題が生まれる。教師と生徒が共にこれらに取り組むとき、さまざまな試行錯誤がおこなわれる。こうした問題や課題は障害物（obstacles）と呼ばれる。試行錯誤により、授業の流れには、一定の不安定さが生まれる。この学習軌道の経緯を、ソーヤーはジグザクな道筋（zig-zagging path）と呼んだ（Sawyer 2019: 23）。ソーヤーはガイディッド・インプロビゼーションによる最適解の獲得について、ジェア・コンフリーの図を引用しながら、図8－2のように非線形の軌道をたどると説明している（ソーヤー 2021: 122）。図では、外側の制約が授業の構造を示している。その構造の中で、当初は予定しなかったさまざまな児童とのやりとりが授業に反映される。そのため学習軌道は直線的には進まず、ジグザグに蛇行する。授業の中で生まれた共通認識はランドマークとして示されており、次の知識の獲得へと流れていく様子が表されている。

3-2　心理教育的援助サービスで実践するガイディッド・インプロビゼーション

心理教育的援助サービスの実践にガイディッド・インプロビゼーションをおこなうことは、一次的援助サービスに相当すると私は考えている。人との関わりの中で、自分の持っている知識をさまざまに組み合わせて、自分なりの解決の仕方を獲得したり、友人関係や親との関係の考察を深めたり、将来の展望を考えたりする力は、学校適応にもポジティブな影響を与えるだろう。

私が授業にガイディッド・インプロビゼーションという教授法を大胆に取り入れるのは、教師の教え方や学級経営が規律重視の方向に偏りすぎていて、学級経営が困難になっているケースに多い。例えば、教室で特定の児童が立ち歩いてしまったり、自由な意見を自由なタイミングで発言しすぎないように、厳しい制約と圧力を加えている教師をまれにみかける。そのことが子どもたちの長所を見えづらいものにして、周囲からの理解を妨げているような場合もある。やんちゃな子どもがふざけすぎないようにと常に厳しい対応をとるあまり、クラス全体が笑顔を出すことさえ許されないような抑制的な雰囲気に支配されていることもある。こうした場合、同僚の教師や管理職はある程度、担任に対して指摘はしているものだが、思うようには伝わらないこともある。

そこで、ガイディッド・インプロビゼーションの構造の中でインプロゲームをおこなうことで、児童生徒の普段見ないような表情やパフォーマンスを見て、子どもの長所や強みを発見してもらうことの方が、担任の児童理解に対するリフレーミングにつながることもある。あるいは外部講師によるガイディッド・インプロビゼーションの対応から新たな児童生徒への認識を獲得し、制約に傾きすぎていた学級経営のバランスがとれるようになるケースもある。

現在、最も多い学校のニーズは特別支援教育に関するものである。発達のばらつきのある児童生徒は、ユニークな意見を述べることもあるが、それを教師や同級生が受け入れられないこともある。それに対して、発達のばらつきのある児童生徒が標準的な対応をとれるように、標準的な行動を学習するアプローチもあるだろう。私はそれを否定しない。ただし、短期的に児童生徒とかかわる外部講師の場合、長期的な取り組みが必要とされる能力獲得型のアプローチよりも、協同学習としてアクティビティをおこなうことで、ユニークな見解も意見の一つとして同級生らに受け入れられ、オープンエンドの問いの中でユニークな回答を生み出す推進力として認識される経験を積むことを重視している。

このアプローチは、発達のばらつきのある児童生徒が周囲から受け入れられ、心理的安全性の中で意見を述べることにつながるだろう。発達に大きなばらつきのある児童生徒が周囲から浮いてしまっているような課題が見られる学級には、ガイディッド・インプロビゼーションのようなオープンエンドの活動を重視する取り組みが求められる。

以上のように、外部講師にとってガイディッド・インプロビゼーションは授業をおこなう際の基本的な態度の一つであり、実践上、学級経営にポジティブな影響を与えることが多い。また特別なニーズの一部に応え、児童生徒の過剰な適応を改善するなど、複数のメリットが指摘できる。

新曜社 新刊の御案内

Apr.2023〜Jan.2024

■新刊

D. ノーマン／安村通晃・伊賀聡一郎・岡本 明 訳

より良い世界のためのデザイン 意味,持続可能性,人間性中心

急速な技術革新の一方，気候変動や地球環境の汚染，行き過ぎた資本主義などの危機に直面している。政治・経済を含む何世紀にもわたってデザインされた実践の結果だ。人間性中心の，意味のある，持続可能な，我々の行動を変えるためのデザインの提言。

ISBN978-4-7885-1827-8 四六判 480 頁・定価 3960 円（税込）

六車由実

神，人を喰う 新装版 人身御供の民俗学

人柱などの供犠の問題を論じて思想界に新鮮な驚きを与えた初版から二十年，著者は研究者から介護の仕事に転じながらも，『驚きの介護民俗学』で話題をさらった。著者の出発点として，今も読まれ続ける鮮烈なデビュー作を新装して刊行。

ISBN978-4-7885-1821-6 四六判 280 頁・定価 2970 円（税込）

実重重実

細胞はどう身体をつくったか 発生と認識の階層進化

細胞は「主体的な認識力」を備えた１つの生物だ。細胞は遺伝子のタンパク質の設計図を読み取りながら他の細胞や外界とやりとりし，専門化して，身体という巨大な社会をつくっていく。どうやって？　驚きと知的な刺激に満ちた発生の進化の道筋を辿る旅。

ISBN978-4-7885-1817-9 四六判 296 頁・定価 2970 円（税込）

H. M. レヴィット／能智正博・柴山真琴・鈴木聡志・保坂裕子・大橋靖史・抱井尚子 訳

心理学における質的研究の論文作法 APA スタイルの基準を満たすには

質的研究論文をどう書くか，評価するかの基準として，アメリカ心理学会で質的研究のための学術論文執筆基準が作られた。しかし基準は簡潔に書かれていて，そのまま論文に適用するのは難しい。基準を具体的な研究に橋渡しするための実践的ガイドブック。

ISBN978-4-7885-1828-5 B 5 判 192 頁・定価 3960 円（税込）

4　ガイディッド・インプロビゼーションに基づく授業実践

4-1　打ち合わせ・教員研修の段階におけるガイディッド・インプロビゼーションの影響

本節では実施校が決定してから、実際に生徒に授業を実施するまでの打ち合わせと教員研修で、ガイディッド・インプロビゼーションがどのような影響を及ぼしたかを紹介する。

打ち合わせのポイントは、各学校がどのようなニーズを持っているのかを把握することである。複数のニーズが存在することもあるため、丁寧にアセスメントすることが必要である。学校全体として応募した際の動機はあるものの、校長、担任教諭、養護教諭、特別支援教育コーディネーター、といった立場・役職の違い、児童生徒への理解・関わりの違いから、学校が抱くニーズは多様なものになる。

私が打ち合わせをおこなった中学校で、一年目は教員研修をおこない、次年度以降に生徒への授業実施を依頼したいというケースがあった。窓口は管理職であった。打ち合わせの中で管理職から、生徒に実施する前に教員がこうした手法に関心を深める必要性が語られた。そこで一年目は教員研修をおこない、教員がインプロゲームを用いた授業実践を知ることを第一の目的とした。

教員研修では、実際に生徒にもおこなう「共通点探し」、「三つの変化」、「ミラーゲーム」、「次、何しますか?」といったインプロゲームを教員に紹介しながら、生徒のどのような行為を促すのかについて解説をおこなった。こういう場で、教員自身が生徒と同じインプロゲームを体験し、そして、教員の反応に即興的に応答していくことを通じて、教授法としてのガイディッド・インプロビゼーションのモデリング効果をねらいとした。

研修が終わったあとに二人の教師が私の元に来て、研修の感想を話してくれた。一人は美術の教師で、即興的なかかわりを普段の授業でも実践しており、「(研修の内容を踏まえて）自分も意識して授業しています」と話してくれた。そして、美術室に案内され、実際に生徒がどのような作品を作成したのかを見せてくれた。絵画の描き方は授業としてきちんと教えてはいるが、同時に表現の自由さを保証し、育むガイディッド・インプロビゼーションのような指導であった。美術室の壁面に貼られた絵画はいじめ防止のポスターだったが、その迫力は標準的な水準を超えていた。

もう一人の教師は、私がおこなった研修を通じて「自分は人と違う見方をしがちで、教員の会議でもそういうところがある。もしかしたら生徒に対しても一方的な見方をしている可能性がある。今日の研修はそのようなことに気づかされた」と話してくれた。これは管理職がこの教員に期待した気づきの内容でもあった。こうした反応は、ガイディッド・インプロビゼーションによる気づきが教師に生じた例と言える。インプロゲームを取り入れた研修が、教師に振り返り（reflection）を促したのだろう。

4-2　授業実践の段階におけるガイディッド・インプロビゼーションの影響

この段階では、まず、ガイディッド・インプロビゼーションの「否定しない」関わりを重視した、小学校の4年生での授業実践の例を紹介したい。4年生一学級、児童38名の学級に、7月から12月までの間、12時間の授業をおこなった。場所はいずれも教室である。この小学校の応募動機は学級内の数名の児童を中心に落ち着きがなく、他児とのトラブルが絶えないことで、授業等がスムーズに進行しにくく、児童らのソーシャルスキルを養いたいというものであった。

私は担任のニーズに理解を示した。しかし、実際にこの「落ち着きがない」とされている児童らに出会い、じゃんけんを使った簡単なアイスブレイクや自己紹介を使ったビンゴゲーム等を通じて行動を観察したところ、この児童らは落ち着きがないというよりも、きちんと相手を見ていないことに気づいた。同級生の反応を見ないで一方的に反応してしまうので同級生から敬遠され、担任からも指導を受けていると考えられた。

こうした場合、授業中、静かに席に座って黒板に注意を向ける行動を学習するトレーニングをおこなうアプローチも考えられる。ただし、この場合落ち着いて座っていられない児童に対し、静かに座りなさいというトレーニングには、「あなたは今、座ることができていない」というメッセージも含まれている。これはガイディッド・インプロビゼーションで言う「否定」と考えられる。

他方、私は他者との関わりにおいて相手を観察し、そこからコミュニケーションをとるという行為を取り上げようと考えた。静かに座れる行動を学習するスキルトレーニングの発想ではなく、日常的な人間関係の中で、お互いに相手を見て、そして、そのことが楽しいという経験を互いに積むことを優先した。それは、児童らがしっかり相手を見て楽しむだけではなく、「落ち着きがない」児童らを敬遠していた他の児童も彼らを受け入れて楽しい経験をしたという相互作用が、学校という集団生活のなかでは大切になってくる。否定の要素はなくし、ゲームという制約の中で一方的ではないコミュニケーションを楽しみながら経験する方が、児童にとって落ち着きを獲得できるのではないかと考えた。

そこで、このクラスではインプロゲームの「三つの変化」を実践した。このゲームでは、最初に私の姿を観察するよう伝える。教室でおこなうため、後ろの座席の児童にも見えるように、教室を歩いて回る。「頭の先から、足先まで、全身見てね」と伝えて回る。その後、児童には目を閉じるか、机に伏せて、私を見ないように伝える。

この間に、私は外見に三か所の変化をつける。児童に目を開けるように伝えるが、この時、「変化したところが分かっても、声に出して言わないでね。他の児童も考えているから、分かった人も言わずにいてね」と伝える。言いたくて待てない児童もいるため、「分かった人は手を挙げて」と伝えて、言いたくてうずうずしている児童の存在も認める機会を持つ。

一通りの児童が観察し、変化を見つけられた頃に、分かった人に三つのうち、一つの変化を答えてもらう。この後、これをみんなでやることを伝える。二人組で、まずは観察し合い、その後背中合わせになって、それぞれが三つ変化を作り、私の合図で顔を合わせ、変化を見つけあうというルールを伝える。全員がペアになったら、まずは互いに観察するよう伝える。その後、背中合わせになり、それぞれが外見に変化をつける。

すぐに変化をつける児童もいれば、「どうしよう」と言いながら自分の全身を見たり、何等か変化をつけようと試行錯誤したりしている児童が見られる。「まだ、変身が終わってない人はいますか？」と尋ね、全員の変身が終わったことを確認して、同じペアの人と顔を合わせるよう伝える。

顔を合わせると、一瞬笑いがおき、それぞれが変化をつける前よりもよく観察しようとしている様子が見られた。なかなか変化を見つけられないペアにはヒントを出していいことも伝えた。すると、担任が気にしていた児童らもきちんと同級生を見て、楽しく参加していた。そして、彼らを敬遠していた同級生も、また楽しそうに会話を続けていた。

この小学校では、その後もインプロゲームを多数取り入れた取り組みを継続した。担任の話では落ち着きがないと言われた子どもたちであったが、前年度に比べるとはるかに授業に取り組みやすくなっていると報告を受けている。落ち着きがないといわれた学級だったが、私の授業ではその後もきちんと取り組んでくれた。この結果は児童の変化もあるだろうが、同時にその児童を見る周囲のまなざしも変化してきたからと考えられる。この点は個人でスキルを獲得していくトレーニングタイプの介入との相違点であり、インプロゲームは、学級全体で互いに成長していくアプローチのように思われた。

次に、授業の構造を守りつつ、即興的にプログラムを変化させた例を紹介する。小学校2年生の授業中、「グループで話す」ことをめあてに、4人の班で生き物の名前を出すゲームをしていた。すると、一人の男児が机に顔を伏せて機嫌を損ねている様子が見られた。その男児に付き添っていた支援員から「恐竜が好きで、恐竜の名前を言いたかったけれど、名前が分からなくてね」との事情を聞いた。この活動のあとには「次、何しますか？」というゲームをおこなおうと考えていたが、この男児の不機嫌そうな態度が他の児童に影響を与えて、学級全体が落ち着きをなくしているように感じた。この状態では児童がスムーズにゲームに参加することはできないと思い、児童全員に対して、ワークシートを裏向けるよう指示した。

私は「これから、一分間白紙に好きな絵を描いてもいいし、好きな文字を書いてもいいし、あるいは何も書かなくてもいいよ」と伝えた。そして「うまく回答できることも大事だけど、うまくいかない時に気持ちを切り替えることも大事だよね」と即興で指示を出し、子どもたちに好きな絵を描くことで自分の気持ちを切り替えることを促した。私は一分後に学級全体の雰囲気が変わったことを感じた。

先に述べた男児にとっては、当初は予定していなかった「他人と協力するなかではうまくいかないこともあるが、そこで落ち込むのではなく、気持ちを切り替えればよいのだ」という学びを生み出すことになった。また、2年生という発達段階を踏まえると、この児童だけでなく、他の児童のなかにも協力する中で自分のやりたいようにはできず、不満を感じていた児童もいただろう。そうした子どもたちにとっても、先の即興的な調整は有効だった。これらが学級全体の雰囲気の変化を生み出したのではないかと考えられる。

以上のように、ガイディッド・インプロビゼーションを取り入れた授業は授業のめあてを達成しつつも、子どもたちのアクションを活かして当初予定しない新たな学びを生み出し、授業をより豊かなものにする。教師や外部講師もまた、子どもとともに即興しなければ創造的な知識の獲得にはつながらない。

学校心理学とガイディッド・インプロビゼーションを接続することで、子どもと教師がともに同じ問題を考えるという教育実践が支えられる。またそれは、外部講師と学校との協働関係を柔軟なものにして、心理教育的サービスの可能性を広げていくだろう。

【文献】

石隈利紀 (1999)『学校心理学 —— 教師・スクールカウンセラー・保護者のチームによる心理教育的援助サービス』誠信書房

石隈利紀 (2007)「学校心理学」学校心理士資格認定委員会（編）『学校心理学ガイドブック（第２版）』風間書房

石隈利紀・田村節子 (2020)「学校心理学」学校心理士認定運営機構（編）『学校心理学ガイドブック（第４版）』風間書房

コンフリー、ジェア／高橋智子（訳）(2009)「方法論としてのデザイン研究の発展」キース・ソーヤー（編）／森敏昭・秋田喜代美（監訳）『学習科学ハンドブック』培風館

Sawyer, R. K. (2012) *Explaining creativity: The science of human innovation* (2nd ed.). Oxford University Press.

Sawyer, R. K. (2013) *Zig Zag: The surprising path to greater creativity*. Jossey-Bass.（キース・ソーヤー／川村まゆみ（訳）(2022)『ジグザグに考えよう —— 創造性を高める８つのステップ』ヤマハミュージックエンタテインメントホールディングス）

Sawyer, R. K. (2019) *The Creative Classroom: Innovative teaching for 21st-century learners*. Teachers College Press.（キース・ソーヤー／月谷真紀（訳）(2021)『クリエイティブ・クラスルーム ——「即興」と「計画」で深い学びを引き出す授業法』英治出版）

第9章　高校生が即興的に役を演じることの意味

鎌田　麻衣子

日本の高等学校には、演劇の専門学科、あるいは学校設定教科・科目として演劇の授業が設置されているところがある。そこでは、必ずしも俳優になるわけではない高校生に対して、全人的な発達や表現力の育成等を目的として、演劇が教えられている。私も、高校において演劇の授業を担当している実践家である。

本章では、私がなぜ高校生と演劇をすることになったのかを述べ、そして高校生との演劇の授業の中で、高校生が即興的に役を演じることで、自分のことが分かったり、社会のことが分かったりする場面から、高校生が役を演じることの意味を探っていきたい。

1　私のこと

私が演劇に出会ったのは、中学生の頃である。知り合いのお姉さんが出演していた高校演劇の公演を観た時であった。私は、舞台上の自分より少し年長の高校生がとても輝いて見え、自分も高校に入ったら絶対に演劇部に入りたい、と心に決めた。進学先も演劇部のある高校を選んだ。私が入ったその演劇部は、大所帯で先輩もたくさんいた。同じ学年の同期は10名ほどいて、活動を続けるうちにみなと打ち解け、仲間意識も芽生えていた。

演劇部の活動の中では、私は自分が役者として前に出るというよりは、作品を選び、役者を選び、いかに見てくれる人に自分たちのメッセージを伝えることができるか、ということを考える「演出」に楽しさを見出していた。またその過程で、信頼する仲間と意見交換をし、ときにはケンカもしながら、演劇を作っていくことが楽しくてしょうがなかった。

しかし、いつしか気づいたことがあった。部活の同期の中には、クラスでは大人しく、自分に自信がない人もいた。中学時代にいじめられた経験のある人や、コミュニケーションが苦手な仲間もいた。そして彼らは演じることを通して、自分を肯定的に捉えていこうと模索していたように見えた。私は仲間たちとの活動が楽しくてしょうがなかったし、仲間たちと理解し合い、信頼し合う中で、自分たちの公演で、他の生徒たちに仲間の魅力を伝えたい、衝撃を与えたい、と日々思っていた。

と同時に、この「演劇」には不思議な力がある、人間にとっての活力につながるものがあると感じるようになった。そして、高校3年の私は、演劇のことが学べ、かつ演劇の社会的な機能や社会的な応用について学べる玉川大学への進学を希望し、入学した。

当時は、ひきこもりが社会問題となっていた。また当時の日本は、経済的な不況による社会不安が広まっていた。そうした社会不安やひきこもりなどの現象を見るにつけ、私自身は社会のなかで何をなせばいいのか、何ができるのかと四年間悩んでいたように思う。

大学では一貫して演劇やその他の芸術についての理論、歴史、その応用を学び、芸術が社会に果たす役割とは何か、どういった場面で芸術は人にとって意味のあるものとなるのか、ということについて考え続けていた。一方、自分の身の上には就職氷河期という現実がつきつけられ、安定的な職を得て、単純な労働で賃金を得て自分の幸せを築くという未来は見通せなかった。最終的には、自分自身が高校時代に演劇に出会ったことで、社会や人間についての見方を変えた経験を想い、教育の中でこそ演劇は生かされるべきだ、という考えに至った。

大学卒業後、就職はできなかった。それでも社会活動のなかに身を投じようと決意し、アルバイトをしながら、小さな劇場でワークショップを企画実施したり、アーティストの活動をサポートするボランティアなどに従事していた。その中でも、教育への演劇の活用に対する想いは持ち続けていた。どういった形であれ、それに関わる仕事ができればと、その当時関わる大人に、自分の考えを伝え続けていたように思う。結果的にその想いが伝わり、神奈川県の県立高校で「演劇」の授業を受け持つ非常勤講師の仕事につながった。

私が最初に働くことになったその高校は、全日制と定時制が一体となったフレキシブルスクールだった。「演劇」の授業は、午後一番の授業で、全日制と定時制両方の1年生から3年生の生徒が一緒に受講できる授業であった。本当に多様な生徒が受講していた。特に定時制の生徒は、精神的な課題を抱えた生徒や、他の学校で暴力事件を起こしたことで一度退学をした生徒、車いすの生徒などさまざまであった。

その多様な生徒が演劇という一つの出来事を共有していく過程で、楽しさ、仲間の大切さ、自信などを得ていく姿を見ることで、私自身が教育的な演劇活動の面白さを、身をもって実感していくことになった。しかし、その反面、当初は場当たり的な授業構成で、何がどのように作用して生徒たちの成長につながっているのか、ということについて、分からないまま授業をしていたように思う。

2 役を生きる演技とスタニスラフスキー

私が演劇の授業で悩んでいる時に出会ったのが、冨田博之の『演劇教育』という本であった。この本には、演劇教育の歴史や考え方が書かれていた。私はその中でも冨田がいう「役を生きる演技」という言葉と、その考え方に影響を与えたスタニスラフスキーの考え方に魅力を感じた。高校の授業で、生徒たちが役を演じることで成長する姿を見ていたからであった。

冨田は「劇という一つの秩序のなかで、自分のやることに継続的に注意を集中し、能動的に考えたり、感じたり、行動したりするという体験は、子どもたちの心身に、つよい刺激をあたえ」（冨田1958: 23）ると、述べている。私の授業で演じる高校生たちも、ある役を演じる時に、その役の経験について、能動的に自らの経験と重ね合わせ、その役について考えたり、感じたり、行動していると私は気づいた。

私の授業を受講していた女子生徒が、授業でその時創作していた物語のいじめの場面に直面した時、自分の経験を語り出したことがあった。そのいじめの場面は、いじめられている女子生徒Aが、いじめっ子の女子三人に言われたものを買いに行かされたり、買った飲み物がまずかったとひどくなじられる、というようなシーンであった。

その日はプロの演出家がゲスト講師として来ていた。彼は「このお話に出てくるいじめというものがいじめとしてみんなの中に違和感なく成り立つのか？」という疑問を雑談の中で生徒に語りかけた。すると彼女は、自分は中学の時にいじめられていて、こういういじめは経験したことがあるという。「靴を隠されたこともあったし、全員から無視されていた」という。その時に、絶対に自分はそれに屈しないと思っていた、と語った。

彼女のように、役と自分の経験を重ね合わせたり、演じる役と正面からぶつかり、役と自分のことを本気で考え抜いたりする姿を、彼女を含め他の多くの生徒の中にみることがあった。

冨田のいう「役を生きる演技」が、スタニスラフスキーの演技の考え方からヒントを得ているのであれば、そのスタニスラフスキーは、いったいどんなことを考えていた人物なのか、そのスタニスラフスキーのいう「役を生きる」とはどんなことなのか、そしてそれが、高校生が役を演じることによって成長することとどのように関わるのかということを知りたくなった。

3　スタニスラフスキー

コンスタンチン・スタニスラフスキーは、19世紀後半から20世紀初頭にかけて活躍したロシアの俳優兼演出家である。「スタニスラフスキー・システム」という演技の方法を作った人物として有名である。

ある時、スタニスラフスキーはチェーホフの『かもめ』を演じる難しさに直面していた。『かもめ』は大きな劇的行動があるわけではなく、登場人物の一人一人が自分の思いに従って生きている。そこに人間関係の緊張が表現されている戯曲である。彼は、チェーホフの戯曲では「演じよう」「見せよう」とするのは誤っており、役の内面に閉ざされた精神の動脈をたどり、生き、存在することが必要であると思ったと、のちに書いている（スタニスラフスキー 1983: 180）。

どうしたら役として生き、存在するような演技ができるのかと悩んだ彼は、俳優のための方法を持ちたいと考えた（ベネディティ 1997: 221）。彼は方法を模索する中で、その方法には「俳優が自分の体験のすべてを活用する能力」が必要であると考えた（ベネディティ 1997: 222）。

彼のシステムには、俳優の卵が演技を学んでいく訓練の方法と、俳優が実際の戯曲の役を演じるための方法とがある。訓練の方法については、俳優学校の生徒たちが授業の中で、練習課題（エチュード）を即興的に演じ、学んでいく様子が描かれている。ある与えられた状況でどう行動するか、という即興的な演技の練習であった。彼の俳優の訓練方法には即興的な要素が多分に用いられていたことは有名である。

一方、俳優が実際の戯曲の役を演じるための具体的な方法については、その草稿が残されている。その初期（53〜57歳頃）の方法は、戯曲を徹底的に読み込むことから役を作っていくというものであった。俳優が戯曲を分析し、断片化し、その役の内的な衝動や欲求を俳優が真に感じることができるように、その役の行動の目的・課題を俳優自身に考えさせるような方法である。しかし彼は晩年（73〜74歳）に、その考え方を変えていく。一度開発した方法に固執せず、彼の目指す演技になるためのより良い方法を模索していたのである。その晩年の方法が「身体的行動の方法」と呼ばれる方法であった。その「身体的行動の方法」の特徴は、即興的に演じることで、役を作っていく方法である。

4　身体的行動の方法

私はそれまで、自分の演劇の授業でも、戯曲を読み込み、そこから役を創造していく方法に親しみを持っていた。まず台本を配るのは当たり前だとも思っていた。しかし、この台本を読まずに即興的に演じるという「身体的行動の方法」を知り、興味を持った。それは、高校生が何らかの役を演じる時に、台本を読み込むということに困難が付きまとうことが多いからである。もちろん、台本を読み込み、その行間を想像力で埋める作業の面白さはある。しかし、演劇の授業で、高校生に役を演じる経験をさせるときに、台本を読めない、漢字が分からない、内容が理解できない、ということが問題になることもある。私はこの「身体的行動の方法」を読み解いてみることにした。

身体的行動の方法の特徴は、戯曲を読まないで戯曲の筋とエピソードを即興的に演じていく。それは、俳優の知性的な頭や心で役に近づくのではなく、役の生活に身体から近づくことであるという。スタニスラフスキーが新しい方法で大切にしたいのは、戯曲の中の役の生活のリアルな感覚を、心だけではなく身体の面でも、早いうちから俳優の内的な自己感覚に注ぎ込みたいということである。そしてその筋やエピソードの小さい身体的行動を「自分自身として」演じてみる。それが新しい方法の初めの一歩であるという。

例えば、ある戯曲の登場人物の最初の登場シーンが〈ホテルの一室に入ってくる〉という行動から始まり、そして次の小さい単位の行動が〈「まだベッドに横たわっている」と召使いを怒鳴りつける〉であったとする。役の行動とは、こうした小さな身体的行動が連なってできている。一つ一つは難しい行動ではない。これら一つ一つの小さい単位の行動を「心を込めて、正しく、自分自身として」即興的に演じてみることが大事である（スタニスラフスキー 2009: 381）。「自分自身として」演じてみるこの方法のように、自分から出発すれば、役を感情や願望などから理解することができ、そこに生きることができるという。

しかし役という他人の立場からそれをおこなおうとすると、ただその役をなぞり、模倣するだけになってしまうとスタニスラフスキーは指摘している。この方法で目指しているものは、表現される人物を、精神的にも身体的にも、自分の全存在をかけてつかみとることであるという（スタニスラフスキー 2009: 390）。

私は、自分の演劇の授業で、この方法で生徒たちに役を演じてみてもらうことにした。

5　演劇の授業での生徒たちの演技実践

私は、最初に非常勤講師として勤務した高校を大学院進学のために辞め、その後別の高校へ異動することになった。私にとって二校目となった高校は、都市近郊の港湾部に位置する単位制の総合学科高校であった。修士課程を修了し、博士課程の学生になっていたこの学校での八年目に、私は自分の実践を調査することになった。ここではその年の「演劇」の授業の様子を記録した調査データから、生徒たちが「演劇」の授業で「身体的行動の方法」を用いて即興的に役を演じる様子を描いてみたい。

その「演劇」の授業は通年の科目で、週一回50分2コマ続きの2単位の授業であった。授業の内容は非常勤講師である筆者が考え、専任教員のツダ先生がティームティーチャー（以下、TT）として入っていた。その年の履修生徒は9名（男子2名：タツヤ、ソウタ、女子7名：アキラ、アユミ、サエ、マユ、ヒカリ、リカ、ユウ）であった[1]。

即興的に役を演じる「身体的行動の方法」を用いた授業は二回おこなった。題材は、アメリカの劇作家テネシー・ウィリアムズの『ガラスの動物園』である。台本は渡さず、物語内容や演じる場面の説明、役の〈与えられた状況〉が書かれたレジュメから物語を想像してもらい、その上で自分の言葉で場面の流れに沿って即興的に演じた。同じ場面の即興に設定を付け加えて演じる課題もおこなった。どの場面も概ね3～5分程度の長さで、配役を変えて同じ場面を何度も演じ合った。

『ガラスの動物園』は、ウィリアムズの自伝的作品である。彼のセントルイスでの暗い青春と精神を患った姉ローズへの想いを込めて書きつづった「追憶の劇」であると評されている（石田 1979: 8）。今でも世界中で上演されているウィリアムズの代表作の一つである。この劇は父親のいない母と子ども の家族三人の物語である。「家族」という簡単には捨てられない足かせの中でもがき苦しむ登場人物たちを、作品全体の中で繊細に描いている。生徒たちが演じた場面は1場の夕食のシーン、3場の母アマンダと息子トムのけんかのシーン、6場の青年紳士が訪問してくるシーンであった。生徒たちがスタニスラフスキーの身体的行動の方法に沿って即興的にどのように演じていたのか、そしてその経験による生徒の変化を見ていきたい。

生徒たちには、まず物語の概略を私の口頭での説明とレジュメで伝えた。レジュメの中にはそれぞれの役の〈与えられた状況〉が書かれていた。サエは、レジュメに書かれたローラの〈与えられた状況〉を読んで、同情したように「ローラ、高校中退だって」と、アキラに言っていた。高校生である生徒たちは役の状況の中でも「高校中退」のように何か自分たちと近い話題の時に、反応していることが多かった。

大体のあらすじや〈与えられた状況〉が分かったら、次にその物語の登場人物がする、最も小さい身体的行動を「自分自身として」演じる課題に移った。生徒たちがまず演じたのは1場の夕食の場面であった。この場面は〈三人は、いただきます、といって食べ始める〉という小さな行動から始まる。

舞台上にはテーブルと三つの椅子が用意されていた。中央に母親のアマンダ、上手側の椅子にトム、下手側の椅子にローラが座る。中央に座ったアマンダ役のアユミは右手に座っているトムに向かって困ったような顔をし「トム、ほら、手を出して、挨拶するんだから」と言い、手を出すように促す。トム役のタツヤは、食事の挨拶をするために母親に「手を出して」と言われるのはとても嫌なことだという顔をしながら渋々と手を出し、ふてくされたような小さな声で「いただきます」と言って食べ始めた。

このように生徒たちは、簡単な設定がある中で即興的に演じる時には、自分の言葉で演じていた。その過程で自分が誰で、相手役は誰で、誰に意識が向かっているのか、その場所はどこで、自分はどこに行こうとしているのか、そういった一つ一つのことを自分の感覚の中に入れて演じていた。

アキラは3場のトムを娘として演じた。それはアキラの希望であった。即興で「自分自身として」演じる、となった時に、アキラは自分の性で演じることでそれが容易になると考えたようだ。アキラは3場のトムを自分自身として演じることができた。このとき相手役である母親のアマンダを父親として演じていたタツヤに、自分の仕事を「ちゃんとやんないと」と叱責されたアキラは「じゃあ、自分が働けば?」「じゃあ、働いて? なんで全部娘に押し付けるの? おかしくない?」と声を荒げていた。全てを娘に押し付ける父親に向かって、アキラの言葉で鬱屈した思いをぶつけていたように感じられた。

事前質問紙では、アキラは自分のことを「自分がやりたいと思うことしか動けない。自由人」であると認識していた。アキラは事後インタビューで、「自分の言葉で」言えたことで感情的になったと述べた後に、トムを演じた時のことを次のように答えた。

え、なんか、あの、あんまり、こうやってイラってする役、自分が怒られてイライラする役って、なんか自分が（中略）言われて怒られることってあんまないから、それで、ばーんみたいな感じで、吐き出すのが、普通に、単純に楽しかった。（「吐き出すのがね」という私の反応に対して）あれも、そうだけど、なんか、言い合い？　言い合いが楽しかった。

アキラは普段自分が怒られることがあまりないため、演じる中で怒られることでイラっとしたり、ばーんと吐き出したり、言い合いしたりといった反発的で感情的になることが単純に楽しかったと述べている。アキラは即興で演じた時には途切れや中断がなく、いったん役のことが自分の中で整理づけられると、演技に一貫した流れがあり、その中で感情的になることが多かった。アキラのように演じられると、その瞬間には演じる役のことが自分のことのように感じられることがある。アキラは事後質問紙で、役を演じることでの自分の変化について、「自分の振り幅が増えた」と答えている。事後インタビューで振り幅が増えたとは具体的にどういうことか尋ねると、アキラは次のように答えた。

なかったときより、も、その、やるじゃん役を、だからなんかその、え、なんていうの、なんて言えばいいか分からない。やってなかった時よりも、やったほうが、自分のためになったっていうの。自分の、中の、役の振り幅っていうの、が増えた、っていうことだと思う。と思う。えーなんかよく分かんない。たぶんそういう感じ。

実際に「やった」ほうが、「自分のためになった」と、振り幅が増えたことを言い換え語っている。実人生で経験したことはなくても、こうした授業の演じる場で即興的に演じることは、自分のためになっていくようだ。そしてそのことによって、自分の中の幅が増えたと感じたようである。役の経験をやってみることで、仮にでも自分の経験として感じていた。トムやアマンダとして経験したことがアキラ自身の経験として自分の身になったと感じられたのだろう。自分が演じる役の振り幅なのか、自分としての振り幅なのか、どちらにせよ、自分の人間としての幅が広がったように感じられたのだ。

次はリカの経験を描いてみたい。リカは、思いがけず感情が高ぶり、思いもしない演技となった場面があった。リカは3場でアマンダを演じた。そのアマンダには〈近所の人にローラのことを心配された。もうこれ以上子どものことで近所の人から何かを言われたくない〉という新しい状況が付け加えられていた。この新しい状況は、講師である私が戯曲を読んだうえで想像したアマンダの状況である。リカに提示し、リカもこの新しい状況を理解していた。一緒に演じるトム役のアユミ、ローラ役のユウにも新しい状況が付け加えられていた。3人共が、役の状況を自分の感覚として演技に取り入れ、演じていたように見えた。そのためか、実際に演じてみると、アマンダとトムのけんかは段々と勢いが増してきていた。

アマンダ役を演じるリカの怒りの向かう先がトムからローラへと変化した場面である。

トム（アユミ）：なんでここにあるの!!（手で食卓を二回バンバンと叩く）

アマンダ（リカ）：（急に声を荒げて）ローラだって働けないしさ、お母さんだって周りの人からいろいろ言われて、どうすればいいの、じゃあ？

トム（アユミ）：え？（少し驚いている）

アマンダ（リカ）：ねえ！？

トム（アユミ）：なんでここにあんの？

アマンダ（リカ）：（吐き捨てるように）知らないわよ、自分で置いたんじゃないの？

トム（アユミ）：（大きな声で）携帯の中身見ただろ！

アマンダ（リカ）：（大きな声で）見てないわよ！

ローラ（ユウ）：ちょっとうっさいよ。頭痛いから、ちょっと近所迷惑だからさ。

トム（アユミ）：なんで映画…

アマンダ（リカ）：（ローラに向かって）あんたも働きなよ。

ローラ（ユウ）：（驚いて）はい？　…いきなり？

トム（アユミ）：（驚いて一瞬の間）…なんで映画見たの知ってんの？

アマンダ（リカ）：見ちゃ悪いの？

トム（アユミ）：…見たの？

アマンダ（リカ）：何か悪いの？

トム（アユミ）：きもっ
アマンダ（リカ）：ねえ？
トム（アユミ）：何勝手に見てんの？　きもっ
（と言って、椅子に掛けてあるコートを取り、着ようとするが着れない）
トム（アユミ）：ぅっ!!（と言って、コートを投げる。コートがコレクションの上に乗りガシャンという音）

アマンダ役のリカが急に声を荒げたのは、ローラに言及した部分であった。「ローラだって働けないしさ、お母さんだって周りの人からいろいろ言われて、どうすればいいの、じゃあ？」という言葉であった。この時のリカのアマンダは、ローラが働いていないことによるストレスに支配されていたようだ。そのストレスと怒りはトムよりローラに向いていた。その後、ローラに向かって「あんたも働きなよ」と言ってしまう。

戯曲の設定上、このシーンではアマンダはローラに言及しないはずだった。そのためローラを演じるユウも、トムを演じるアユミも、突然のことにその場で驚いている。予想外の出来事だったからである。リカの演技は感情的な興奮が態度と言葉になって表れていた。リカは、自分のした、思いもしなかった衝動的な行為に自分で驚いたのか、この演技の終了後、しばらく押し黙ったまま、落ちたコップを拾い集めていた。自分の中に思いがけず沸き起こったアマンダの感情を鎮めるための儀式のようであった。

事後インタビューでこの時の演技についてリカに尋ねると、次のように語った。

やっぱ、なんか周りの人に言われてたからっていう、なんだろう、怒りをぶつけちゃったみたいな。

この時リカに与えられたアマンダの新しい状況〈近所の人にローラのことを心配された。もうこれ以上子どものことで近所の人から何かを言われたくない〉は、最も触れて欲しくない部分を部外者に触れられたという状況であった。リカにもそうした周りの人にいろいろ言われていたというアマンダの状況が直感的に分かることだったのだろう。それゆえ、リカにもアマンダの感情が心の内に沸き起こった。

リカはいつも自分を出さないように過ごしていた。リカにもアマンダの精神の張り詰めと同じぐらい自分を守る緊張の糸があっただろう。役を借りて発した「あんたも働きなよ」という言葉によって、リカのそのピンと張った糸が切れたように思えた。演じた後、リカはコメントシートにアマンダについて次のように書いている。

わりとお母さんも大変だと思った。自分一人じゃ家族を支えていけなくて息子に頼らないといけない申し訳なさがある気がした。

スタニスラフスキーは、戯曲と同様の与えられた状況におかれたら、現実において私は何をするだろうか、と問うことで、俳優本人の人間としての感情が、こっそりと、直感として、正しい身体的行動をほのめかしてくれると言っている（スタニスラフスキー 2009: 403）。そして作家によって見事に作られた役は、私たちと同じように人間的であり、人間は人間を感じ取るものだ、と述べている（スタニスラフスキー 2009: 404）。

リカの内面の人間としての感情が、役の人間としての感情を感じ、それによって生じた人間の理解であったのだろう。リカは、アマンダを即興的に演じることで、その役の感情が自分自身の感情的な経験となった。その経験がリカを揺さぶり、その結果、人間の深い考察になったのである。

6　高校生が役を演じることの意味

即興的に役を演じることで、生徒たちの中で、その役と自分が重なり、思いもかけない自分に出会う、ということがあることを見てきた。ここでは、それが高校生にとってどのような意味があるのか、ということを考えてみたい。

役になる、とか、役になりきる、という言葉を使う高校生は多い。しかし、それが自分とは全く違う「役」という別の人格にとって代わるというような意味で使っていることもある。しかし前節で見てきたアキラとリカの経験は、全く違う人格に自分がとって代わられたという経験ではなかった。彼らの経験は、自分自身から出発していることで、役の経験が自分の経験となるというような経験であった。

リカは、役と自分の人格の重なりの中で即興的に演じることで、自分もそうだ、自分にも分かるということが、ふいに言葉や感情になった。その言葉や感情は自分から出てきたものであり借り物ではないゆえに、それは表面的ではない人間の深い理解となった。

演じる前、TTのツダ先生はリカのことを「やるにはやるんですけど、こう積極的にやるタイプではないです。(中略)なんかあんまり自分出さないんですよ」と評していた。リカは授業中、真面目にやっている友人を茶化したり、課題をやっても表面的で捉えどころのない態度をとっていた。本当の自分を見せまいとしているかのようであった。

青年期の若者が面倒くさがったり、あえて不真面目になろうとしたりする不寛容な態度は、自分を傷つけないためのある種の防衛である。リカも本当の自分を出さないように不真面目な態度をとったり、軽口をたたくことで防衛していたところがある。

そんなリカは、このアマンダを演じた後、自己の変化について「まだ変わったと思うところはないけれど、役を演じることで他人の気持ちを考えたり、共感したり、気遣ってあげられるようになれるのではないかと思いました」と書いている。青年期特有の不寛容な態度を示していたリカにとって、アマンダを演じたことで、現実の世界における他者への寛容さにつながった。それは、リカが即興的に役を演じることで、本当の感情を感じたからではないだろうか。そうした寛容さは青年期の高校生にとって、世界から様々なものを吸収し生きていく土台となる。リカにとって、この一瞬の出来事が、世界への扉を開けたのである。

7　演劇に出会うこと

この章では、私がなぜ高校生と演劇をすることになったのか、そして高校生との演劇の授業の中で、高校生が即興的に役を演じることで、自分のことが分かったり、社会のことが分かったりする場面から、高校生が役を演じることの意味を探ってきた。

高校生は、社会に出る直前に立たされている。これから社会という荒波の中で、生きていかなければいけない。その社会でいかに生きるか、それは彼らにとって切実な問題である。そうした切実な問題に直面する高校生だからこそ、そこで出会う「演劇」とその中に生きる人間たちとの役を演じることを通した出会いが、高校生にとって大事なのではないかと思っている。そして、スタニスラフスキーのいう、役を、身体的にも精神的にも、全存在をかけてつかみとる、というような即興的に演じる方法が、そうした高校生に揺さぶりをかけることになっていたように思う。

私は中学生の時に演劇に出会ってから、ずっとひたすら演劇のそばに生きてきた。そして演劇が社会に果たす役割とは何か、どういった場面で演劇が人にとって意味のあるものとなるのか、ということについて考え続けてきた。今なぜ私がひたすらに演劇のそばに生きてきたのか、それがおぼろげながら見えてきた。それは、演劇が人間のことを教えてくれるからである。スタニスラフスキーに惹かれるのも、彼が演劇を通して人間のことを考え続けていたからである。私は、「役を生きる」とは、人間として生きるということであると思っている。

私の青年期にとっても社会でどう生きるかが切実な問題であった。先の見通せない社会の中で何をなせばいいのか、悩んでいた青年期の当時の自分が思い出される。何も見えなくても、何かの光を、演劇に感じていた。それは間違っていなかったと、今、感じている。高校生が自分の経験と重ね合わせて、ある戯曲の役を演じることで、自分を知ること、そして社会に生きる人間を知ることができることが、私が演劇の授業を高校生とやることの意味なのだ。そして、これからも演劇が社会に果たす役割を考え続けていきたい。それを考え続けることが、私の人生の意味であるはずだから。

【注】

［1］調査データは、フィールドノーツ、ビデオ録画記録、記述式事前事後質問紙、事後インタビュー、ＴＴとの振り返り等を用いる。なお、ＴＴ教員、および生徒の名前は全て仮名である。

【文献】

石田章（1979）「ウィリアムズ評伝 ── 生と死と、光と影と」『現代演劇』2、英潮社 pp.2-16.

スタニスラフスキー、コンスタンチン／蔵原惟人・江川卓（訳）（1983）『芸術におけるわが生涯（中）』岩波書店

スタニスラフスキー、コンスタンチン／岩田貴・堀江新二・安達紀子（訳）（2009）『俳優の仕事 ── 俳優の役に対する仕事〈第三部〉』未來社

冨田博之（1958）『演劇教育』国土社

ベネディティ、ジーン／高山図南雄・高橋英子（訳）（1997）『スタニスラフスキー伝１８６３-１９３８』晶文社

第10章　理学療法士のコミュニケーションとインプロ

薄　直宏

1　理学療法士の変化

私は、リハビリテーション職種の一つである理学療法士である。理学療法士は、病気や怪我、障害などで起き上がる、歩くなどの運動機能が低下した患者に対して機能回復をサポートする職種である。理学療法士の資格取得者は、この50年間で爆発的に増え、１９７０年と比較すると１００倍となり、現在約12万人が全国の病院などで働いている（詳細は公益社団法人日本理学療法士協会ホームページ参照）。

また、我が国の医療はこの20年間で大きく変化した。仕事内容が複雑化、高度化し、医療機関は救急対応をする急性期、からだの能力を向上させる回復期など分業化で棲み分けされスピード化された。患者自身の権利意識も高まり、医療の現場で働くことは、知識や技術は元より患者や医師、看護師などとの積極的なコミュニケーションがより重要視されるようになった。このような医療の現場で理学療法士は、直接患者のからだに触れ、共に動き、もしくは意図した動きを患者に理解してもらいリハビリテーションをおこなっている。そのため理学療法士の資質として、身体性を含んだ双方向のコミュニケーションが求められる。

一方、私自身が学生教育に関わるこの10年間で、理学療法士を目指す学生の質が大きく変化してきている。授業を受ける学生自身のモティベーションや積極性が低下している。実習では、患者に実践する手際がたどたどしく、患者の顔を見ず一方的にリハビリを実施してしまい、サポートしている理学療法士に止められてしまう場面がしばしばある。教わっている知識や技術は私が学生の頃に比べると高度化しており、学生が手にする医学的な情報は非常に多くなっている。しかし、多くの学生はその持ち得ている知識や技術を患者に実施する前提のコミュニケーション能力が低下している。多くの学生は卒業し現場での1〜2ヶ月のトレーニングの後、理学療法士として患者を受け持つことになる。しかし現場に出たものの、理学療法士としての専門的なコミュニケーションは難しく、一から教育することになる。また、現場に出てからでは業務の複雑化やスピード化により、細かな指導をするには時間が少なく、場面に応じたコミュニケーション教育を学生の段階でどう教育すれば良いのか、私自身、常々問題意識を持っていた。何か打開策はないかと、コーチングの資格取得や教育研修などに多く参加していたが、理学療法士のコミュニケーションの特性である身体性を含んだコミュニケーション教育にはフィットしなかった。そのような中、インプロと出会った。一方向的ではないインプロバイザーの関わりが理学療法士と患者との関係に見えた。また参加者とのゲームやシーンは何も無いところからたくさんのストーリーが生まれ、その身体性を含み双方向的なコミュニケーションのやり取りは患者と理学療法士のコミュニケーションに見えた。このインプロとの出会いが、理学療法士のコミュニケーション教育の一助となるのではないかと思いインプロを学び始めた。

2　医療現場とインプロ

2-1　臨床現場で必要なコミュニケーション

患者権利の高まりを受けて、患者とのコミュニケーションは、一方的なものではなく患者の思いや考えていることなどを理解する、患者に寄り添った双方向的なコミュニケーションが重要となってきている。昔ながらの一方的な押しつけの医療は、患者の求めに応じず、患者満足度を下げるだけでなく安全な医療を提供する上でも注意が必要である。

ただし、専門的なコミュニケーションの前提として、適切な医療知識と技術を持ち得ていることが必須となる。これらの前提の上に、患者との関係性やコミュニケーションが成り立っている。病気や障害に関わる際には、その場の思いつきのコミュニケーションだけで対応はできないことを理解する必要がある。

2-2　理学療法士の判断と即興性

理学療法士は、患者の身体状況や障害の回復状態などを判断してその日その場の治療方法を逸脱のない範囲で即興的に変化させている。特に、急性期と呼ばれる病気の直後や手術後の患者に理学療法を実施する際には、その日の状況に合わせ介入を見合わせることも大事な選択となる。

インプロの実践者で研究者の高尾隆は、「俳優たちが、脚本も、設定も、役も何も決まっていない中で、その場で出てきたアイデアを受け容れ合い、ふくらませながら、物語をつくり、シーンをつくっていく演劇である」（高尾 2010: 77）とインプロを説明している。これらを理学療法場面に置き換えると、理学療法は患者の状態や状況の変化が常に起こる可能性があり、その時々で起こる患者の変化に目を向けながら、医師、看護師などの多職種や患者、患者家族とともに目標とするゴールを達成することが理学療法となる。私がインプロに出会った際に直観的に理学療法士にフィットしていると感じた部分は、ここにあったのではないかと考える。

2-3　創造性とコミュニケーション

インプロを学んでいく中で理学療法士の即興性がどのように発揮されていくのかについても、専門的なコミュニケーションを学生に伝えていく中では重要になると感じていた。理学療法士は、患者の状態や状況に応じて、その場で関わり方を変化させる即興的な対応をおこなう。その即興性を発揮するための要素として、インプロの祖の一人であるキース・ジョンストンは、創造性を重視している（高尾 2010: 78）。理学療法場面や医療現場で創造性が必要となる部分は、まず第一に患者の考えや思いを理解し、患者の病気と照らし合わせ私たちに何ができるかを考える部分である。第二は、患者は自らの疾患については、専門知識も少なく理解ができないことがしばしばあるため、患者が病気をどのように受け止めているのかを理解することが重要であり、その部分にも創造性が重要となる。第三は、患者をサポートする家族の気持ちや置かれている状況について理解する部分であり、この際にも創造性を発揮することが求められる。これら第一から第三の部分は、患者や患者家族等と双方向のコミュニケーションをおこなう際に非常に重要な要素となるが、その反面、病気の治療に対しては、安全を第一に考えたより良い治療の選択や、スケジュールに沿った介入も重視される。事故を起こさないチームにするためには、業務のマニュアル化や均一化されたスタッフが必要になる。しかし、事故を起こさないマニュアル化や均一化に傾いた現場では、自由な発言や発想は抑え込まれてしまいがちとなる。

例えば、入職したばかりのスタッフは、現場での経験が少ない反面、創造性を持ち得ているだろう。その後、現場で経験を積み、組織の役割を担うために必要な知識や技術、その環境の考え方に順応してくると、創造性は少なくなってくる。特に医療現場での失敗は大きな事故につながるため、失敗には恐れがつきまとう。この恐れは検閲をもたらす。医療現場での検閲は、医師や看護師、理学療法士がチームとして連携せず自分一人で頑張ってしまう際や、知らないことを知らないと言えない、他の職種に自分のおこなっていることを指摘されたくない時に出現してしまうことが多い。キース・ジョンストンは、「ふつうにやる、がんばらない、あたりまえのことをする、勝とうとしない、自分を責めない」などで、検閲が奥に引っ込み、逆に良いアイデアが生まれてくるようになってくると言っている（高尾 2010: 79-80）。こうすることで、自分自身のアイデアだけではなく、相手のアイデアを受け入れる幅が広がることに繋がる。キース・ジョンストンは、恐怖が打ち消され、自然発生のプロセスが戻ってくると「相手をよく見せる（Make your partner look good.）」、「相手をインスパイアする（Inspire your partner.）」、「相手にいい時間を与える（Give your partner a good time.）」（高尾 2010: 81）ことが考えられるようになるとも言っている。

理学療法士の仕事は、日々多くの人々とコミュニケーションをとる必要がある。また、安全で、計画された業務の流れと患者に寄り添う即興的な関わりが交差され、複雑に絡み合っている。そうした日々の中で、創造性を理解し、患者や医師、看護師と双方向的で即興的なコミュニケーションをおこなうことは、「相手にいい時間を与える」ことにつながってくる。

3 養成校教育でのインプロ実践の取り組み

前節の創造性とコミュニケーションの中で説明したように、双方向的で即興的なコミュニケーションをおこなう上で重要となる「相手にいい時間を与える」ゲームを中心に、理学療法士養成校（四年制大学）の3年生に90分間の授業を実践した。実践についてはインプロバイザーの内海隆雄氏（株式会社フィアレスCEO／インプロアカデミー代表）に協力を得ておこなった。

3−1　事前打ち合わせとゲームの選択

ゲームを選択する前に、内海氏と理学療法士の仕事内容や私自身が仕事をおこなう上で何を大切にしているのかについて事前の打ち合わせを実施した。理学療法士の仕事については、怪我や病気などでからだに障害を負った患者に対し寝返る、立つ、歩くなどの基本動作を回復するために患者に直接触れながら目指すゴールをサポートする職業であることを説明した。また私自身が仕事をする上で大切にしていることについては、患者との信頼関係やその中でのコミュニケーションの大切さ、患者の希望を受け入れること、理学療法士が何をおこなっているかをしっかり伝えること、患者の現状を把握（身体評価）すること、達成可能なゴールを提案すること、患者の状態を理解し可能なトレーニングを選択する（スモールステップで進行する）こと、多職種と協働することを伝えた。これらのことを勘案し、ゲームは、「二つの点」、「魔法の箱」、「ステータス・パーティー」を選択した。

3−2　ゲームの実践

「二つの点」

【ゲームの手順】二人組を作り、模造紙とマジックペンを配布する。まず最初に二つの点を描き、それが何かの顔の目になる。その後お互いに一筆ずつ書き足していき、架空のキャラクターを作って

図10－1　「二つの点」

いく。

【ねらい】できあがったキャラクターをお互いに見ながら、どの線が嬉しかったか、どんなことを感じながら線を描いたのか、最終的にできあがったキャラクターの感想などをお互いに共有する。

【実践後の内海氏の助言】二人でインプロをする際に、「インプロが下手でも、相手があなたと一緒に、インプロをまたやりたいと思ってくれるなら、あなたはインプロが沢山できて、すぐに上手くなる」とキース・ジョンストンは言っていること、あわせてそのためには、相手に良い時間を与えることが大切であることを学生に伝えた。

「魔法の箱」

【ゲームの手順】二人組を作り、AとBに分かれる。Aは架空の箱を持ち、Bは箱から何かを取り出し続ける。最初は、AはBの取り出した物に特に反応しない。次に、AとBでお互いに協力し、取り出しやすいように、ヒントや取り出した後にポジティブに反応して、相手が取り出しやすいようにサポートする。

【ねらい】ヒントを出す方に難度が高く、ヒントを出すことが難

図10－2　箱から取り出す

しいことを理解することや、取り出している相手の様子をしっかり見ることで、どんどん取り出せる人には、ヒントは必要がないと理解することをねらいとして、実践した。

【実践後の内海氏の助言】相手によかれと思って出したヒントが相手を困らせてしまう場合があること、相手の様子を見ることで、相手が乗って、ポンポン物を出せれば、「それ良いね」を続けていれば問題ないことを学生に伝えた。相手の様子を見て、困っている場合には、なんでも良いので、例えば「丸い物がある」と伝え、それが相手をインスパイアする場合もある。相手に何が響くかは分からないので、ヒントを出す側の難度は高くなる。やってみないと分からないが、その分探求のしがいがあると学生に伝えた。

「ステータス・パーティー」

【ゲームの手順】冒頭にステータスの概念について学生に説明した。ステータスは、簡単にいうと、その人の偉さみたいなものであり、ステータスが高い状態は、自身満々で相手に関わって行く状態であり、ステータスが低い状態は、その逆となる。ステータスを低くするには、胸をくぼませる、相手の眼を見たいけどじっと眼を見

図10－3　「ステータス・パーティー」

ない、自分を触るのが好き、逆にステータスを高くするには、胸を開き、相手と話をする時にじっと眼を見る、相手に触るのがこつであると伝える。これを前提に、12人を半分くらいずつ高い低いで役割を分け、立食パーティーのシーンを実践した。

【ねらい】理学療法士は患者の伴走者であり、相手のステータスに寄り添うことができるように他者を観察して、相手のステータスを理解することができる。

【実践後の内海氏の助言】ステータスは人間関係なので、例えば自分が高いステータスをやっていても、もっと高い人がいると低くなる。また自分が低いつもりでも、相手がもっと低ければ高くなる。人間関係の中で自分がどこにいるのかが表れてくる。ステータスの変化は、慣れてくるとどっちもできる。男性はステータスが高い方に慣れている人が多いので、低くすると自分が弱くなった感じやダサイ感じになる。演劇の実践では、ステータスの変化が重要になる。失敗ストーリーの場合には、最初ステータスが高く、ストーリーが進むにつれてどんどん下がっていく。成功ストーリーの場合には、最初ステータスが低く、どんどんあがっていくことを表現したりする。このように、様々なステータスを関係性の中で理解することが大切であると学生に伝えた。

3-3 インプロ実践後の振り返り

約60分間実践をおこない、終了後に「今日やってみての感想」、「理学療法士のコミュニケーションに役に立つのか」という観点で、学生にコメントシートに記入してもらった。

「二つの点」

「二つの点」を最初のゲームとしておこなった。どうしてもインプロ＝即興演劇と聞くと学生は身構えてしまうが、二人組でお互いに協力し合いながら楽しめるこのゲームはアイスブレイク的にもなり最初のゲームとして効果的だと感じた。学生からは、「二人でおこなうことで相手の反応を見ながら書くのはすごく楽しかったです」「お互いが持つイメージや考えはこれほどまでに違うのか」「一人で描くのとは異なり相手の１線でまた１８０度違う方向へ変わっていきます。自分にとっての常識が同時に相手にとって非常識である」というコメントをもらった。自分と相手は違うことを理解しやすいゲームでありこの先患者と対面する際も、自分とは違う考えを持っていることを前提に接することができるのではないかと感じた。また「目の前にいる人にも自分と同じ価値観を求めてしまいがちになります。目の前の相手の意見を尊重し、かつその上でその気づきから多くを学び自分も楽しんでいけるといいなと感じました」とのコメントももらい、一つのゲームでここまでの気づきがあるのかと驚いた。

「魔法の箱」

「魔法の箱」からは、少しずつからだを動かすゲームになり、気心の知れている学生同士はより楽しくおこなえていた。学生からのコメントには「ヒントを与えることが患者の主訴の本質を引き出すということなどにつなげられそうだなと思いました」や、「箱から取り出すゲームでは一人だけではなく二人で協力することによってコミュニケーションが生まれ相手のことを考えて行動すると相手も楽しく行動できるのだと感じた」や「相手が取り出したものに興味をもつのは実際に臨床で患者の話に興味を持って話を広げるのとつながっていると感じました」など、言葉だけではなく、相手のリアクションや雰囲気など、より相手に注目しながらゲームがおこなえた。また学生によっては、「箱の中身のヒントを出すことが難しいなと感じました。どのように伝えれば相手にとって好影響なのか、読み解く力が必要だと思う」とのコメントもあり、他者とのコミュニケーションの難しさを感じる経験にもなった。

「ステータス・パーティー」

「ステータス・パーティー」では、からだも動かし他者とコミュニケーションを取りながら実践するゲームやシーンをおこなった。ステータスの高低や身体への注目など、理学療法士としてどのように立ち居振る舞うのかについて学生に考えてもらいたいという意図もあった。学生からは「ステータスを低くしていることが年長者の方との付き合い方として適当であるかもしれません。しかし、低いばかりでは頼りがいがない理学療法士となってしまいます。患者様は、年は関係なく目の前の自分を『先生』だと思って頼ってくれます。ステータスの高低を上手く使い分けていきたいと思います。」とのコメントや、「ステータスが低すぎても患者さんのリハへの『甘え』を作ってしまうと思うからメリハリのある対応が必要だと思った。」や「患者さんの性格に合わせて理学療法士がステータスの高低を変化すべきだと思った。ステータスの変化を理学療法士が上手くできればより良いコミュニケーション、より良いリハビリ、よりよい信頼関係を結べると感じた。ステータスの変化は実際に臨床に出て様々な経験を積まなければ上手くならないと思うが、ステータスの変化を日頃から意識することでコミュニケーション能力は高まると感じた」など、患者との関わりの中でステータスを変化させていきたいとのコメントを多くもらった。また自分のステータスにも注目できているコメントもあり、「自分の低いステータスの部分、また高いステータスでいる部分をしっかり知ることも大切であると考えました。自分は女ですが、ステータスが結構低くなってしまいがちなので、理学療法士としてはステータスを高く自信を持って人前に出たいと思いました」のように、自分自身のステータスを感じ、どのように変化させていくのかにもつながるゲームやシーンの実践がおこなえた。

このように、今回の養成校では、三つのゲームを60分程度で実践した。その他コメントシートからは、インプロ実践に対して学生が楽しくかつ積極的に関わっていたことが読み取れた。また直接的に医療と結びつけた内容をおこなわなかったが、学生自身が振り返りの中で自分自身が理学療法士になった際にどの様な関わり方であることが望まれているかなどを考えることができており、「相手にいい時間を与える」を感じとれた実践になった。

4　理学療法士のコミュニケーション教育について

理学療法士養成校の1年次に、敬語の使い方や挨拶の仕方などを外部講師がコミュニケーション教育という名前でおこなっている養成校が多くあるようだ。上述したように、この10年間で学生のコミュニケーション能力は低下した。それは多くの学生は、理学療法士の業務内容を理解できていない状況で受験をしていることとも関係があると思う。理学療法士は日々多くの人とコミュニケーションをとり、即興的に関わりを変え、患者や医師、看護師と関わっている。私はひょんなことからインプロと出会ったが、インプロは他者を大切にする。相手があってのインプロだから当然ではあるが、理学療法も同様に患者やチームを大切にする。大切にしないと先に進めないからである。私自身が新人だった頃、先輩理学療法士に「答えは患者の中にある」と教わったことがあった。相手のために何をするのか、どう考えるのか、動くのか。本文にも何度か出てきたが、「相手にいい時間を与える」は、理学療法士が患者と関わってきた大切な柱の部分であると私は考えている。

今回養成校に協力を得てインプロを実践させてもらった。学生のコメントシートを見ても分かるように、楽しく学友たちとコミュニケーションをとれている。今後もできる限り養成校でインプロを実践していきたい。専門的な講義を経て、様々な病気を抱える患者に対してどのような身体性を伴うコミュニケーションをおこなうのか、相手の気持ちを感じ取り、自分はどのように変化していくのか、変化できるのかを、学生と一緒に考えていきたい。相手を思う、そのためにはどうすれば良いのかを考えられる学生を育てていきたい。

医療は患者と医療者の間に大きな溝がある。専門知識の差である。そこを埋めるために私たちは患者に寄り添う必要がある。インプロがそのツールになることを私は確信している。改めて、患者に寄り添う理学療法士や医療者を育成していくためにインプロを通じて活動していきたい。

【文献】

高尾隆（2010）「キース・ジョンストン――インプロヴィゼーション」小林由利子他『ドラマ教育入門』図書文化社
公益社団法人日本理学療法士協会ホームページ http://50th.japanpt.or.jp/trend/（２０２２年10月31日最終閲覧）

第11章　保育者養成校におけるインプロ教育
――子どもがやりたい遊びとしての劇の発表会をつくるために

直井　玲子

1　大人が子どもにやらせる劇の発表会がなくならないのはなぜだろう？

就学前の幼児が通う幼稚園や保育園等において、子どもは日常的にごっこ遊びを楽しんでいる。憧れの人になりきったり、見えないペットを大切に抱えてかわいがったり、大型積み木で仕立てた海賊船に乗って戦ったり。子どもは素晴らしい想像力を存分につかって仲間と一緒に宇宙にまでも飛んで行ける。子どもの世界にはこのような豊かな劇的な遊びが存在し、保育者たちはその素晴らしさを知っている。それなのになぜ、多くの園で未だに大人が子どもにやらせる活動としての劇の発表会がなくならないのだろうか？

幼児の劇の発表会は古くは大正時代に始まり、かつては「お遊戯会」と呼ばれ、現在では「生活発表会」とも呼ばれて、多くの園で行事としておこなわれている。私が保育園の保育士として勤めていた１９８０年代の終わり頃、発表会のシーズンになると子どもたちは毎日、劇の練習を保育者にやらされた。大人が書いた台本を子どもたちが覚えてセリフを言わされ、振り付け通りに踊らされ、大人たちに「よくできました」と言ってもらえるまで練習をしなくてはならなかった。そして今も、これは全国の幼稚園や保育園等で普通にある光景である。

一方で嬉しいことに、子どもが主体的に活動する遊びとしての劇の発表会をおこなっている園が全国に広がりつつある（大豆生田 2021）。私が実際に劇の発表会を見せてもらった都内の公立幼稚園では、子どもが保育者と共に一人一人の好きな遊びから劇をつくっていた。また、普段の子どもの生活や遊びを大切にするという観点から劇の発表会という行事そのもののあり方に疑問を呈し、劇の発表会をしない園も少なからず存在する。しかし実際には園の伝統であったり、保護者や地域からの要請があったりして、劇の発表会の在り方を保育者たちが変えることは簡単なことではない。園行事のあり方を変えていくということは保育者にとって、特にベテラン保育者にとって、今までの自分のやり方を否定されて違うやり方を求められるということでもあり、仕事に対して不安や疑問が生まれることもあるようだ。例えば、あるこども園では伝統的に鼓笛隊の演奏会や大きなステージで劇の発表会がおこなわれてきた。しかし保育者と園内研修の講師とが共に学びあい、子どもたちがやりたいことを存分に発揮できるように発表会のあり方を変えていくことができ、公開保育等で高い評価を受けている。

私は、２０１２年から保育者養成校で教えてきた。保育者養成校とは保育所保育士、児童養護施設や障害児施設等の保育士、幼稚園教諭、こども園保育教諭などを養成する大学・短大・専門学校のことである。本章では、私が保育者養成校でどのようなインプロ教育の授業をおこなってきたのか、また、子どもがやりたい活動としての劇の発表会がつくれる保育者の育成のために教員である私と保育学生とがどのような試行錯誤をしてきたのかを描く。

2　私のこと ―― 保育士から演劇ワークショップのファシリテーターへ

私は子どもの頃から、自分は演劇に関わる仕事をするのだと信じて疑わなかった。母や祖母も舞台鑑賞が好きだったので、小さい頃からよく劇場に連れていってもらい、演劇やバレエやミュージカルはいつも私の身近にあった。気がつけば俳優になりたいと思っていたし、脚本を書いたりクラスみんなを相手に演出家のようなことをしたりして遊ぶことも大好きだった。

高校時代の１９８５年、世界最高峰のダンサーと言われたシルヴィ・ギエムが踊るバレエ『白鳥の湖』を観て衝撃を受けた。その美しすぎる姿に「舞台に立てるのは神様に選ばれた人だけなのだろう」と考え、自分がパフォーマーになることをあきらめ、歌って踊れる公務員＝公立保育園の保育士になって客として舞台を楽しむ人になろうと進路を変更した。そして20歳で希望通り都内の公立保育園に就職した。職場にも恵まれ、保育士という仕事は自分にとても合っていると思った。しかし保育の仕事においてどうしても耐えられなかったのは、劇の発表会のあり方だった。劇の発表会の練習中に、「私たち、いつ遊べるの？」と聞いてくる子どもたち。劇の練習は決して子どもにとっての楽しい遊びではなかった。さらにその練習の厳しさや劇の内容の退屈さを目の当たりにして、私の大好きな演劇はこうやって人々に嫌われていくのかとさえ思った。幸か不幸か、新人保育士時代の私は、職員会議の席で平気で「こんな劇の発表会は、違うと思います」と言えてしまう人間だった。先輩保育士たちはそんな私の話をよく聞いてくれて、遅い時間まで会議を続けてくれたこともあった。しかし何も変わらなかった。そんな私は保育園という職場の外に救いを求めて、「ワークショップ」と呼ばれるものに出会っていった。

１９８０年代の終わり頃から１９９０年代にかけて、ダンスや音楽、演劇や美術の単発ワークショップへの参加を経て、ワークショップについて本格的に学びたくなり、１９９４年にミューズ・カンパニーが開催した「クリエイティブアート・指導者養成コース」の1期生になった。障害の有無にかかわらず、地域でおこなわれるアート活動の指導者を養成するコースであった。そこには大学等で音楽やダンス、美術等を学ぶ学生や教員、ピアノ教師らがいた。国内外から招聘された指導者たちによる様々なジャンルのワークショップに私は魅了された。どのワークショップでも即興的な集団創作がおこなわれた。今までやったことのなかった即興的な表現活動が私は楽しくて仕方がなかった。ワークショップの指導者たちはみな、保育者が子どもたちにするように台本や振付を持ってきてそれを覚えさせたり、できなかったり集中していないと叱ったり部屋から追い出すようなことはしなかった。何よりワークショップの指導者たちは大人であるはずの私のことをも、とても良く見てくれて、ひとりの人間として尊重し大切にしてくれているのがすぐに分かった。私は夢中でワークショップに通い続け、ワークショップについてより深く学びたくイギリスへの留学を希望し、九年間勤めた公立保育園を退職した。

そして２０００年代に入った頃から、ワークショップの指導者はファシリテーターと呼ばれるようになった。私はファシリテーターとしてダンサーや俳優らと共に様々な子どもたちが出演するオリジナルミュージカルをつくったり、学校や劇場、病院や福祉施設などで活動した。その後、縁あって東京家政大学の保育実習指導室の助手として勤めることとなり、保育者養成校での仕事に関わるようになった。ここから私は、今までやってきた保育の仕事とワークショップの仕事とを結びつけて何かできることがないかと模索し始め、２００９年から東京学芸大学大学院高尾隆研究室に所属してインプロ教育の研究をスタートした。そして大学院修了後には、海外の演劇教育の国際学会に参加したり、サンフランシスコにあるインプロ劇場のBATS Improvや、国際乳幼児演劇祭を開催しているボローニャのバラッカ劇場を訪れ、舞台にも立ちながら国内外の演劇人と知り合い、多くの経験を積むことができた。また大学で学んだ仲間たちと一緒にインプロチームを組んで公演活動もおこなった。そして保育者養成校で演劇教育やインプロを教えてきた。

3　保育者養成校でのインプロ教育の授業は試行錯誤の連続だった

２０１０年代に入って、私は保育者養成校で「保育内容表現」の領域でインプロ教育を教える非常勤講師としての仕事に就いた。それから10年余りの間にいくつかの大学で教えてきたが、ほとんどの学生にとって演劇は「難しいもの」「恥ずかしいもの」「見るものであって、自分がやるものではない」

ということは共通していた。ましてや台本もなく即興で何かをやらなくてはならないインプロは、ほとんどの学生にとって「やらせないでほしいこと」であった。まず私は保育学生にインプロ教育の授業を通して、将来子どもと一緒にやることにもなる演劇が「楽しいもの」であり、「やりがいのあるもの」になってほしい、そんな願いを込めて授業に臨んだ。しかし簡単なことではなかった。

保育者養成校での初めての授業は体育館でおこなった。この日ここに何人の学生がいるのかが知りたくて、全員で円になって立っていた学生に私は「順に1、2、3、4と番号を言っていってください」と伝えた。学生たちは素直に「1」「2」「3」「4」と言っていったが、途中で一人の学生が「やだあ、軍隊みたい」と言った。私も軍隊みたいなのは嫌だしそんな嫌なことをしたいわけでもない。この短い時間に私は彼女からの信頼を失ったと感じた。どう取り戻すか、次に何をすればいいのかを必死に考えた。そして次に、私はジョンストンのインプロの中からストーリーをつくるゲーム「次なにするの？（What comes next?）」を選んだ。広い体育館で二人組になった学生たちがやったこのゲームは、「次なにするの？」「走ろう！」「次なにするの？」「飛ぼう」「次なにするの？」「寝よう！」という、ストーリーをつくることからほど遠く、ただ動いていただけだった。楽しそうではあったけれど、「なんでこんなことしているんだろう？」というセリフが学生の顔に書いてあるようだった。私はインプロを学ぶ前には、「ディバイジング」と呼ばれる、グループで少し話し合いができる即興的な劇創作をやっていたが、インプロについて、ましてやインプロを教えることに関して、あまりに経験不足だった。

授業を進めていく中で、私は学生のことをいろいろ知っていくことになる。この学生たちは2年生だった。すでに一年間同じクラスで共に学んできたはずの学生同士が、互いの名前をほとんど知らなかった。自分の所属する仲良しグループの学生以外とはほとんど交流しない。そして仲良しグループ同士の中では極端に気を使いあっている。教員に言われてインプロのデモンストレーションを皆の前でやった学生に対して待っていたのは、同じ仲良しグループの学生からの「何まじめにやってんの！」「恥ずかしー！」という言葉だった。

次の授業までの一週間、私は朝から晩までこの授業のことばかりを考えていた。まずは学生同士が仲良くなってほしい、いろんな人と交流してほしい、そして演劇をやることが楽しくなってほしい、そんな願いを込めて次の授業の準備をした。仲良しグループを解体して様々な学生と出会ってほしいという私の思惑に関しては、学生たちにこう伝えた。「みなさんはこれから子どもたちのグループづくりや人間関係を指導していく立場になります。そのために使えるグループのつくり方にはどんなものがあるのか、実際にやりながらお教えしましょう！」と。様々なグループづくりのアクティビティを伝えながら、いつもの仲良しグループ以外の学生と一緒にインプロに取り組めるようにした。この日の学生たちが授業をふりかえったコメントシートには、知らなかった同級生の良いところを見つけたという言葉が具体的に並んだ。そして即興で表現することを経験し、とても楽しかったとほとんどの学生が書いていた。私は自信をもって次の授業に向かえた。保育所保育指針や幼稚園教育要領等における保育内容表現についての理論を教えるとともに、実践的なこととしてジョンストン、スポーリンやボアール等が開発したインプロやシアターゲームを学生たちとたくさんやってみた。またテーマを与えてグループごとに即興的に劇をつくって発表をする時間も設けた。

例えば「園にあるモノで普段は動かないものを動かしたり喋らせたりして劇をつくってみましょう」という課題。学生たちは実に楽しそうにいろんなアイデアを出し合って劇を即興的につくりあげていた。あるグループでは子どもが登園してくる前の園庭整備の時間、保育士役の学生が砂場で猫の糞を発見する。猫の糞役の学生が保育士役の学生に向かって「にやり」とする。慌てて保育士役の学生はシャベル置き場に向かうが、そこにあるシャベル役の学生の演技が実におかしかった。保育士役の学生に砂場まで運ばれたのち、猫の糞に気が付くと、シャベルは猫の糞に触れるのは嫌だと及び腰になっているのである。糞役の「始末できるもんならやってみろ」と言わんばかりにふんぞり返っている姿と、「糞なんかに触りたくない〜」と及び腰になっているシャベル役とのやりとりに、見ていた他の学生たちはお腹を抱えて笑い転げていた。

また別のグループでは、学生たちはダンゴムシを演じた。子どもたちはダンゴムシが大好きで、よくカップにいっぱいのダンゴムシを集めて喜んでいたり、そこに水をかけたり干からびさせたりする姿を実習などで学生たちは見てきている。子どもの手によってカップに集められているダンゴムシの様子を学生たちは楽しそうに身体をくっつき合わせて表現した。そしてダンゴムシたちは無理やりロープを渡らされたり、洪水のような水攻めに遭うという悲劇を演じた。そこにダンゴムシの女王が登場して、ほうきを振り上げ子どもたちに復讐をするという、その痛快さに観ていた学生たちから熱烈な拍手が起こった。保育学生たちはセリフを言うだけではなく、身体を自在に使った身体表現力が素晴らしかった。

また、ある日の授業中に、英語のテキストを手放せない学生がいた。次の授業で英語の小テストがあり、それが心配で落ち着かないようだった。そこで私はその日の課題を「グループごとに昔話を劇にしてください」と伝えた。「台詞は、英語の教科書に書いてある言葉のみを使えます」とも加えた。英語劇に限らず、このような劇をつくるときに、私はナレーターが状況説明をしたりストーリーを語ったりするのは好みではない。そこで学生たちにできるだけナレーターをいれずに劇をつくるよう伝えた。シンプルなセリフと身体表現を伴う劇をつくることの面白さを理解してほしかった。

例えば「桃太郎」をやったグループ。桃太郎が鬼退治にでかける途中で、犬と猿と雉を家来に従える場面。犬が「桃太郎さん、お腰につけたキビ団子、ひとつ私にくださいな」と言うと、桃太郎が「よろしい、これから鬼の征伐についていくならあげましょう」という歌にもなっている有名なセリフをこのグループの劇では、犬役の学生が「きびだんご、Please」と手をだし、桃太郎役の学生が「Yes! Friend!」とだけ言いはなち、両者が固く握手をしたのである。観ていた学生たちから割れんばかりの拍手と歓声が上がった。また、『赤ずきん』をやったグループでは、最後にベッドに寝ているのがおばあちゃんではなくてオオカミだと気が付いた赤ずきん役の学生が一息飲んでから「Wolf…!」と小さくひとことだけ言った。なんとシンプルで、力強いセリフなのだろう！　赤ずきんの恐怖の気持ちが見ている私たちに深く伝わってきたのだった。クラスメートに称賛されている時の恥ずかしそうな、でも嬉しそうな少し赤くなった赤ずきん役の学生の顔を今でもよく覚えている。そうやって、クラスメートの名前すら知ろうとしなかった関係から、まずは保育学生同士が互いを知り合い仲良くなり、そして次に保育者になった自分のクラスの子どもたちと、同僚と、そして保護者と一緒に、うまくやっていってくれるそんな力をこの授業を通してつけていってくれたなら、嬉しいと思った。

保育者養成校には私のように、かつては演劇の道に進むことを望んでいた者が進路変更をして保育者の道を選んで入学してくる学生が少なくない。また高校までに台本がある演劇をやってきた学生にとって、インプロはやりづらくもある。実は私もそう思ったことがあったが「私に台本をくれさえすれば、誰よりも上手に読んで見せるのに」と思った学生がいる。また、決まった台詞や振付の練習を積み重ねることができないインプロは、それまで部活動などで一生懸命に劇の練習に取り組んできた演劇少女たちにとって「もっと練習したい」「中途半端な状態で発表するのが嫌」と、不満を言いたくなるものでもあった。それでも授業の中で繰り返しインプロに取り組んでいくと、子どもたちと一緒の遊びや生活の中に、この授業で取り組んできたことが活きていきそうだという手ごたえを感じるようになると言い出す学生たちもいた。

また、ずっと演劇をやってきたある学生が学期末レポートに次のようなコメントを書いた。「保育という仕事に就くにあたって、表現することから遠ざかるように感じていたが、実際はそうではなくむしろ表現することに近づくのだと思うようになった」と。これは嬉しかった。この言葉は今でも私が保育者養成校におけるインプロ教育の指導者としてやっていく上で、大きな支えになっている。

4　子どもと保育者とが一緒に「ストーリー」をつくるということ

2013年、私は保育者養成校の専任教員になり、「表現」の授業だけではなく、保育学や保育内容言葉、保育実習などの授業も担当するようになった。そこで保育実習をインプロで振り返ることをさせてみたり、また学生の中には保育実習で子どもたちとインプロで遊んでくる学生も出てきた。

ある年のゼミ生でRさんという学生がいた。彼女はゼミ選びの際に「いい加減なのは嫌なんです」と言いながら私の研究室の扉を叩いてきた。学業成績は優秀で表現力もあり、私の外部での演劇ワークショップのアシスタントや、大学が主催するイベントの司会、地域密着型の情報番組の学生インタビュアーとしてテレビに出演するなど、様々な活動を積極的におこなっていた。

彼女は大学4年生の幼稚園実習において、幼児教育雑誌に載っていた、子どもの手形で押したスタンプを海の生物に見立てるというグループ製作を選んだ。夕方、私が大学の研究室で仕事をしているとドアがノックされ、ドアを開けてみるとそこに彼女は雨でずぶ濡れになったまま「実習、失敗しました」と泣きながら立っていた。30数名の子どもたちが四つのグループに分かれて、絵の具をつけて手で紙にスタンプを押していく、その段階で子どもたちはベッタベッタと押し過ぎて、絵の具の色が混ざりあってドス黒くなったり、手で絵の具を塗りたくったような跡がついているグループもあった。なるほど保育者としての指導が収拾つかなくなってしまったのかとも思った。いや、でも違う。彼女は失敗をしたわけではないのだ。確かに指導案通りにはいかなかったのだろう。子どもたちは彼女の予想の斜め上を行って、思いっきり彼女が提案した手に絵の具をつけてスタンプを押すという協同の絵画製作を楽しんだのだ。確かに幼児教育雑誌には一つ一つの手形がきれいに独立して押されて、その一つ一つがタコや魚になっていた。しかし、子どもの表現において保育者が作るものとまるっきり同じものを作らせる必要など全くない。子どもたちが寄り集まって目の前の紙に、絵の具を自分の手のひらにつけてやりたいだけスタンプを押したのだ。こんなに楽しいことがあるだろうか。

以上のような内容のことを私はRさんに話した。だんだん落ち着いてきたRさんは、子どもたちが手で描いた作品の写真を私に見せながら説明を始めた。彼女は30数人いる子ども一人一人が表現したものを心から認めていた。私から見たら、岩くらいにしか見えなかった部分を「これ、海老に見えませんか?」と言ってきた。「このグループは初めみんなで見ているだけだったんです。でも一人が始めたら次々に皆が乗ってきて! 先生、これってお城に見えませんか?」と。そこで私はある提案をした。「明日の実習中に、子どもたちがグループごとにこの絵を真ん中にしてRさんとお話をする時間が取れますか?」とまず聞いた。彼女は「取れます」と言った。「だったら、この絵の中に何が見えるか話をして、子どもと一緒に海のストーリーをつくってみてはどうかしら?」と伝えると、彼女は笑顔で「できると思います!」と言って、帰っていった。

次の日の晩にRさんから、実に迫力のある作品の写真が私の携帯に送られてきた。子どもたちが手で描いた絵の具のスタンプに、さらにクレヨンなどで絵を描き加えて海の底の様々な様子を表現した作品たちだった。その一つ一つに抜群なタイトルが添えられていた。彼女と子どもたちとでさぞかし楽しいお話が繰り広げられたであろうことは想像に余りある! 私はRさんを心から誇りに思った。

卒業後のある日、地元の公立幼稚園に勤めているRさんから電話がかかってきた。充実した幼稚園教諭としての仕事ぶりについて話をしてくれた。そして私がやっているインプロについて彼女は大学時代ずっと、「先生はなんて難しいことをやっているんだろう」と思っていたそうだ。彼女は「でも、そう思っていたインプロを、今は私が子どもと一緒に楽しんでいます!」と語り始めた。「子どもたちとインプロをしていると、子どもたちは自分の意見が全て認められるのが嬉しいのか、とてもイキイキしています！」、また「そんな子どもたちの姿が素敵だなと思える幼稚園教諭としての自分の姿が嬉しくて、そんな今があるのは、先生のおかげだなと思っています！」と言ってくれた。

5　保育学生が自分たちで劇をつくって発表するという経験

様々な授業において、「インプロは楽しい」と多くの学生がコメントした。そして保育者は子どもの主体性を大切にした保育について理解し実践できている。しかし、子どもの主体性を大切にした、子どもたちがやりたい遊びとしての劇をどうやってつくるのか、どのようにして発表会まで子どもたちを導いていくのか、ここが分からないと多くの保育者から相談を受ける。確かに、そのことを教えているところはほとんどないのかもしれない。ある特別な能力のある保育者だからできるのか？　私は決してそんなことはないと思っている。ただ保育者には、できれば一度は自分たちで劇をつくって上演してみる、そんな経験をしてもらいたい。誰かが書いた台本を覚え、振り付け通りに踊り、演出家が言う通りに動くことを求められる劇のつくり方とは違う方法で。

２０１８年に着任した保育者養成校は、入試問題で「即興の身体表現」が選択課題にあったほど芸術教育に力をいれていて、日本の保育者養成校では珍しく演劇表現を教える専任教員として私は採用された。私はここで身体表現（演劇）ゼミを担当して、ゼミ生たちは卒業のために卒業論文を書くか、舞台発表をするかのどちらかを選択できた。

ある年のゼミ生はメーテル・リンクの『青い鳥』の劇を10人全員で演じて舞台発表することに決めた。『青い鳥』の原作は5幕の戯曲である。ゼミ生はこれを4幕にまとめ直し、構成台本、演出、振り付けなどを分担した。また彼女たちは先輩たちの舞台発表の照明や音響、大道具係などを担当しており、一通りの舞台技術について知識と経験があったため、劇をつくりながら、上演時の技術的なことも自分たちで決めていくことができた。

音楽に関しては、ゼミ生の中でジャズのビッグバンドでピアノの即興演奏に取り組んでいる学生がおり、彼女が全ての音楽を担当した。ゼミがはじまった当初は集団創作にあまり興味関心がないように見えたが、ゼミにゲスト講師として即興ミュージシャンのケビン・マキュー氏に来てもらって、本当に短い時間だったが即興ピアノの個別指導を受けて、誰かのために演奏をすることに面白さを見出したようだった。古着屋で安く調達してきた水色のドレスを身にまとって水の精の役をしながら、見事なピアノ演奏を聴かせてくれた。チルチルやミチルたちと森の木々や動物たちとの言い争いの場面では、たった1音を連続で響かせるその音が、皆のセリフを盛り上げた。「ピアノの生演奏をバックにセリフを言うのすごく気持ちいい〜!」と誰かが言うと、「みんなのセリフが上手だから、音を入れるのすごく楽しい」と返して、ゼミ生みなで笑っていた。

私は保育士時代の最後に担任した5歳児クラスで子どもたちと一緒に『青い鳥』の劇に取り組んだことがある。その時の話をゼミ生たちにしたことがあった。それをきっかけにゼミ生全員で『青い鳥』に取り組むことを決めたそうだが、あの時の保育園児と、このゼミ生たちとがほぼ同じような決め方で自分たちだけで配役を決めきったことが私の中では自慢である。「俺さ、J君とけんかしたいから、俺が火の役でJ君が水の役をやりたい！」「Yちゃんと H君ってちいさくって可愛いからチルチルとミチルがいいと思う！」「わたし、光の精がやりたい」と立候補する子もいた。また大学生も「いつも言い争ってるYちゃんとNちゃんが犬と猫をやろう！」とか、保育園児も大学生も互いのことをよく知っていて、『青い鳥』にぴったりな配役を自分たちで決めていった。

劇中の演出や技術的なことに私はほとんど口出しせず、学生たちがつくるのにまかせた。三か所だけ私が学生と話をした、もしくは演出をした場面がある。

① なぜチルチルとミチルは怪しい旅に出ることにしたのかという解釈。

② 「生まれる前の子どもたち」の場でインプロのシーンをつくること。

③ 「生まれる前の子どもたち」の場で、子どもの絶対的な味方としての大人でいてほしいこと。

実は、大作すぎて最終リハーサル時にこの作品が長すぎるという話が教員の間で出た。そこで私は自分が演出をした②のインプロでやるシーンをなくすようにとゼミ生たちに伝えた。最終リハーサルでやったインプロをすでにたくさんの人に見てもらえたからいいでしょうと伝えたが、ゼミ生たちにとってインプロ場面はお気に入りの場面だったようで、自分はインプロに出演しないのに泣いて嫌がる学生もいた。渋々ながら一度は承諾したゼミ生たちだったが、本番前に楽屋で「インプロの場面も全部やっちゃおう！」と、ゼミ生だけで決めたそうだ。本番を客席からみていた私はハラハラしてしまったが「大丈夫だよ。何かあったら直井先生、私たちを守るって言ったもん！」と言って、決行したらしい。

ゼミ生全員で時間をかけて一生懸命つくってきた『青い鳥』の劇。発表の本番直前に思わぬ敵が現れた。ゼミ生の何人かが「仲良しの友達に観られるのが嫌」と言い出したり、仲良しの友達が劇の衣裳なんか着ている自分を笑うかもしれないと心配をし始めたのだ。彼女たちに出会ってすぐのゼミにおいて、「ここに友達はいないんです」と何人かのゼミ生が言った。あの時はびっくりしたが、今はその意味を理解している。私のこのゼミ生たちは、仲良しグループで手を取り合って自分たちの所属ゼミを同じところに決めたりしなかった。彼女たちはインプロ教育や身体表現の分野に強い興味関心をもって私のゼミを自分で選んで集まってきた。学年トップの成績で卒業したHさんは自分にとって一番苦手な分野だと自覚している表現力を鍛えたくて身体表現ゼミに入ったのだとあとから聞いた。そしてこのゼミでは仲良しの友達の批判的な目がない中だからこそ、自由に表現活動をやれるのだとも彼女たちは言っていた。しかし今日は仲良しグループの友達に自分が演じている劇を見られてしまう…。その恐怖がゼミ生たちを襲って彼女たちは萎縮し始めた。すぐに私はゼミ生にＬＩＮＥメッセージを送った。

私は、演劇というものは「ごっこ遊び」だと思っています。子どものごっこ遊びからプロの役者の芝居までがひと続きだなと思っています。

どうぞ、最後の舞台、一緒に頑張ってきた10人でステージの上で思いっきり楽しんで「ごっこ遊び」をしてください。誰かのセリフが飛んだとしてもそれを上回るパワーでもって全力でカバーできる皆さんです。「いつものMと違う～、いつものKと違う～」と客席の仲の良い友達が笑ったとします。そこでひるまない！　ステージでみんなと一緒に思いきってやればやるほど、お友達は喜んでくれます。保証します。

5役をやるSさんは大変だったけれど見事です。そして基本、今回のキャスティングは神がかっていたと思います。それは、皆さん一人ひとりのすでに持ってる魅力がバッチリ役に投影されて、それはそれは素晴らしいキャラクターたちが舞台で遊んでいるからです。こんな素敵な演劇が、他にあるでしょうか！

さあっ！Break a leg‼︎　客席から大応援しています！

すぐにゼミ生全員から、ＬＩＮＥメッセージが返信されてきて、「本番に臨みます！」と言っていて、私はホッとして客席に座った。そして劇が終わってそれぞれの仲良しの友達から大絶賛されたことを報告してきた。中には「すっごい良くって、泣いちゃった！」と赤い目をしながらほめてくれた友達がいたそうだ。そうでしょう！　そうでしょう！　皆さんがやりたくてやった『青い鳥』の劇の発表会は、実に素晴らしかったのだから！

6　やりたいからやる劇の発表会を子どもと一緒につくっていって欲しい

幼稚園や保育園等によくあるやらされる活動としての「劇の発表会」をなくすことができないのな

ら、保育者養成校でもっと質の高い演劇の教育をおこなうべきだと私は考える。日本の芸術教育では演劇よりも、音楽や美術、ダンスの教育が盛んにおこなわれている。その多くは先生が理想の形を持っていて、子どもや学生の表現を「直す」ことに終始していないだろうか？　それより大事なのは子どもの意見を保育者が聴くということ。子どもが何を見て、何を感じ、何に夢中になっていて、なぜどのように動いているのかをしっかり見とれる保育者でいること。協同で劇をつくるということは大変だけれど喜びも大きいということを知っていること。そのようなことを体験的に学べるインプロ教育の場が増えていってほしい。

先日、久しぶりに『青い鳥』の劇をつくって演じて卒業していった元ゼミ生たちとオンラインで話をした。彼女たちに、それぞれ勤め先の幼稚園や保育園等でどんな劇の発表会をやっているのか尋ねたところ、「うちの園には劇の発表会がありません」と口をそろえて言っていた。「普段の生活と遊びを大切にしているから、発表会は必要ないんです」と。さすがは、就職先を選び抜いていった我がゼミ生たち。私があれだけなくなってしまえばいいと願っていた「大人がやらせる劇の発表会」は、彼女たちが勤めた園にはすでになかった。元ゼミ生たちは、毎日の子どもたちとの生活や遊びがいかに充実しているかの話を、みな自信をもって楽しそうにしてくれた。私にとってそれはもちろんとても嬉しいことである。しかし本音のところでは、あの『青い鳥』の劇を自分たちでつくりあげ発表して保育者養成校を卒業していった彼女たちだからこそ、保育の中で子どもと一緒にインプロで遊んで、子どもも大人もみんながやりたいからやる、子どもたちの主体性を重視した劇の発表会につなげていってくれればいいのになあと、心の底では思っている。

ひとりの保育学生にインプロ教育の面白さと楽しさが伝われば、きっと次に彼女たちがたくさんの子どもたちとインプロで遊んでくれる。そのことを信じて保育者養成校におけるインプロ教育の実践と研究をこれからも続けていきたい。

【文献】

大豆生田啓友（2021）『園行事を「子ども主体」に変える11か園のリアルな実践記録』チャイルド社
高尾隆（2006）『インプロ教育――即興演劇は創造性を育てるか？』フィルムアート社
高尾隆・中原淳（2012）『インプロする組織――予定調和を超え、日常をゆさぶる』三省堂

第12章　子どもと保護者が集うインプロの習い事
―― IMPRO KIDS TOKYO

下村　理愛

皆さんには、子どもの頃にコミュニケーションについて学ぶ機会はあっただろうか？　振り返ってみれば、私は一時の大学受験のために塾は一生懸命通ったけれども、一生使うコミュニケーションについて学ぶための習い事には通ったことがない、とはっとさせられたことがあった。ひらがなや算数は何度も繰り返し練習するのに、同じく一生使うコミュニケーションについて繰り返し実践して学べる機会はなかった。子どもから大人になるまでに、自分のコミュニケーションの癖を認識したり、人との心地の良い関係性作りについてじっくり学んだりする機会はどれくらいあるのだろうか。周りの大人や友達の口癖を真似しながら身に付けるという生まれ落ちた環境に依存した状況が生まれてはいないだろうか。

一方で、カナダやアメリカでは学校教育や習い事で、コミュニケーションが演劇を通じて学ばれている。大学4年の時にその情報を知った私は、カナダのトロントに渡り、子役ではない一般の子ども向けに演劇の習い事を運営する「Young People's Theatre」でインターンとして学んだ。そこでは、演劇を用いた子ども向けのプログラムにメガバンクが出資をしていたり、子どもたちに演劇を教える「ドラマティーチャー」という職業があり、雇用が生まれていたりすることに驚いた。

日本に帰国し、さらに演劇教育を学んでいくうちに、インプロ（即興演劇）に出会うことになった。私は、インプロの背景にある哲学や、子どもから大人まで楽しくコミュニケーションについて学ぶことができる数々のゲームにすぐに魅了された。そして私は、このインプロを通じて子どもの頃に楽しみながらコミュニケーションについて学べる機会を日本に広めていきたいと思うようになった。これが、インプロの習い事「IMPRO KIDS TOKYO（以下、ＩＫＴ）」立ち上げの経緯である。

1　IMPRO KIDS TOKYO の概要

ＩＫＴは子どもたちのコミュニケーションの習い事として、２０１８年の6月に設立された。その当時、私は発達障害のある子どもたち向けにソーシャルスキルトレーニングをおこなう指導員として一般企業で働く傍ら、個人事業としてＩＫＴを開業した。間もなく、役者、声優、即興のパフォーマーとして精力的に活動する我妻麻衣（以下、マイキー）が共同代表として参入した。当初は私とマイキーの二人に加え仲間のインプロバイザーの協力を得ながら、千葉県柏市で4名の子どもたちを迎えてクラスをスタートした。それからさらに発展し、２０２２年4月現在では１００名以上の子どもたちと

表12−1　IMPRO KIDS TOKYO の継続クラス一覧

クラス名	開催場所	対象	日程・時間
柏の葉低学年クラス	千葉県柏市	小学1 ～ 3年生	隔週日曜日・2時間
柏の葉高学年クラス	千葉県柏市	小学4 ～ 6年生	隔週日曜日・2時間
柏の葉パフォーマンスクラス	千葉県柏市	中学1年生以上	隔週日曜日・2時間
湘南クラス	神奈川県相模原市	小学1 ～ 4年生	隔週土曜日・2時間
水曜オンラインクラス	オンライン	小学1 ～ 5年生	毎週水曜日・1時間
子役向けクラス	オンライン	小学生以上の子役	毎週木曜日・1時間

定期ワークショップを行っている。

ＩＫＴでおこなっている主な事業内容は、「継続クラス事業」、「アフタースクール事業」、「学校訪問事業」の三つである。

一つ目の「継続クラス事業」はＩＫＴの根幹となる事業であり、現在は表12-1のように対象を設定しており、小学1年生～高校1年生の子どもたちが通っている。どのクラスも、保護者にもワークの最後に参加してもらうことや、ワーク内容の共有を丁寧におこなうことでの家族伴走を大切にしているので、参加受け入れは少人数制にしている。

また、インプロについて聞き慣れていない保護者の理解を得るために、ＩＫＴ独自で内容のテーマ分類をして年間計画（表12-2）を作成した。ワークショップを通じて得られる学びを紹介する一方で、計画通りに進めることには重きを置かないようにしている。なぜなら、子どもたちが興味のある方向や必要なことを見極めてのクラスの進行がしづらくなってしまうからである。毎回のワークのテーマ設定は各クラスの進度に合わせてファシリテーターが子どもたちの状況に合わせて考えている。保護者にもその旨を伝えたうえで参加を検討してもらう。

表12－2　柏の葉クラスで配布した年間プログラムの抜粋

4月	安心安全な場づくり	チームに必要な心理的安全性。どんな関わりがあると発言しやすい？　どんな空気だと安心できる？
5月	わたす・うけとる名人	自分のアイデアを相手に渡してみよう。相手の発言や行動を受け取ってみよう。
6月	困りごとを伝えてみよう	「今こう思っているよ。困っているよ。」自分の気持ちをシェアすることを体験してみよう。
7月	失敗をオープンにしてみよう	「失敗」はチャレンジの結果。「もう一回！」とチームでやり直せる関係を作ろう。
8月	ハッピーに「いや」と言おう	自分が何を嫌と感じるのか知ろう。「いや」と伝え合っても安心できる関係を作ろう。
9月	「いいね」で受け取ろう	相手のアイデアを「いいね」で受け取って、お話をどんどん進めてみよう。
10月	身体から気持ちを変えてみよう	気持ちは身体の形を変えると変わる。日常でも生かせる演技の手法を紹介します。
11月	相手をどんな人として扱うか	相手をどんな人として見るかで発言や行動が変わってくることを体験します。
12月	普段と違うパターンを試そう	行動にはパターンがあります。演技という疑似体験で、いつもと違う行動を体験しよう。
1月	予想外を楽しもう	日常でも起きる予想外なハプニング。困ったことも受け入れながら「それはちょうどいい！」と楽しもう。
2月	相手のために関わろう	人によって「いい時間」はそれぞれ。自分の起こした行動は相手にとって嬉しいことだった？　困ったことだった？
3月	がんばらない	頑張って面白いことをしようとすることをやめて、そのままでいてみよう。自分の新しいおもしろさに気づくかもしれません。

継続クラスでは約3ヶ月に一回のペースでショーをおこなっている。ショーでは、ワークショップで大事にしてきたことをお客さんの前でおこなう。ショーが定期的にあることで「良いショーをする」という一つの目的をチームで持つことができる。チームで良いショーを目指していく中でコミュニケーションについて学び、自分自身について発見をしていく。ショーがあることで「お客さんが笑うのはどんな時か?」「お客さんが見ていてつまらないと感じる時は?」など、自分のことを客観的にみていく機会にもつなげていける。ショーはIKTには欠かせないコンテンツである。

二つ目の事業であるアフタースクール事業は、放課後の子どもたちが集まる場でワークショップを実施する活動である。2022年4月時点で関東の四つの学校・事業所にて実施しており、実施時間は1~1・5時間、毎週のところもあれば、単発でいろいろな拠点を回る場合もある。参加人数は15~30名で、習い事事業よりも大人数で実施をしている。継続クラスと異なり保護者が現場に来てワークに参加するわけではないので、おこなった内容をメールで報告し、インプロショーや保護者向けのオンラインイベントの開催をして関わりを作っていっている。

三つ目の事業である学校訪問事業では、小学校~高等学校まで、探究の時間、道徳や国語等の教科の時間、芸術鑑賞会等のイベント等、様々な機会の中で単発のワークショップをおこなっている。学校訪問ワークショップでは、参加者と継続的に関わっていけるわけではないので、1~2時間の限られた時間の中で、休み時間で気軽に遊べるワークや、インプロをする上で大切な考え方を共通体験・共通言語として残していくことを大切にしている。

他にも大人向けに、教育関係者向け研修やファシリテーター育成研修等もおこなっている。

2　ワークショップ内で起きていること

ここからは、対面で実施されている柏の葉クラスの低学年クラスの様子を紹介していく（表12－3）。

①スタッフ集合・元気度チェック

朝9時30分、スタッフが集まり始める。この日のメンバーはりな（筆者）、マイキー、もりじゅん、モミーの四人だ。スタッフは、コーヒーを飲んだり、朝ごはんを食べたりしながら各々リラックスした状態で教室の床に座っている。集まって最初におこなうのはＩＫＴの習慣である「元気度チェック」だ。今の自分の身体と心の元気度はどうか、５段階評価を指で示してメンバーに共有をする。元気度は1が一番低くて、5が一番高い。お互い正直に伝え合うことを大切にしている。

もりじゅん：元気度チェックしましょう。じゃあ、心と身体に聞いてください。

（それぞれ目を閉じたり深呼吸したりながら、自分の心と身体を観察する）

もりじゅん：いいですか？　ではいきます。いっせーのーで！

（全員が一斉に元気度を指で表現する）

もりじゅん：じゃあ私から行きまーす。元気度は3かなあ。普通って感じ。朝だからちょっと眠いです。

じゃあ、モミーさん。

モミー：私は元気度5です。朝の散歩が気持ちよかったです。じゃあ、りなさん。

りな：いいねー！　私は…1です。おなかが痛くて、ううーって感じ。

マイキー：あらら温かい飲み物を飲んでね。

りな：ありがとう。じゃあマイキー。

マイキー：私は2です。昨日夜遅くて、ちょい眠いなー。あと天気が悪くて片頭痛が気になる。

もりじゅん：みんなお大事に…、無理せずに！　助け合っていきましょう！　じゃあ今日のワークの内容を共有しましょう。

表12－3　ワークショップ当日の流れ

9:30	①スタッフ集合・元気度チェック
9:50	②環境設定 ③子どもたちの出迎え
10:00	④テーマの確認・ウォーミングアップ
10:30	⑤メインワーク
11:30	⑥親子タイム ⑦感想タイム
12:00	⑧ゆるやかな時間

このように、お互いの調子や状況を事前にチーム内で分かち合っておくことで、スタッフ同士で協力がしやすい状態を作り、また自分自身と繋がるきっかけをワークショップの前に作っている。元気度が1の状態でも、無理して頑張らずにそのままいて良いという安心感や、お互いをサポートし合うスタッフの雰囲気や目に見えない関係性が、ワークショップでも子どもたちに大きく影響すると考えているからだ。

②環境設定

柏の葉クラスは、商業施設「柏の葉T‐Site」の二階にある「T

－Ｋ·ｉｄｓシェアスクール」の教室で実施している。教室の一歩外に出るとたくさんの本や雑貨が置かれており、一階にはカフェや飲食店もあるので、子どもたちがワークショップに参加している間、保護者は買い物をしたりカフェで読書をしたりと、自由な時間を過ごしている。教室内には、薄茶色のフローリング、湖に面した壁一面の窓ガラス、バルコニーにつながるガラスの扉、壁いっぱいのホワイトボードが見える。広さも、大人20名が寝転がっても十分なくらいだ。

安全、集中、やりやすさの視点から、スタッフ全員で環境設定をおこなう。安全性を確保するために、階段状の可動式の靴箱は子どもたちが触ったり登ったりすると危険なので、子どもたちからは見えないスタッフルームに片付けておく。集中をさえぎらないために、子どもたちが気になって触りたくなる物（ホワイトボードのペン・磁石）は視覚的に見えないところに片付けておいて、借りに来た時に渡すようにしている。バルコニーに通じるガラスの扉については、外の景色が気になりバルコニーへ走っていきたい参加者の安全を確保するために、「外に出る時はもりじゅんに言ってね」等の張り紙を、活動が始まる前にその参加者と一緒に作ることもある。また、やりやすさの観点で、ホワイトボードに予定を書いておくことで、子どもたちだけでなく、ファシリテーターも今日大切にしていきたいことに立ち返りやすくする。選んできたゲームをホワイトボードの片隅に小さく書いておき、当日の子どもたちの様子に合わせて、ワークを組み替えながらおこなえるように準備をする。そうすることで次に何をしようか考えるのではなく、参加者の様子により気を配りやすい環境をスタッフも作っている。また、初めて参加する子どもがいる場合は、入室を躊躇う場合があるので、参加しやすいように視覚情報を工夫している。カラフルな紙風船を準備しておくと、視覚的にも活動内容が分かりやすく、言葉を使わずとも勝手に協力や関わりが生れ、クラスの前の良いウォーミングアップになる。

③子どもたちの出迎え

環境設定をしている間に続々と子どもたちと保護者が現れると、スタッフは二手に分かれる。教室の入り口に立って保護者と会話するスタッフ（りな・マイキー）と、教室内に入ってきた子どもたちの安全を見守るスタッフ（もりじゅん・モミー）で分かれて過ごす。保護者と、「最近子どもたちとどんなことがあったか」という内容から「ハマっているアイドルは誰か」まで、色んな雑談をしている。雑談をすることで、保護者がＩＫＴのスタッフを「先生」ではなく一人の人として気兼ねなく関われて、お互いに相談しやすい存在になっていくことを大切にしている。

また、クラスが始まる前の教室内にいる子どもたちの様子にも情報がたくさんある。どの子と話しやすい・関わりにくいと感じているのか、本人が今好きなことは何か、観察や雑談をしながら情報を集めることができる。

④テーマの確認・ウォーミングアップ

子どもたちが全員揃ったら、一度円になり集まり、ここでも元気度チェックをおこなう。そしてテーマの確認に移る。今回のクラスのテーマは「わたす・うけとる名人」だ。前回までで、子どもたち一人一人が自分のアイデアを自分の好きなように表現できる雰囲気になっていると感じ、今度は自分のアイデアを相手に伝え（わたす）、相手のアイデアをよく見て聴いて受け取る（うけとる）場面を作って、「わたす・うけとる」とはどんな感覚なのか試していくワークを実施することになった。この日は、「サウンドボール」というワークから始まった。サウンドボールでは、全員で円になり、目に見えない架空のボールをパスし、受け取っていく。パスをする際は、声で擬音語をつけ、受け取る人も同じ擬音語を出してボールを受け取っていくゲームだ。

りな：ぽーん（健太に向けて擬音を発しながら架空のボールをパスする）
健太：ぽーん（りなから来た架空のボールを同じ擬音を出して受け取る）
健太：じょじょじょじ（誰にパスしたか分からない）
全員：…
りな：わー！　あっちに転がっていったね！（上手くいっていない時に止める・本人の表現を受容する）健太は誰にあげたかったの？（本人の意図を確認する）
健太：（黙って美智子を指さす）
りな：そうなんだね。じゃあ渾身のストライクを美智子にパスしてみようよ（本人に伝わる言葉や、わくわくしそうな表現を選ぶ）
健太：じょじょじょじょ（美智子に向けて擬音を発しながら架空のボールをパスする）
美智子：じょじょじょじょ（健太から来た架空のボールを同じ擬音を出して受け取る）
りな：おー！　美智子はなんで健太から来たって分かったの？（美智子から健太へフィードバックを

する機会を作る）
美智子：投げる前に指さしてたから
りな：確かに～指さしたよねえ
沙耶：あと目を見てた！
りな：確かに～目を見てたよね！

このように、「わたす・うけとる」について、参加者たちが発見したことをファシリテーター（りな）が繰り返し言い直して受容しながら進行していくことを大切にしている。また、ファシリテーターが評価するのではなく、参加者同士のフィードバックを促すことで、参加者同士のつながりを作っていく。

⑤メインワーク

この日は舞台と客席に分かれておこなう「一緒に出ていくゲーム」をおこなった。舞台上で一人のプレイヤーが椅子に座り、何か困りごとを表現する。そこにもう一人のプレイヤーがやってきてその困りごとを解決するための声掛けをする。そして一緒にその場を離れて舞台から出ていけたら成功というゲームだ。

このような舞台と客席に分かれておこなうワークでは、まず、スタッフが夢中になって楽しんでいる様子をデモンストレーションで見せてから始めることが多い。理由は三つある。一つ目は、子どもたちの早くやりたい気持ちに火が付くからだ。やりたくてうずうずしているエネルギーの状態で始めると、スタッフが促さなくとも子どもたちは表現をしていく。二つ目は、口頭でワークのルールを説明するよりも、一度見せた方が伝わりやすく、時間短縮になるからだ。三つ目は、大人が夢中になって取り組んでいる姿によって、子どもたちが「こんなこともやっちゃっていいんだ」という気持ちになれるからだ。この「こんなことやっちゃっていいんだ」を、私たちは「表現の許可が出る」と呼んでいる。

この時、参加者の幸子は前に出たくない様子だった。このような、個人の繊細な場面のサポートはファシリテーターではなく、サポーターのスタッフがおこなうようにしている。全員の前に立って進行をするファシリテーターが関わってしまうことで、自分がその場を止めてしまっているというプレッシャーを参加者が感じかねないからだ。また、関わるときに問いかける質問にもバリエーションをつけ、質問のレベルを意図的に変えて本人が答えやすいレベルまで調整していく。

マイキー：幸子どうしたい？（WhatやHowなどの自由度の高い回答を相手に期待する質問）
幸子：…
マイキー：見てる？　やる？（Whichで選択肢から選んで回答できる質問）
幸子：…ちょっとはずかしい
マイキー：そっか！　はずかしいんだね。教えてくれてありがとう。客席から監督役で「よーいスタート」って言ってほしいんだけどどう？（YesかNoで答えられる質問）

幸子：（うなずく）

マイキー：ＯＫ！　教えてくれてありがとう！

このように、質問のレベルを参加者の状態に合わせて調整し、最終的に本人が、自分の意思を伝えた実感ができて、自分の意思を受け取ってもらったという体験をすることで、「自分の意思を伝える」という行動を「強化」している。

「強化」とは、ある行動が起きた後に、ポジティブな反応や感覚を受け取ると、その行動が増えて定着していくという応用行動分析学の理論である。参加者の「自分の意思を伝える」という行動が起きた直後にスタッフが「教えてくれてありがとう」と伝えることで、「自分の意思を伝える」という行動が強化されていく。この強化の積み重ねは、表現の安心安全な場を作ったり、子どもたちの行動のバリエーションを増やしていったりするためにスタッフで大切にしている考え方の一つだ。

また、ここでマイキーは参加者に「監督」の役を提案しているが、伝え方にも気をつけている。「監督やらない？」と誘う形で聞くと、幸子は「やりたい」と言うことになり、参加のリスクが大きくなる。今回のように「監督役で『よーいスタート』って言ってほしいんだけど、どう？」と、依頼の形で伝えることで本人がよりリスクを背負わずに楽に表現できる環境を作り、本人がうまくいかないと感じても、提案したスタッフのせいにできる安心感を残している。何か新しく挑戦をする場面で本人に恐れが見える時は、参加者が安心して挑戦できるように、「私の好みでやっていただきたいことがあるのですが…」「一個だけわがまま聞いてもらっていい？」等、スタッフがリスクを請け負っていくことを大切にしている。これは、インプロの創始者であるキース・ジョンストンが「ディレクター」という役割を設定したことから着想を得ている。ジョンストンはプレイヤーとは別に、プレイヤーに指示や演出をするディレクターを設定することで、全てのシーンの責任はプレイヤーではなくディレクターにあるとして、プレイヤーにのびのびと表現できる環境を作っている。

⑥親子タイム

10時30分から11時は親子タイムだ。親子タイムとは、参加者の保護者にも参加してもらい、今日のワークの意図の説明とワークをおこなう時間である。保護者にもワークの内容を体感してもらうことで、子どもたちだけでなく保護者ともインプロの考え方の共通言語を作っている。

今日の保護者タイムでは、まず、ファシリテーターが今回のテーマである「わたす・うけとる」の説明をした後、保護者に対して子どもたちがワークのルール説明をした。今回は「一緒に出ていくゲーム」をおこなうことになり、保護者である周平さん（真衣の父）と加奈子さん（幸子の母）が前に出た。

周平さん：いやー暑いなー

加奈子さん：あっちに…　え？　何？（幸子が加奈子さんに近寄ってささやく）

りな：幸子、ありがとう。そしてこれは加奈子さんがやるシーンなので、加奈子さんが自分で決めていいからね。加奈子さんは自分のアイデアをやってもいいし、幸子のアイデアを使ってもいいよ。

ここで大切にしているのは「大人も子どもも一人の人間」であるということだ。大人も一人の表現者であり人間であるということを、子どもにも保護者にも体感してもらうことを大切にしている。そうすることで、家族の中で教育する・されるという関係ではなく、個人として尊重し合える関係につなげていくことを大切にしている。

⑦感想タイム

ワークの最後には、子どもと保護者が混ざって小グループで感想を伝え合う。感想タイムの前にIメッセージとYouメッセージについて共有をしている。Iメッセージとは、主語が「私」で始まる自分の気持ちを伝える表現方法だ。その逆にはYouメッセージで、主語が「あなた」で始まり、相手を評価する表現方法だ。「声が大きくて（あなたは）すごい」（Youメッセージ）という表現を、「声が大きくて（私は）聴き取りやすかった」（Iメッセージ）に変えると、親子の関係値が、評価する・される側から、対等な関係になっていく。この手法は、アメリカの臨床心理学者のトマス・ゴードンが提唱したものである。

⑧ゆるやかな時間

ワークが終了し一度解散となった後、「ゆるやかな時間」が自然と起こっている。ワーク終了の時間は過ぎているが、なかなかみんな帰らないのだ。子どもたちはインプロのワークをやったり、ホワイトボードにお絵かきをしたり、持ってきたぬいぐるみを見せ合ったりしている。保護者はスタッフや他の保護者同士で雑談をしたり、子どもたちの様子を眺めたりしている。その時間が私はとても大事だと考えている。スタッフと保護者の雑談の中で、ワーク中に発見した子どもたちのキラリと光る瞬間を伝えることができ、それを聞いて保護者の子どもたちへの視点が少しずつ変容していく。

3 「習い事」から「安心できる居場所」へ

インプロのワークショップ内で学ぶだけでなく、この場に所属していること自体に意義を感じている保護者インタビューの一部を紹介する。

子どもってやっぱり、「家庭」と「学校」で過ごす時間が多くて、友達もそこにいることが多いと思うんです。この先成長していろんなことが起きて、家庭でも学校でも打ち明けられないことが出てくるかもしれない。私自身も高校生の時に「第三の居場所」ができて救われたことがあったから、A（子どもの名前）にも、その二つじゃない居場所を作ってあげたいなと思ってたんです。だからこんなにも早く居場所ができるなんて、私自身もすごく安心しています。ここでなら、生き生きとしたAの姿が見れるだけじゃなくて、私自身も「このままでいいんだ」って思える場所になっています。（恵理さん）

IMPRO KIDS TOKYOでは、「正解」を求められることはありません。何を言っても「Bはそういう意見なんだね」とまず受け止めてくれる。Bにとってはすごく、安心できる場所になっているんじゃないかなと思います。（加奈子さん）

保護者として感じている不思議な感覚は、クラスの他の子の成長を、自分の子の成長のように感じること。なぜなのか、不思議でまだ、整理できていないけど、他の習い事では、何かが上手にできたとか、そうでもないとかということは見えるものの、「その子らしさ」って見えにくいけど、インプロワークショップやショーでは、正にその子らしさが表に出てくるからかな。（芳樹さん）

ＩＫＴを安心できる居場所として成り立たせているのは、インプロのワークだけでなく、以下の三つの背景があると考える。

一つ目は、「子どもも大人も一人の人間」という考えを共有していることだ。ＩＫＴの場では「3年生の幸子」や「真衣のお父さん」という普段の自分の社会的な肩書のまま関わるのではなく、一人の人間として関わるために、本人が呼ばれたい名前で呼び合っている。相手をどのように呼ぶかで関係性も変わる。「お父さん」と呼ぶと親子になり、呼ばれたい名前で呼び合うと、ＩＫＴで一緒にインプロを楽しむ仲間に変わっていく。そして、人間には多面性がある。楽しい時、悲しい時、悔しい時等、様々だ。大人だからといってしっかりしている時ばかりではなく、緊張するし、失敗もする。

子どもも同じく、である。相手の可能性を狭める肩書への偏見を手放し、「りな」はこれが好き、「加奈子さん」はこれが苦手、「周平さん」はやってみたい、という個人の意見を促し、「いいね!」と歓迎される空間を作っている。

二つ目は、クラス以外の交流ができるオンラインプラットフォーム、Ｓｌａｃｋを活用していることだ。ここにはスタッフに加え、全クラスの保護者も子どももアカウントを持ち、自由にコメントを書いたり写真を投稿したりすることができる。Ｓｌａｃｋには様々な「チャンネル」があり、話題毎に分かれている。「#おしゃべり」のチャンネルでは、長期休みに「朝勉・朝仕事」と銘打って指定されたＺｏｏｍに子ども・保護者・スタッフが集まって、ただ黙々と宿題や仕事するイベントの呼びかけや、ＩＫＴのスタッフが出演する舞台の公演情報が投稿されて、実際に誘い合って劇場に行くということが起きている。

Ｓｌａｃｋを活用することになったきっかけは、新型コロナウイルスによって全ての対面クラスをオンラインに一時期切り替えたことだ。オンラインクラスではクラス後の「ゆるやかな時間」を担保しづらいことがあり、代替案としてＳｌａｃｋを活用することとなった。保護者や子どもたちはほぼ全員がＳｌａｃｋ初心者だったが、「予想外を楽しむ」ということをワークで体験してきたので、すぐに対応し、数か月後には、子どもたちはローマ字を使いこなせるようにまでなっていた。

三つ目は、代表を始めとするスタッフが、できないことや困ったことを無理して隠さずにオープンにしていることだ。例えば、新しく参加者が集まる機会である体験会の前日のことだ。スタッフのマイキーが困って参加者のあかねとその保護者の芳樹さんに声をかけた。

マイキー：明日の体験会のスタッフが足りなくて困っています！

あかね：私、今度の体験会サポーターとして参加できるよ。

マイキー：本当に？　ありがとう！　助かる！

芳樹さん：私も何か保護者視点で言えることがあったら言いますよ。

マイキー：わー！　ありがとう！　芳樹さん！

そして実際に体験会ではサポーター役で参加者とグループになってワークに一緒に取り組み、親しみやすい雰囲気を作るだけではなく、終盤にはＩＫＴのいいところについて、あかねがスピーチしてくれたり、芳樹さんは保護者目線でプレゼンをしたりした。その輪が広がり、現在では、体験会に子どもたちや保護者がサポーターで来ることが定番化した。この機会がきっかけで、「将来ＩＫＴのスタッフになる」と言って自分のクラス以外のクラスでサポーターとして活動をし、修行を積んでいる子どもの参加者もいる。

また、「経営について意見をください」とＳｌａｃｋで私が呼びかけると、スタッフのミーティングに保護者が参加をしてくれ、現在は運営メンバーとして活動している。プロモーションビデオを作りたいと案を出したら「対面クラスの動画をまとめてＩＫＴのプロモーションビデオを作りました」と、自主的に制作をしてくれる保護者もいた。

スタッフが困りごとをオープンにすることで得たこのような体験の積み重ねを通じ、ＩＫＴは保護者や子どもたちと一緒に大きくしていく事業なのだというスタッフの認識を強めていった。そして、顧客とスタッフいう枠組みを超えた、名前の付けがたい関係になっている。

4　今後ＩＫＴを通してどんな未来を創っていきたいか

この章ではIMPRO KIDS TOKYOについて多面的に描いてきた。最後に私たちの考える未来について触れて終わりにしたい。

２０２1年1月、法人化するにあたり、「予想外を楽しむ未来をみんなで創る」というミッションを私たちは掲げた。子どもたちが過ごす未来は私たち大人の予想を超えていくからこそ、私たち大人は予想外を許容して子どもたちと一緒に未来を創っていく立場を取ることが大事だと考えている。人生はこの先どうなるか分からない不確実なことだらけだ。そんな中、未知への恐れを共有し、お互いの挑戦を応援し合える関係性の存在が増えていく、そんな未来を創る一助になっていきたいと思っている。また、それをスタッフだけで作るのではなく、子どもたち、保護者、先生、ＩＫＴと出会ってくれた方みんなで創っていきたい。この活動の存在が必要な人に届き、みなさんの人生の何かの一部になれたら幸いだ。

【文献】

一般社団法人IMPRO KIDS TOKYO「IMPRO KIDS TOKYO ウェブサイト」https://improkidstokyo.com/（2022年10月4日最終閲覧）

第13章　コロナ禍に生まれたオンラインインプロワークショップの軌跡

内海　隆雄

1　インプロワークショップをオンラインでおこなうまで

２０２０年2月、私は新型コロナウイルスについて伝えるニュースを眺めながら悩んでいた。それは翌日のワークショップを開催するか否かについてであった。結果、私はワークショップ中止のメールを参加者たちに送った。そこには次の文言も添えていた。

今後のワークショップに関してはまた改めてご連絡いたします。現在のところ、3月中は自主ワークショップは開催せず、4月中盤以降再開する見通しです。

この時は、まさか対面ワークショップがその後一年以上にわたって開催できなくなるとは全く考えていなかった。同時に、インプロワークショップをオンラインでおこなうという考えも全く無かった。本章では、私がインプロワークショップをいかにオンライン化したか、その道のりと発見について述べる。
２０２０年3月、主催ワークショップに限らず、依頼されていたワークショップやいくつかのイベントも中止になりはじめた。２０２０年3月28日、29日に予定されていた、インプロバイザーが集まっておこなうインプロ合宿も直前になって中止になった。しかし、私たちは中止になった合宿のかわりに、当時話題になり始めていたＺｏｏｍを使ったオンラインでのインプロを試みることにした。関心は高く、合宿に参加する予定だった人たちの多くが参加の声をあげた。同じ3月28日には、サンフランシスコにあるインプロシアターBATS Improvのオンラインインプロショーも予定されていた。そこで私たちはそれを見てからオンラインで集合することにした。

正直なところ、私はこのオンラインインプロショーに対してそれほどの期待を持っていなかった。「Ｚｏｏｍの画面上でいくつかのインプロゲームをおこなうくらいだろう」と思っていた。しかし私のこの期待は良い方向に裏切られた。この日のショーは「Murder Mystery」という演目であった。これはＢＡＴＳがコロナ禍以前より劇場でおこなっていた演目であり、殺人事件の犯人を見つける過程を即興で描いていくものである。ＢＡＴＳのプレイヤーたちはこの演目をＺｏｏｍの技術を駆使しながら、オンラインで上演していた。

これを見た私は第一に、オンラインに舞台効果を生み出すＺｏｏｍの使い方に驚いた。画面のオンオフによる「出ハケ」の表現、バーチャル背景による場所の表現、それらが新鮮に感じられた。また、短いインプロゲームではなく、一時間を超える一つの演目をオンラインでおこなうスキルとチャレンジ精神に感銘を受けた。

表13－1　実施した内容

・ワンワード ・YouTuber風のシーン○ ・母親のビデオレターとその息子○ ・私は木です ・家の中にあるぬいぐるみを探す□ ・ぬいぐるみの声を見つける□ ・ぬいぐるみのフリーシーン□	・まわりにあるものを言う□ ・画面共有で大喜利○ ・画面共有でシーン○ ・音声のみでWhat Comes Next? 全員でふりかえり（主に技術的な面について）

その後オンラインで集まった私たちはＢＡＴＳのオンラインショーに大きく影響されながら、はじめてオンラインでインプロをおこなった。この日は何人かのファシリテーターがオンラインでできうるインプロを試していく、という形になった（表13－1）。

この日はオンラインの画面効果を活かしたゲーム（○がつくもの）が多かった。例えば「母親のビデオレターとその息子」というシーンは亡くなった母親からのビデオレターから始まったが、これは画面で見ることによってよりビデオレターらしさを表現していた。また、家の中にあるものを使ったゲーム（□がつくもの）も多く見られた。例えば「家の中にあるぬいぐるみを探す」は、参加者それぞれが家の中にあるぬいぐるみを見せ合うことから自然と遊び心が生まれていた。これらのゲームはすごくうまくいったというほどの手応えはなかったが、今後の可能性を感じるには十分な内容であった。

2　オープンワークショップの開始

２０２０年４月、私は早速「Ｚｏｏｍインプロワークショップ」という名前でオープンワークショップの実施を始めた。その理由は、ひとつには技術的な

表13-2　各ワークショップで実施した内容

4月4日（1回目） ・技術確認 ・吹き矢 ・だるまさんがころんだ ・震源地 ・ジェットコースターのシーン ・ジブリッシュポエム・ジブリッシュ通訳 ・スライドを使った専門家ゲーム ・イエス・レッツ	4月4日（2回目） ・技術確認 ・だるまさんがころんだ ・イエス・レッツ ・大喜利 ・家の中にあるものを使ってキャラクターになる ・そのキャラクターでのシーン
4月11日（1回目）初心者向け開催 ・技術確認 ・インプロの説明 ・腕を上中下に ・関係のない文をつなげる ・マジックボックス ・大喜利 ・パートナーをよく見せる	4月11日（2回目）経験者向け開催 ・技術確認 ・人がどんどん死んでいくシーン ・サンキューゲーム ・サンキューゲームを使ったシーン ・画面に写っている人と声だけの人のシーン
4月18日 ・技術確認 ・サイキック ・イエス・レッツ ・ストーリーを進めないイエス・レッツ ・ストーリーを進めるイエス・レッツ ・フリーシーン	4月25日 ・技術確認 ・関係ない言葉をつなげる ・夢を見る ・特徴・感情・ストーリー

知見をシェアするため、もうひとつはオンラインインプロワークショップで何ができるか、何ができないかの実験をさらに進めるためであった。

Ｚｏｏｍインプロワークショップは２０２０年４月の毎週土曜日に六回にわたっておこなった（一週目と二週目は一日に二回おこなった）。時間は一回90分で、実験的ワークショップのため参加費は無料（最終回のみ１０００円）とした（表13-2）。

この試みをきっかけとして、ワークショップのオンライン化は進んでいった。ここではその歩みをフェーズ１～フェーズ４に分けて記述していく。

3　フェーズ1――対面でやっていることのオンライン化

オンラインワークショップは手探りで進めていった。しかしはじめのうち、大きな方向性としてあったのは「対面でやっていることをいかにオンラインで再現するか」であった。インプロのゲームリストを眺めながら、私はオンラインでできそうなものを次々と試していった。すると、様々な制約が浮かび上がってきた。

一つ目の制約は「身体を使うことが難しい」ということであった。ワークショップ参加者のほとんどは椅子に座って参加しているため、動くことが難しい。また、立ち上がったとしても演劇で重要な位置関係までは表現できず、身体による表現には大きな制約があった。

二つ目の制約は「大きな声を出せない」ということであった。参加者は各自の家から参加しているため、対面ワークショップの会場で出すような大きな声を出すのは難しかった。また「参加したいが、家族が近くにいるため参加できない」という声もあった。

三つ目の制約は「円になれない」ということであった。Ｚｏｏｍは画面に表示される順番が人によって異なるため、順番を固定することができない（その後固定する機能も搭載される）。また、誰に声をかけているかの特定もできない。そのため、対面ワークショップではよくしていた円になっておこなうゲームはほぼ全てできなくなった。

四つ目の制約は「長時間のワークショップは疲れてしまう」ということであった。画面を見ることは疲れるため、対面ワークショップよりもこまめな休憩が必要になった。また、対面ワークショップでは一日6時間のワークショップなどもおこなっていたが、オンラインワークショップでは2時間（長くても2時間半）が限界となった。

このような制約によって、眺めていたゲームリストの半分はできなくなった。そして正直、対面でやっていることのオンライン化は難しいと感じていた。しかし、そんな中でもオンラインワークショップを続けられたのは、オンラインならではの良さも発見できたからであった。

4　フェーズ2――オンラインならではの良さの発見

オンラインワークショップを実施する中では、オンラインならではの良さも発見することができた。

一つ目は「ビデオのオンオフの有効活用」である。Ｚｏｏｍではビデオのオンオフを使って舞台の「出ハケ」を表現していたが、実際の移動とは異なり一瞬で現れる・消えるという手軽さや面白さがあり、ビデオのオンオフを使ったゲームがいくつも生まれた。

例えば、「○○人だけ出てくる」というゲームはこの効果を使ったものである。全員ビデオをオフにし、ファシリテーターが「3人出てきてください」と言ったら、ちょうど3人がビデオをオンにする、というだけのゲームである。しかし、オンラインでは他の人の様子が分からず、ビデオは一瞬でオンとなるため、なかなかちょうどの人数で出てくることはできない。それがゲーム性となっていた。インプロにおいては失敗を楽しむことが大事となるが、それを手軽に経験できるようになっていた。

二つ目は「バーチャル背景の利用」である。オンラインでは身体的に場所を表現することは難しくなったが、そのかわりバーチャル背景を使うことができた。バーチャル背景とは、人物の背景に画像を表示する機能である。

例えば「森のシーン」の場合はプレイヤーが森のバーチャル背景を選択することで、その場所が森であることを表現することができた。オンライン公演をする時は、プレイヤー内で予め画像を共有しておく、などの工夫もあった。また、人物は映らず背景画像のみ（例えば月の画像など）を表示することで、シーノグラファー（インプロでは、即興で舞台セットを作る人）の役割をすることもできた。

三つ目は「家の中の物の使用」である。家の中にはたくさんの服や物がある。それらを衣装や小道具として使用することで、さまざまなキャラクターを演じることができた。

具体的には、キャラクターの名前を先に決め（例えば「太田権蔵」や「柏原麗子」など）、その名前からインスパイアされた衣装を家の中にあるもので用意し、演じるという取り組みがおこなわれた。衣装をつけることで、観客にとってキャラクターが伝わりやすく、また演じている人にとってもキャラクターを演じやすくなる、という効果があった。

四つ目は「地方からの参加」である。オンラインワークショップをはじめて、地方の人たちもワークショップに参加してくれるようになった。これまでの繋がりから参加者の多数は東京圏の人たちであったが、群馬、愛知、兵庫、愛媛など、地方からの参加も見られるようになった。

印象深かったのは、「本当は前から参加したかったが、インプロワークショップはほとんどが東京でおこなわれるため、参加できなかった」という言葉が多かったことだ。地方からの参加者の存在はオンラインワークショップを続ける大きなモティベーションとなった。

Ｚｏｏｍインプロワークショップを通して、私はオンラインワークショップの制約と可能性に出会うことができた。そして、よりオンラインに適したワークショップの形を模索していくことになる。

5　フェーズ3――「オンラインだから」「対面だから」という枠組を超えて

Ｚｏｏｍインプロワークショップをおこなった影響もあり、私と同世代の指導者を中心に、様々なオンラインインプロワークショップが広がっていった。それは喜ばしいことではありつつ、一方で私はある問題意識も持っていた。それは「今オンラインでおこなっているインプロワークショップは、コロナが終息したら全て無くなるだろう」というものであった。ワークショップ「中」はＺｏｏｍの機能や家の中にあるものの使用など、オンラインの良さを活かしているものの、ワークショップ「自体」はやはり対面ワークショップの代替に過ぎないのではないか、と考えていたのだ。

そこで私は、よりオンラインに適したワークショップの形を考えることにした。その結果、２０２０年5月に「Impro for Storytellersワークショップ」を開始した。このワークショップは、キース・ジョンストンの第二の著作 *Impro for Storytellers* を読み進めながらおこなうワークショップである。

前半は読書会の形式で、担当者が指定の部分をまとめたものを発表し（*Impro for Storytellers* には翻訳版が無いため、英語文献を読んでまとめる形になる）、後半はそれに関連するゲームをおこなう、というものである。

つまり、オンラインと相性のいい読書会を組み合わせ、またオンラインでは限界がある実践の比率を下げたワークショップである。これまでのインプロワークショップは楽しい実践を通して学んでいくものがほとんどであったが、Impro for Storytellersワークショップはさながら大学のゼミのような形式であった。

当初私は、このワークショップはオンラインとの相性はいいと思っていたものの、英語の文献を読むこと、ワークの時間が少ないことから、参加者はあまり現れないのではないかと考えていた。ところが募集を開始したところ、あっという間に18名の参加者が集まり、予定を変えて2クラスで実施するほどになった。また、参加者の意欲も高く「本当はこれまでもジョンストンの著作を読んでみたいと思っていたが、英語なのでなかなか手が出なかった」という声もあった。私はこれまで、インプロを実践したい人はたくさんいても、インプロの本を読みたい人、ましてや洋書でも読みたい人はあまりいないのではないかと考えていた。しかし、実際にはそのような人も多くいたことを知ることとなった。

Impro for Storytellersワークショップは当初期間を決めずに始めたが、キリのいいところを見つけ、結果として四ヶ月（2時間×16回）のワークショップとなった。

6　ワークショップによる参加者たちと私の変容

ワークショップを通した参加者たちの変容は興味深いものであった。

一ヶ月目、参加者たちは楽しみつつも、戸惑っている様子もしばしば見られた。*Impro for Storytellers* に書いてあることの意味は分かっても、実際にやってみるとできないことに直面し、考え込んでしまう様子も見られた。

しかし二ヶ月目以降になると、参加者たちはポジティブな意味での「諦め」を持つようになった。自分たちがやっていることはそもそも難しいことなのだから、できなくても落ち込まず、失敗を楽しんでいこう。そんな雰囲気がチームとして生まれ始めていた。

最終月の四ヶ月目には、これまで学んできたことがようやく身についてきた手応えと、やっぱりできない自分に直面することの両方があった。しかし、そのことはもう問題ではなかった。「チャレンジして、失敗して、学んでいけばいい」というマインドが、チームとして強く共有されていた。

Impro for Storytellersワークショップははじめ、ストーリーテリングの技術を学んでいくワークショップになるだろうと予想していた。しかし終わってみて分かったのは、このワークショップはジョンストンのインプロそのものを学んでいく時間なのだということだった。参加者たちは失敗を恐れなくなり、そのことによって物語を進めていけるようになった。少なくとも、恐れが物語を止め

図13－1　Impro for Storytellers ワークショップの様子

るという構造に気づくようになった。ジョンストンのインプロの基本的な思想は「大人は萎縮した子ども」である、子どもは本来物語を語ることができるが、大人になるにつれて評価や変化を恐れるようになり物語を語れなくなるということにある。Impro for Storytellers ワークショップは対面ワークショップを含めて、私がこれまでおこなってきたインプロワークショップの中でも最もこの基本的な思想を深く学べるワークショップとなった。

このような変容が起きた要因は様々考えられる。ジョンストンの著作である *Impro for Storytellers* を読み進めていったこと、四ヶ月という長期にわたるワークショップであったこと、その期間ずっと同じ参加者で進んできたこと、などである。そして興味深いのは、これらの変容に「オンラインだから」とか「対面ではないのに」ということは関係がないと私が感じたことであった。

それまでの私はオンラインに適したワークショップを探求しつつも、やはりどこかでオンラインワークショップを対面ワークショップに「劣る」ものとして見ていた。しかしこの経験を通して、「オンラインだから」とか「対面だから」とかではなく、参加者の学びを深めていくことが何よりも大事なのだと思うようになった。

また、Impro for Storytellersワークショップの実践は、私にとって「ワークショップ」というものについて捉え直すきっかけにもなった。それまでの私は、ワークショップはその場で生まれることに寄り添うことが大事であり、本に沿って進めていくものではないと考えていた。しかし、Impro for Storytellersワークショップをおこなう中で、インプロを本から学びたい人たちの存在に気づき、本に沿って進めていく学びの深さも目の当たりにすることになった。

もちろん、今でも私は、ワークショップは基本的には実践の場であり、その場で生まれるものが大事だと考えている。しかし、それも一つの考えに過ぎず、囚われる必要はないのだと思うようになった。逆に言えば、その考えに囚われているうちはImpro for Storytellersワークショップを実施することはできなかったし、私は未だに「オンラインだから」「対面だから」という枠組に囚われていただろう。

7　フェーズ4――オンラインの当たり前化と、そこでおこなわれていないものについて

私はその後、「インプロアカデミー」というインプロスクールを立ち上げ、さらに数多くのオンラインワークショップを実践してきた。2021年11月現在、私は150回を超えるオンラインワーク

表13-3　オンラインでよくおこなうようになったゲーム・あまりおこなわなくなったゲームとその特徴（括弧内は活動のテーマ）

オンラインでよくおこなうようになったゲーム	オンラインであまりおこなわなくなったゲーム
ストーリースパイン（ストーリー） 夢を見る（ストーリー／アイデア） 次どうなるの？（ストーリー／フィードバック） イエス・レッツ（ストーリー／フィードバック） ワンワード（ストーリー） タイプライター(ストーリー) スリーシングス（アイデア） 解決社長（アイデア） 大喜利（アイデア） サイキック（失敗） さしすせそ禁止（失敗） プレゼントゲーム（フィードバック）	ステータス（関係性／キャラクター） エンダウメント（関係性） フェイスマスク（今ここ／キャラクター） マントラ（シリアス／今ここ） ぬいぐるみ（シリアス） クロサワインプロ（シリアス） サムライゲーム（今ここ） ハットゲーム（今ここ） 私は木です（アイデア） キング・ゲーム（フィードバック） 主人と召使い（フィードバック） 円になっておこなうゲーム全般（アイデア／失敗）

ショップをおこなっている。そして現在ではオンラインでワークショップをすることが「当たり前」のことになっている。以前は感じていた制約もあまり感じることはなく、オンラインでも直感的にワークショップを進めていけるようになった。

それはいわば「オンラインでもできないものはない」という感覚であるが、一方で、それは「オンラインではそもそもやらなくなっていることがある」からではないかとも考えている。実際、オンラインでよくおこなうようになったゲーム、おこなわなくなったゲームの存在がある（表13-3）。

このように、オンラインワークショップではストーリーを生み出すゲームをよくおこなうようになった。それを中心に組み立てるようになった、と言ってもいい。反対に、関係性・キャラクター・シリアス・今ここに関するゲーム（まとめると、演技に関するゲーム）は著しく減っていった。

これらのゲームが減っていったことには、オンライインであることや、家の中から参加するという要因が関係している。関係性のゲーム（キャラクター同士の関係性を生み出すためのゲーム）をおこなうためには、位置関係が重要になる。しかし、Ｚｏｏｍでは位置関係を表すことが難しく、そもそも誰に向けて話しかけているかも定かではない。キャラクターのゲーム（普段の自分とは異なるキャラクターになるためのゲーム）をおこなうためには、身体全体を動かしたり、大声を出したりすることが必要になる。しかし、家の中でそのようなことをおこなうのは難しい。今ここのゲーム（目の前で起きていることに集中するためのゲーム）をおこなうには、一瞬一瞬の観察や相手に対する身体的な働きかけが必要になる。しかし、オンラインでは遅延があるため、一瞬一瞬を観察することができない。シリアスのゲーム（シリアスなシーンを生み出すためのゲーム）を実現するためには、観客の息使いも含めた場の空気感が重要になる。しかし、それをオンラインで再現するのは難しい。

このような要因から、演技に関するゲームは著しく減っていた。そして興味深い（そして少し恐ろしい）ことは、これらは「意識して」やったわけではない、ということだ。オンラインという環境の中で「自然と」そのようになっていた、というほうが感覚に近い。

8　これからのフェーズ

このように書くと「やっぱり対面ワークショップのほうがオンラインワークショップよりも優れて

いる」と思われるかもしれない。しかしこれまで書いてきた通り、私はそのようには考えていない。たしかに対面ワークショップではできても、オンラインワークショップではできないゲームはたくさんある。しかしたとえ対面ワークショップであっても、同様にできないゲームはたくさんあるものだ。それは部屋の大きさや防音性といった環境によるものもあれば、参加者の人数や状態によるものもある。

インプロワークショップのオンライン化は、制約と遊び、枠組を超えていく旅のようなものであった。フェーズ1の時、私は多かれ少なかれオンラインの制約と戦っていたように思う。どうにかして制約を乗り越え、「普通（と私が考えるもの）」をオンラインに生み出そうとしていた。しかしそれはどこかに無理を生じさせるものであった。一方で、フェーズ2の時、私はオンラインの制約と遊んでいたように思う。制約をインプロゲームのルールのようにとらえ、「その中でどんなことができるか」を遊び心を持って考えていた。そこには無理はなく、また人を巻き込みやすいものだと感じた。そしてフェーズ3において、私は「オンラインだから」「対面だから」という枠組を超えていった。Impro for Storytellersワークショップを実践することで、どんな形式であれ、参加者の学びを深めていくことが大事なのだと思うようになった。フェーズ4の現在、オンラインワークショップは自分にとって当たり前のものになっている。一方で、扱わないゲームも出てきている。しかし、私はそのことにそれほど心配はしていない。なぜなら、参加者の学びに必要な状況になったら、それらのゲームはまた再び自分の中から現れると考えているからである。

今の私は「オンライン」「対面」という枠組ではなく、よりインクルーシブなインプロワークショップについて関心を持っている。なぜなら、インプロワークショップはオンライン化によって「どこから」でも参加できるようになったが、「だれでも」参加できるようにはなっていないと考えているからである。そしてそこには、気づかないうちに作られた枠組が存在しているだろう。

現在、私のワークショップには視覚障害者の方が通っている。そしてその方が参加していることによって、ワークショップの形はまた柔軟に変化している。今後も様々な背景を持つ人たちがワークショップに参加するだろう。もしくは、既に参加しているかもしれない。多様な人たちがともにいい時間を過ごし、学び合うために何ができるか、遊び心を持って探究していきたい。

9　何がワークショップをオンライン化させたか？

この章では私がオンラインワークショップを始めた経緯、またそれを深めていった過程について書いてきた。最後に改めて、「何がワークショップをオンライン化させたか？」についてまとめておきたい。

インプロワークショップをオンライン化させたもの、それは第一には新型コロナウイルスの感染拡大であった。これにより物理的に対面ワークショップはできなくなり、オンラインワークショップを余儀なくされた。この状況では新しいことへの好奇心はありつつも、「オンラインでできることはせいぜいこの程度だろう」というネガティブな考えがメインであった。

しかしこの考えはＢＡＴＳのオンラインインプロショーを見て改められる。そこでは私が想定していたよりも遥かに豊かな可能性が提示されていた。私はこのショーを見て、オンラインワークショップに積極的に取り組もうと決めた。インプロワークショップをオンライン化させたもの、その第二は「ここに近づいていきたい」と思わせるモデルであった。

現在では、当時憧れていたものよりもはるかに高度なことをできるようになっている。そしてこの場所に私を連れてきてくれたのはともに実験をできる仲間たちであった。そのはじめはインプロ合宿の代わりにおこなったオンラインインプロを一緒におこなってくれたインプロゼミを始めとする仲間たちであった。そして次にはＺｏｏｍインプロワークショップやImpro for Storytellersワークショップなどのワークショップに通ってくれた参加者たちであった。また、インプロアカデミーをともに立ち上げたインプロバイザーたちの影響もある。オンラインワークショップの進め方は私一人で発展させていったものではなく、お互いのワークショップにインスパイアされて発展していったものであった。

インプロワークショップをオンライン化させたもの、その第三はともに実験をできる仲間たちの存在であった。たとえモデルを見つけても、私一人ではどこにも進めなかった。この章の最後は、彼ら彼女らに感謝を述べて終わりとしたい。ありがとう。

【文献】

Johnstone, K. (1999) *Impro for Storytellers*. Routledge.

内海隆雄「インプロアカデミー」https://improacademy.jp/（２０２２年10月１日最終閲覧）

第14章　お笑い芸人である私とインプロ

野村 真之介

1　前説

私の職業はお笑い芸人だ。ここまで読み進めた方はきっと「何でこんなところに芸人が？」と疑問に思っているに違いない。私以外の執筆者は、日々熱心に研究をし、教師として現場に向き合っている中で芸人は私だけ。みなさんの文章は洗練され、研究として読み応えがあるものばかりだ。一方私は22歳の時に卒業論文を書いたきり、長い文章を書いたことがない。そんな芸人風情に何が書けるだろうか？　当初はみなさんの文章を真似て、研究めいたことをやろうと思ったが、何となくしっくりこなかった。というよりできなかった。もうここは開き直って「自分の人生」をありのまま書いてやろうと決断したところ、時に冷や汗をかき、時に自分の文才のなさを恨みながら、何とか最後までたどり着くことができた。私は劇場で主に漫才を披露している。漫才はもともと落語がメインでおこなわれる寄席の中で色物として扱われている。私のこの章も一つの色物として楽しんでいただければと思う。

私は普段「オシエルズ」というコンビで活動している。コンビの活動テーマは「教育とお笑い」。お互いに大学時代は教育学を専攻し、お笑いライブだけでなく、企業研修や学校での出前授業などの劇場以外の活動もおこなっている。研修や授業の活動ではインプロを使ってコミュニケーションを教えている。

この章では、芸人である私とインプロの出会い、インプロが私にどんな影響を与えたのか、そして実践者としてどんな仕事をしているのか、芸人としてインプロをどう使っているのか、を書いていく。私自身のこと、インプロとの出会い、インプロ教育の実践をありのまま書くことで私の実践報告とする。

2　生まれ～大学時代

私は鹿児島県の枕崎市で育った。小さいころからとにかく人前に立つのが大好きだった。そして中学2年生のある時、友人とクラス会で漫才を披露した。その時のネタでウケた時の感動が今でも忘れられない。自分の言葉が波のように、クラス全体に響き、笑いとしてかえってくる。その感覚に痺れた。それがきっかけで、お笑い芸人を目指すようになった。

そこからはお笑いが人生の中心になった。芸人になるには東京に行く必要があり、表現のことを勉強する必要があると思い、東京の大学へ進学、表現教育を学ぶ。大学にお笑いサークルがなかったので自分たちで立ち上げ、同級生とコンビを組んでネタをやった。

3　インプロとの出会い

インプロには2010年、大学3年生の時に出会った。大学の授業で高尾隆先生の授業が初めてのインプロだった。ワークショップだけでなく、インプロのショーにも参加した。お笑いの舞台と同じような感覚で笑いを狙おうとするほど空回りし、その逆に自分が全く意識していないところで笑いが起きるということがあり、それが不思議で仕方なかった。

その不思議さを解明したくて、お笑いライブと並行して、様々なインプロワークショップやショーにも参加するようになった。そういった実践を経て、お笑いとインプロで必要なものの違いを実感するようになった。お笑いで必要なのは「一目で分かる独創性と瞬発力」であり、インプロで必要なのは「素の自分を晒すこと」なのだ。お笑いでのネタを披露できる時間は若手で4分程度だ。そして一つのライブで大体15組のコンビが出演し、おもしろさを競い合う。その4分の中で自分たちのキャラクター、ネタ、見た目、全てをお客さんに印象づけなくてはいけない。大事なのは、いかに周りと違うことができるのかということだ。一方、インプロの舞台では7人程度で一時間半程度おこなうというのが基本である。大事なのは個の力ではなく、お互いにアイデアを拾いあって、調和する力である。もちろんやりとりは即興なので、事前に練り上げて作り上げた自分を作ることはできない。その場その場での瞬間的なやりとりに即座に反応することが必要になる。

インプロをやればやるほど、楽に舞台に立てるようになっているという感覚があった。インプロでは、なるべく「ビー・オリジナル（be original）」な状態を減らし、「ビー・アベレージ（be average）」な状態を増やすということをトレーニングする。「ビー・オリジナル」とは「独創的になろうとしすぎることで、結果みんなと同じようになってしまう」という意味のインプロの言葉である。「ビー・アベレージ」とは直訳すると「普通でいること」。これは「普段のままの自分でいようとすることで、創造力を発揮することができる」という意味である。例えばインプロのシーンで「コンビニに行く人」をテーマに演じていたとする。「ビー・オリジナル」な状態での発想は大体が「コンビニの周りをうろうろする」「コンビニのドアの前で立ち止まる」「コンビニを壊す」といったあたりだ。「普通であること」を怖がるあまりに「コンビニ」というお題そのものに関わらないという選択をしてしまう。一方、「ビー・アベレージ」な状態での発想とは「コンビニの中に入ること」だ。普通にコンビニの中に入り、目的の商品を選び、レジに並び、店員と話すこと。そうした普通のことを積み重ねていくことでお話を作る。インプロのなかでは、奇をてらわずに自然と出てくるもの、ものごととの関係を作るものがいいアイデアなのだ。お笑いだけをやっていたころはいかに独創的になれるかを考えていたが、インプロと出会うことで自然に思うことをそのまま発言することが増えた。それが私を楽にしてくれた。

4 解散と自身の変化

大学を卒業してからは、お笑いサークルを作った同期のメンバーとトリオを組み、本格的にプロを目指した。当初の期待とは裏腹に、全く結果がでなかった。テレビの出演どころか、事務所の所属すらできなかった。

そんな中で自分の興味も変化してきた。当初は「テレビで憧れた芸人にどうすればなれるのか」ということばかり考えていた。そのために、「テレビで使われやすいネタや自分たちのキャラ設定とは何なのか」という話ばかりしていた。「お笑いという既存の枠にどうやって自分たちをおさめるか」ということばかり考えていた。それが次第に窮屈に感じるようになっていった。本来の自分ではない自分を無理な努力で作っているという感覚があった。どんどん舞台に立つことが苦しくなっていった。

そして徐々に「笑いを考える場を作る」ということに興味が湧くようになった。その理由は、「テレビに出るためにお笑いを続ける」ということが苦しくなっていくのに対して、「舞台の話をお笑い以外の人たちとする」ことがどんどん楽しくなっていったからだ。お笑いについて、芸人以外の方と話すのがとても楽しかった。それはインプロの影響だった。インプロには日常生活と演劇を繋ぐ考え方がたくさんある。例えば、誰かと即興で演技をした際に腕を組んだり眉間にしわを寄せてしまうのは「自分がその人に対して関わりたくない、変えられたくない」というサイン、という考え方は日常でも使える考え方だ。それを応用して、お笑いと日常生活を繋げて考えるようになった。どういう時に人は笑うのか？　笑いたくなるのか？　笑いたくなくなるのか？　以上のような考えを一般の方とも共有できるようになった。インプロを学んだ私にとってそれはとても自然なことだった。

当時組んでいたお笑いトリオのなかでインプロをしていたのは私だけだった。お笑いの活動と並行して、自分個人でインプロのショーや、ワークショップを企画してインプロを続けていた。インプロで学んだことや、以上のような興味の変化を積極的に二人に伝えたが、分かってもらえなかった。そのズレはどんどん顕著になり、２０１３年、25歳の時に解散することになった。そこから芸人をあきらめ、すぐに就職活動を始めた。なるべく自分の興味があるものを選び、教育系の出版やマスメディアに絞って履歴書を書いた。しかし、志望動機の箇所が全く書けなかった。芸人になることに強いこだわりがある自分に改めて気づき、かといってどうすることもできず途方に暮れた。

その後、矢島ノブ雄とコンビを結成することになる。矢島とはもともと大学時代からアマチュアの大会で知り合っており、彼は芸人をしながら高校教師をしていた。そのことを知っていたので、何気なく今回の解散の話や自身の興味の変化について話したところ、意気投合し矢島に誘ってもらう形でコンビを結成した。前述の通り、コンビの活動テーマは「教育とお笑い」。「笑いを考える場を作る」ということの分かりやすい形として「教育」という言葉を使った。具体的には、参加者と一緒にコントや漫才を作り、それをみんなで発表しあいながら、人はどんな時に笑うのか、人が笑うということは何なのか、同じことで笑う人と笑えない人がいるのはなぜなのか、ということに関して議論した。それを当初は「お笑いとワークショップ」をテーマに活動していると言っていたが、伝わりづらかったので、「お笑いと教育」と言うようにした。そういったテーマを掲げてやっている芸人がおらず、二人の興味が重なるキーワードだったので、それを掲げて活動を始めた。

どこの事務所にも所属せず、自分たち二人だけでスタートした。ライブに出てネタをしっかり磨きつつ、自主ワークショップを始め、ワークショップに参加してくれる人たちの困っていることに対して自分たちができることをとにかく模索した。その時の参加者の話を聞きつつ、自分たちの舞台での知識を掛け合わせながらできることを探していった。自分たちの興味があったのは、ネタを作ること、披露すること、笑いについて分析して議論することだ。社会から求められたのは、コミュニケーションに関する苦手意識を取り除きたいということ、自分の所属する組織のコミュニケーションをより円滑にすることだ。ここが重なるポイントを探した。自分たちのワークショップに来る方は教員が多かったので、より教員の気持ちを知るために２０１７年に教員免許を取得し、二年半英語の講師として働いた。今の仕事の原型も、その模索を通じて生まれたものだった。先の見えない作業だったが、正解がない分、自分たちで自分たちの一番輝ける場所を作るというのがとても楽しく、やりがいを感じた。

トリオ時代には、それぞれがネタを書いていたためどれをやるかでいつも喧嘩をしていた。一つのセリフに対して何度も議論を重ねて、本番前に何度もネタを書き直していた。なので、ネタの台本はあるのにもかかわらず、ネタが仕上がるのが非常に遅かった。ネタ作りの議論が毎回長引き、ネタ作りそのものが嫌になってしまった。結果いつも同じネタをすることになってしまい、観客に飽きられていた。舞台に立つことがどんどん苦しくなっていった。その失敗を踏まえて、矢島とコンビを組む時に決めていたことがある。それは「ネタに口を出さない」ということ。まず、矢島が書いてきたネタをとにかく覚える。そして、台本は変えずそのまま舞台で披露する。舞台にかける前に議論は絶対にしない。

インプロには「イエス・アンド」という考え方がある。舞台の上で受け取ったアイデアは必ず肯定的に受け取り、さらにそのアイデアに影響されたアイデアを返すというインプロの一番基礎となる考え方だ。

インプロにおける「イエス・アンド」を実際の活動にも活かすために、矢島の新しい提案に対しては、考える前に「イエス」と言った。フィードバックは必ず舞台で数回披露した後におこなった。「どこでお客さんが笑っていた」といった笑いの量に対しての感想を言うようにした。自分で判断するのではなく、舞台に判断してもらう形にした。加えて、自分はそのフィードバックを伝えるだけで、最終的な判断はネタを書いている相方に完全に任せるようにし、私は演者としてできることに徹した。

結果、ネタができるスピードがとても早くなったし、お互いに喧嘩することもなくなった。批評家になるのではなく、実際に一緒にやってみる、その後に率直なフィードバックをおこなうことを心がけた。その結果、以前よりもネタを評価してもらえるようになった。

舞台への姿勢はもちろんのこと、矢島との仕事のやり方、コンビの活動方針にインプロが影響を与えた。

5　オシエルズの仕事について

ここからは、現在具体的にオシエルズとしてどのような活動をしているかを書いていく。私たちは、研修や授業の活動では主にインプロを使いコミュニケーションを教えている。私たちが呼ばれるキーワードは「教育と笑い」「チーム・ビルディング」などである。

私たちは都内を中心にお笑いライブに出演している。矢島が東京の墨田区出身ということもあり、区内のライブハウスや地域のイベントに出演している。そこではライブの司会や、ネタをしている。世間の人が想像するような芸人らしい活動だ。自分たちだけでネタを10本披露する単独ライブも年に三回開催し、吉本興業と朝日放送テレビが主催する「M-1グランプリ」といったネタを競い合う賞レースと呼ばれる大会にも参加している。芸人の定義はいろんな形があるが、私は「舞台でネタを披露していること」が芸人である定義だと思う。一生をかけてネタを磨き続けることは、私たちの目標の一つだ。

お笑いとインプロを組み合わせた劇場でのライブの企画として、お笑い芸人がインプロに挑戦する「ワラインプロ」というイベントの司会を担当していた。お笑いコンビ「かもめんたる」の槙尾ユウスケさんが発起人となってスタートした企画だ。2013年に始まり、お笑い芸人がインプロをショーとして見せる、当時まだ日本でも珍しい試みだった。私はインプロ専門家の芸人として司会兼ファシリテーターを担当した。お笑いのライブに来る観客はインプロを全く知らない。なので私は司会としてだけでなく、インプロの楽しみ方をガイドする役割を担当していた。このライブでは「インプロをショーとして見せること」と「インプロの見方、楽しみ方のガイド」が半分ずつのような形でおこなった。

はじめに、ショーが始まる前に前説としてオシエルズが登場し、インプロの楽しみ方について観客に説明する。具体的には客席からアイデアを出す練習をし、今から始まることは全て即興であること、これから出演する芸人はインプロについて初心者であることを話す。8人程度の芸人が登場し、トークを交えながら前半はその人たちにインプロを教える形でインプロのゲームを紹介し、観客には出演者の追体験をするような形でインプロについて理解してもらう。都度、ゲームの感想をトークで共有しながら進めていく。お笑い芸人は、一人でオチまで持っていく力はあるが、逆に協力して一つのものを作るのが苦手だ。放っておくと大喜利のようなインプロを使った笑いをとるための個人プレイになってしまう。なので、「自分でオチをつけない」、「人に任せる」「全体で作る」ということを意識するようガイドしていく。後半は即興で長い物語のお芝居を作った。インプロの基礎を学びながら、ストーリーを即興で組み立てていくというこのイベントは、お笑いライブとしては目新しく、人気イベントになった。

6　学校や企業での活動

私たちが学校、企業に呼ばれる際のきっかけは二つある。一つ目は芸人という肩書き。「なんとなく楽しそう」という期待を持ってもらえること。二つ目は実際に研修内で実践ができること。「失敗は共有しましょう」、「嫌なことは断りましょう」というような、分かってはいるけど実際できないということをインプロのゲームや演劇を使うことで、今この場で擬似的にやることができるのが私たちの強みだ。そして学びをこちらが全て提供するというよりは、その場での気づきを重要視している。実際にインプロゲームをやってみて気づいたことを参加者どうしでシェアをしてもらう。それを授業や研修の学びと位置付けている。その手法は全てインプロから学んだものだ。

6-1　高校での進路漫才

学校での仕事は、主に高校生のキャリア教育を支援する出前授業「進路漫才」をメインでやっている。これは、進路選択に悩む高校生に向けて「なぜ芸人という道を選んだのか？」という話をネタを交えながらおこなう出前授業である。先生からの要望のメインは「笑いを交えながら楽しく生徒の視野を広げてほしい」ということ。オシエルズは二人とも教員免許を持っており、講師としての経験が

図14－1　学校で漫才を披露する様子（写真右が著者）

あるのも呼ばれるようになった一つの要因だ。

具体的な中身を例として挙げる。50分1コマの場合、最初の5分でネタ披露。15分でなぜ自分たちが芸人という道を選んだのかという体験を話す。その体験を踏まえて仕事の探し方、好きなものの見つけ方、好きなものを仕事にする方法、など進路選択のポイントを話す。コミュニケーションをとることの大切さをワークショップで25分、そして最後の5分を質疑の時間としている（表14－1）。ワークショップでは、ペアでできるものや最大でも3人1グループになるものを事前に用意しておき、状況によって使うゲームを決める。ゲーム説明のデモンストレーションをする時は、なるべく訪問先の学校の先

表14－1　進路漫才のタイムスケジュール

過程	内容
ネタ5分	注意を引きつけるために漫才を披露
進路についての体験談15分	なぜ自分たちが芸人という道を選んだのかという体験、それを踏まえた進路選択のポイントを話す
ワークショップ25分	インプロゲームを2～3個やる
質疑5分	

生や生徒に協力いただくようにし、全体で授業を作る雰囲気作りを大事にしている。メッセージの内容や、ワークショップは、学校側の要望を事前に教えてもらい、それにそった形で柔軟に変えている。2019年から始めたこの出前授業は、現在オシエルズだけでなく、社会人経験があり教育に興味のある芸人に協力をしてもらいながら「進路漫才」チームを作り、運営している。

6-2　小学校でのワークショップ

小学校では、人前に立つ体験を通してコミュニケーションについて考える授業をおこなっている。45分1コマの場合、まず5分程度のインプロのパフォーマンスを子どもたちに見てもらう。そのパフォーマンスでは、即興ということが分かりやすく伝わるように、その場で子どもたちからアイデアをもらっておこなう。インプロを披露したあとは、子どもの代表者を募ってオシエルズと3人でパフォーマンスを見せる。そのあと、インプロゲームをグループでやってもらい、最後は子どもたちをメインにして短いインプロショーを披露してもらう（表14-2）。コメディだけがインプロではないのだが、私たちが芸人ということもあり、そこで生まれるインプロは大体がコメディのものだ。小学生だとアイデアはどんどん出てくるし、その中でもたくさん笑いが起きる。私たちの役割は、インプロで起きる笑いを楽しんでもらうのと同時に、そこに周りが嫌がる笑いがないかということに気づいてもらうことだ。

図14－2　小学校でのワークショップの様子

具体的に私の実体験から一つ例をあげたいと思う。ある男子と女子で組んだコンビの発表の時に、「この二人はどんな関係？」と聞くと「カップル」というアイデアが出てきた。そのアイデアを出した本人やその周りは笑っている。そして、そのアイデアを言ったことそのものに満足してしまっている。けれども、肝心の前に出ている二人は不安そうな顔をして立っていた。そんな時に「カップル」という提案をした子に対して改めて前に出た二人の顔をよく見るように促した。そしてこの二人も楽しくなるようなアイデアはないか改めて問い直し、前に出ている二人が喜ぶようなアイデアをみんな

表14－2　小学校でのワークショップのタイムスケジュール

過程	内容
インプロショー 5分	注意を引きつけるためにインプロを披露
グループでインプロゲーム25分	インプロゲームを2～3個やる
小学生とインプロショー 10分	サポートしつつ、小学生だけでショーを実際にやって、感想をきく
質疑5分	

で考えた。

笑いの経験は楽しいものだが、誰かを傷つける可能性もある。どこの誰が見ても100パーセント誰も傷つかないお笑いのネタなんてないが、最低でもその場にいる全員が気持ち良い笑いを作って欲しくてこの活動を続けている。

「授業」という名前がついているが、お笑いライブをやる時の感覚を大事にしている。落ち着きのない雰囲気であれば、ネタを長めにやって十分引きつけて本題に入る。大人しい雰囲気であればワークショップを先に持ってきて十分あたためてから本題に入る。今までコンビで合計100校以上の学校を回らせてもらったが、本題よりもその前段の雰囲気を掴む部分が大きく全体の伝わりかたを左右する。以上のような形で、ライブで学んだこととインプロで学んだことをその場で組み合わせながらおこなっている。

6-3 企業での活動

出前授業の仕事が増えていくにつれて、企業研修の依頼をもらうようになった。現在では、月に一回程度企業研修を担当している。テーマは「チーム・ビルディング」がほとんどだ。組織の縦や横の繋がりに対して問題意識を抱えている方に声をかけてもらうことが多い。「新人どうしの繋がり、店舗を越えた繋がり、世代間格差の繋がりをお笑い芸人なら楽しく強化できるのでは？」という期待をもって依頼をもらっている。実施の流れとしては、「何でも話し合える組織作り」「アイデアが出しやすい職場」などの大きなテーマをいただき、それを実現するためのコミュニケーション手法としてインプロのゲームをおこなっている。やる意味や価値を十分に説明し、インプロゲームをおこない、その体験に対して振り返り（reflection）をする、というサイクルを繰り返して研修を進めていく。割合としては、研修内の5割がインプロゲーム、3割を個人の振り返りや対話、残り2割を講義といった形で進めていく。インプロゲームはなるべく演技要素の少ない、大人でもできるようなものを選んでいる。大人だと演じることや日常的でない体の動かし方に抵抗感のある方が多い。なので、なるべく会話形式で、座る、立つ、手を上げるといった簡単な動作で成立するようなゲーム作りを心がけている。

新入社員研修で「同期で悩みを共有する」ことがテーマである一日研修を例にあげてみる。グループを固定して、共通点を探し、ニックネームを呼び合うような言葉が中心の簡単なインプロゲームからはじめ、中盤には言葉をあまり使わないノンバーバルな要素が強いインプロゲーム、個人的な内容を使うインプロゲームを挟み、最後にテーマである悩みの共有をおこなう。楽しさはもちろん、自然と自分のことを話したくなるような雰囲気作りを大事にしている。研修では最低でも7時間はあるので、各ゲームの前後にやる意味や効果を言葉できちんと伝えることを意識している。そもそも、演劇という言葉に拒否感を持っている方も多いので、なるべく使わず、アイスブレイクの延長のような形で研修を進めることが多い。そして学校の時と同じように、企業側のやって欲しいことを深くお伺いするということを一番重要視している。テーマにそった形で、研修のメッセージや、グループでおこなうインプロゲーム、研修内でおこなわれる対話の内容をチームで選定する。

研修において必ず伝えていることの中で、インプロの考え方としても重要なのは「失敗をオープンにすること」である。特に新しいアイデアや企画をすることが求められる業種の方には、このことを伝えて欲しいと言われる。そしてこの考えは芸人と相性が良い。ファシリテーターが笑いをとるのに失敗するのを実際に目の前で見せながら、失敗しても良い空気を作っていく。

芸人として呼ばれているので、研修内はできるだけ笑いが起きるように心がけている。そして、芸人講師として「全体が笑うこと」を大事にしている。笑いの大小に関係なく、それが全体で起きているかどうかを気にしている。一部がどれだけ大きく笑っても全体の満足度にはつながらない。お笑いライブでも、インプロのショーでもそれは全く一緒だ。どれだけ小さな笑いでも全体が笑うことができているのかどうか。それを自分自身の研修の評価軸においている。

２０２０年から「一般社団法人日本即興コメディ協会」を作った。そこで社会人向けに定期的な応用インプロのワークショップやファシリテーター育成のためのワークショップを始めた。一回2時間のワークショップを六回受ける講座を作り、それを卒業した人たちのコミュニティを作った。ファシリテーター側に興味がある有志でファシリテーターの勉強会や読書会を主催し、協会の会社研修の仕事を手伝ってもらっている。メンバーは教員や一般企業に勤めている方、俳優など様々なメンバーで構成されている。

7　後説――インプロから学んだこと

自分たちと社会の接点を作ってくれたのがインプロであり、インプロの考え方だった。インプロに出会う前は、いかに独創的なアイデアを出せるかということばかり考えていた。そしてそうやって生み出されたものは、結局周りと似たようなものだった。まさに「ビー・オリジナル」な状態だった。私は見た目も普通でこれといった特徴がなく、お笑いライブの控室にいる時はよくマネージャーと勘違いされていた。それがコンプレックスだった。しかしインプロにおける「ビー・アベレージ」を学んでからは、普通の見た目であることにも自信がもてるようになった。素の自分を受け入れるようになった。芸人がやりそうなことをやるのではなく、自分にとって自然で、つい考えてしまうことをそのままやるようになった。それは笑いについて考える場を作ることだった。その時初めて自分自身になれた。芸人仲間にその活動は理解されず、批判された。しかし、周りに否定されても自分のやっていることが楽しくてしょうがなかった。まだまだ自分の活動が仕事になっていない時でも、「次はこうやってみよう」と自然とアイデアが浮かんだ。どれだけ失敗しても好きなことをやり続ける勇気をインプロがくれた。

【文献】

合同会社FUNBEST「合同会社FUNBEST」ウェブサイト　http://funbest.jp/（２０２２年10月１日最終閲覧）

おわりに ―― 学校教育とインプロの二項対立

高尾 隆・園部 友里恵

９歳くらいの頃から、都合がいいからといって何でも信じてしまうことは決してしまいと決めました。これはもう、あらゆる発言を逆にして、その逆もまた真であるかどうかを確かめるようになりました。自分でやっていることにほとんど気づかないほど、私の習慣になっています。ある主張に「not」をつけた途端、ありとあらゆる可能性が広がります。特に演劇ではともかくすべてが仮定です。教えはじめるにあたり、自分の教師たちがしていたことのすべてを逆にするのは私にとってとても自然なことでした。私は俳優たちが、変顔をし、馬鹿にし合い、いつも向こう見ずに飛び込み、叫び、喚き、あらゆる創意工夫で悪い振る舞いをするようにしたのです。するとまるで、これまでのすべての即興の教育の伝統を受け継いでいるようになりました。普通の教育ではすべてがスポンタナエティを抑制するように設計されていますが、私はそれを発展させたかったのです。(Johnstone 1979: 14-15)

1　インプロ教育と二項対立

ここまでインプロ教育をめぐる様々な論考を見てきた。その中のほぼすべてに共通して見られたものがある。それは二項対立である。二つの考え方が対立したり矛盾したりすること。Aという考え方と、それと相反するBという考え方。Aを選べばBは成り立たず、Bを選べばAは成り立たない。各章に見られる様々な二項対立の背景には、学校教育（あるいは学校教育的な教育）とインプロというさらに大きな二項対立が存在する。

この本の最後に、この二項対立という切り口から各章をもう一度確認し、学校教育とインプロの二項対立について考察する。各章の中にはどのような二項対立があったのだろうか。それをどのように解決し、乗り越えようとしていたのだろうか。それは学校教育とインプロの二項対立の何を表しているのだろうか。

2　各章にみられる二項対立

第1章　インプロは教育できるのか（高尾）

高尾の章に見られる二項対立は、能力を持たない子どもたちに教育によってそれらを身につけさせようとする教育的な考え方と、能力を生まれ持つ子どもたちが教育によってだめにされないようにしようとする反教育的な考え方である。しかしもし、子どもが理想だと言ってしまうと、何もしないで放っておくことが最善となり、子どもを教育する意味はなくなってしまう。

それは、教育をどのように定義するのかに関わっている。インプロを教育することができるのかと問う時、この教育とは何を指すのか。この章における教育という言葉自体も一貫して同じ意味と捉えていいのか。私たちにとって当たり前になっている教育のイメージを一度フラットにし、それと照らし合わせながら、ここで言う教育が自分の思っていた教育と同じなのかを考えていくことになる。

例えば、教育を技術や知識の伝達というように狭い意味で定義すると、インプロはほとんど該当しない、できないものとなる。インプロの学習者は、学んでいることはあるが、教えられてはいないとなる。インプロ教育を議論するためには、教育の概念自体を広げ、柔軟に考えることが必要となる。その際に高尾が手がかりにしたのがルソーの教育観であり、ここに二項対立を乗り越える糸口を探る。インプロのワークショップでは、ただ自由に思いっきりやってもらうことがあり（自然の教育）、安全な場で何でも試してみることもあり（事物の教育）、一方でインプロの主要な概念を話して伝えることもある（人間の教育）。それらがずれずに調和したところにインプロ教育があるという立場をとることで、二項対立の乗り越えを試みている。

第2章　すでに学んでしまっている（堀）

堀の章の冒頭は、メノンのパラドックスを彷彿とさせる逆説、二項対立から始まる。学ぼうと思ったら学べなくなる、学ぼうとしない時に学んでいることもある、そうだとすると、人は本当に学びたいことを学べるのかという逆説である。次に、スポンタナエティをめぐる二項対立が出てくる。学ぶとは努力の末に何かを手に入れることであるという学習観と、なんとなくスポンテイニアスにできてしまうことこそ素晴らしいとする学習観である。

堀は、後者をジョンストンのインプロの考え方であると捉え、そちらの側につく。そして、ジョンストンの言葉に寄り添いながら、教育がそのスポンタナエティを抑圧し、子どもたちが教師の振る舞いを模倣し内面化することでその姿勢を習得していると指摘する。そこから回復する道はないのか。そこで堀は、スポンタナエティは、個人と周囲、どちらの問題なのかという二項対立的な問い立てから、実は周囲の環境の問題が重要なのではと思い至る。スポンテイニアスを称賛される環境では、スポンテイニアスになることを学習するというように、スポンタナエティは、文化社会的に構築されていくものであると言える。

また堀は、スポンタナエティの抑圧を解消するためには、今までやってうまくいっているやり方をわざとできなくして混乱させることを提案する。無意識化されているやり方が意識化されれば、あとは学習者が今までと違うやり方を探って見つけてくれるだろうと考える。

しかし最後に堀は、スポンティニアスになればそれでいいという単純なものの見方に対して揺さぶりをかける。自分を解放してスポンティニアスになるのはスタートに過ぎない。それを今度はコントロールしてうまく使えるようになることが必要であるという結論に至る。スポンタナエティの二項対立を超えた先の世界は興味深いものがある。

第3章　楽しむ中で「自分」になる（豊田）

ヴァイオラ・スポーリンについて書かれた豊田の章に見られる二項対立は、スポーリン自身が乗り越えを試みた知性・論理・思考的なものと身体・直感・感覚的なものの二項対立である。スポーリンは、それらが統合された有機的・オーガニックな状態を理想とする。そこには、思考を極端に重視する近代的な価値観の乗り越えも想定していたのではないかと感じられる。

この章で次に見られる二項対立は、インプロのゲームには正しいやり方があり、それを教師はきちんと説明できる必要があるという考え方と、インプロのゲームのやり方に正解はなく、その意味をやりながら探っていくことが大切であるという考え方である。豊田は、ワークショップに参加する学校教師からゲームの目的の説明を求められてしまうことや、まず自分で体験して味わおうとしないことにもどかしさを感じている。

豊田はその時、スポーリンはどうしていたのかに思いを馳せる。スポーリンは、ゲームを開発する際に学校教育を意識し、学校教師が実践することを想定した。だからこそゲームブックやゲームカードの形にし、ゲームをめぐる説明を多く書き込み、教師がその通りにやればいいようにした。またスポーリンは、評価における称賛・否定の問題を非常に気にしていた。ゲーム化したり、そのゲームの説明を多く記したりすることは、子どもたちが良し悪しの基準を教師に求め、教師の顔色を窺うようになってしまうという問題に対する工夫でもあった。フォーカスが明示されていることで、教師はそれに基づいて評価することができる。

それはマニュアル化と言われる可能性もある。カードに書かれていることが正典化してしまう危険もある。豊田は、評価はあくまでその人の課題解決の手助けのためにしているのであって、人を批判するためにしているのではない視点を持つことで、この二項対立を乗り越えようとしている。

第4章　即興演劇における仮面とトランス（福田）

インプロにおける仮面を扱う福田の章では、インプロにおける仮面ワークがどのようなものなのかという話を超えて、インプロそのものがもともと仮面的な性格を強く持っていることを浮き彫りにする。その中で、仮面をかぶったことによって自動的に生まれてくるスポンテイニアスなものと事前に頭で考えて計画してやること、言語的なものと感情的なもの、コントロールするということを手放していくことなど、インプロで見られる二項対立がより鮮明な形で出てくる。

仮面は、近代よりはるか昔からある長大な歴史を持つもので、事前に考える、言語的に処理する、感情的なものを押さえるなどの近代的な行動規範に対して疑問やオルタナティブを呈する。そこには西洋文化と、非西洋的文化の二項対立も垣間見える。もちろん西洋文化の中にも仮面はあるが、アフリカ、アジア、ラテンアメリカなど、世界各地に仮面の文化があり、仮面について考察を深めると、西洋中心主義的な価値観も相対化されていく側面がある。

この章で最も大事な逆説がトランスについてのものである。トランスという言葉にはインパクトがあり何か特別な精神状態のように思えるが、福田は、トランスとは決して神秘のベールに包まれたものではなく、私たちも日常で皆、トランスしているのではないかという見方を提示する。トランスしているか、していないかという二項対立な見方を超えて、その間のグラデーションの中で私たちは生きていると考えている。

第5章　教師が「学習者になる」とはどういうことか（園部）

教職大学院で教師教育にあたっている園部は、「対話型模擬授業検討会」に出会い、そこに教師教育とインプロをつなぐ可能性を感じた。そして、模擬授業で演じることとはどういうことかという問題設定をする。

模擬授業で演じる際に見られる二項対立は、役になりきらなければならないという意識と、役になることなどできないという意識である。園部は、役になりきれないこともとても大きな発見であると逆説的に考える。演技とは他者を演じることを指すが、そんなに簡単に他者になれるとか、他者の気持ちが分かるということはない。役になりきることなんて絶対できないという諦念がまずあり、しかしそれでも少しでも理解していきたい、近づいていきたいとにじり寄っていく矛盾の中の行為である。

さらに演技には、トレーニングしてできるようになるという見方と、子どもがごっこ遊びをするように人間は誰もが普通にできることであるという見方の二項対立もある。後者の立場を取れば、問うべきは、演じられない人がどうすれば演じられるようになるのかではなく、演じる能力、他者への想像力や共感力を持っているはずの人間が、何が妨げになって演じられなくなるのかになる。現職教員院生が経験や専門性があるがゆえにそれらに邪魔されて、子どもやその場で起こっていることを純粋に体験できなくなる問題である。

そして、園部が最後に検討する重要な二項対立は、考えてから演じるのか、演じてから考えるのかである。考えながら動くという二項対立の乗り越え方も選択肢としてあるが、園部は実践的な感覚からあえて、この二項対立を解消せず、演じてから考えるという立場を選ぶ。現職教員院生に、過去の現場経験から頭で考えることをやめて、今ここで起こっていることに身を委ねるように促していく。

第6章　学校教育におけるインプロの教育的意味（郡司）

小学校教師である郡司の章に見られる二項対立は、勉強と遊びという二項対立である。郡司のクラスの子どもたちは、インプロは昼休みに遊んでいる感覚もあるけれども完全に遊びという感覚がしない、学校の授業の中でやっている勉強なんだけれども完全に勉強という感じはしない、勉強のようだけど遊びのようでどちらかよく分からないと自らの感覚を語る。純粋な勉強でもなければ純粋な遊びでもない、マージナルなものとしてインプロを捉えている。

そういったインプロには、教師が持っている学校の中で日常的になっている見方だとか、捉え方、考え方を相対化したり客観化したりする作用があると郡司は感覚的に掴んでいる。

郡司には学校に対してこのままでいいのかという問題意識があるものの、教師として働き、学校や子どもを愛してもいて、そのことが自分の中でジレンマとなっている。だからこそ、マージナルな性格を持つインプロと共鳴している。

その感覚的なものを矢野智司の「発達としての教育」「生成としての教育」という二項対立的な理論枠組みを使って理解しようと試みる。生成としての教育にインプロと近いものを感じつつ、それはあくまで学校教育の現状があまりにも発達としての教育に寄っているためであり、最終的にはそういう二つの見方の間に自分の教育像を探し求めている。子どもからすると、学校文化的なワークと、インプロ文化的なプレイの二項対立に学校で触れながら育っていくことの意味を探ることでもある。

第7章　小学校におけるインプロ実践の方法とその意味（神永）

インプロを活用した授業のカリキュラムを検討する神永は、まず前向きのアプローチと後戻りのアプローチという二つのカリキュラム像を二項対立的に提示し、インプロの授業は後戻りのアプローチと相性が悪いと述べる。このアプローチは、まさに学校教育のカリキュラムとして当たり前になっているものである。インプロをただカリキュラムの一部分として取り入れるのではなく、これまでの教育、教師、教師と子どもたちの関係性を見直し変えていくことにつながらなければ意味がないというのが神永の基本姿勢である。

計画か即興かといった、キース・ソーヤーが言うような二項対立的カリキュラム観の間で、事前に計画することとその場で修正することとのバランスを取ろうとする。その中で神永は、目的（objective）とめあて（goal）を区別することを重視する。目的をめあてとして設定すると、それが達成できなければ失敗になってしまうし、一方で目的を設定しなければ、ただやって楽しいだけになってしまう。また、学校教育において教師が学ばせたいことを学ばせるのか、子どもたちが自分の学びたいことを学ぶのかという二項対立に対して、学びの主体性、学びの責任を学習者である子どもたちに返していくことを試みる。その突き放しでもあり、自立の促しでもある神永の働きかけに子どもは応えていく。このことは、教師がするのはティーチングなのかファシリテーションなのか、あるいは教師は正解であり絶対なのか、一つの考え方を持つ一人の人間なのかという二項対立とも関わる。

神永は最終的に、計画的、主体的、よく考える、繰り返し練習するといった学校的な価値観と、即興的、応答的、あまり考えすぎない、繰り返し試すといったインプロ的な価値観を二項対立的に示しつつも、どちらになればいいということではなく、場面や時間に応じて両方の要素を持っている、あるいは、どちらかに偏った時にそのもう片方があるおかげでバランスを取り戻せる懐の深さを持った学校像の構築を目指している。そして、そのことによって、近年ますます強まっている学校教育に対する締め付けをいったん受け止めながらも、したたかに読み替えていくイメージを提示している。

第8章　小・中学校における外部講師としてのガイディッド・インプロビゼーションの実践（吉田）

吉田の章には、まず学校教師と外部講師という二つの異なる立場が現れる。吉田は、外部講師として学校に関わり、クラスの問題状況を解決する仕事をする。その中で、他者にどう思われるかを過剰に気にして自分の考えを抑制し常に周囲に合わせてしまう子どもたちに、自分の考えを表現して受け入れられる体験を通して、クラスの中で自由に発言できるようになってもらうことを目指す。

学級経営には、規律重視の方針と、自由重視の方針がある。規律を重視し過ぎてクラス全体が抑圧的な雰囲気になってしまうこともあるし、自由を重視し過ぎて皆が好き勝手に動き授業が成り立たなくなってしまうこともある。この二項対立を乗り越えるために、吉田はキース・ソーヤーのガイディッド・インプロビゼーションという概念に着目し、規律と即興のバランスのとれた状況を見極めようとする。

クラスの問題状況の改善のために吉田が重視するのが、学校教師と外部講師の打ち合わせである。この打ち合わせを通して、クラスや教育についての学校教師と外部講師の二つの拮抗する見方が顕在化し、そのことによって互いの生徒観、クラス観、教育観が揺さぶられていく。特徴的なのは、その揺さぶりがポジティブなものと捉えられていることである。子どもと即興することを通して、教師の子ども理解がリフレーミングされ、学校教師も外部講師も学校も変わっていく。そうした可能性に期待を見出している。

第9章　高校生が即興的に役を演じることの意味（鎌田）

高校生が演劇の授業の中で即興的に役を演じることの意味を扱う鎌田の章には、まず、役を演じる時、それは役なのか自分なのかという演技における根源的な二項対立が見られる。演じることによる変容をねらう教育実践において、役を役として自分と切り離してしまえば、役としての経験が変容につながらなくなってしまう。一方で、役は自分自身の発露であると考えてしまうと演じることがあまりに重苦しいものになってしまう。

鎌田は、授業の中で、生徒たちに無理やり演じさせようとはしないし、それによって強引に学ばせよう、変容させようとはしない。生徒たちが自ら演じたいと思うように誘っていく。そのために重要なのは良質な教材を提供することだと考えている。劇作家・演出家の如月小春は「私が教育するのではない、演劇が教育するのだ」と言ったが、鎌田も演劇を愛し、演劇が人を変える力を信じているため、その演劇と高校生との出会いをどう魅力的なものにするかに腐心する。

鎌田は、スタニスラフスキーの演技法に着目するが、それを用いることによって出てくるもう一つの二項対立は、演じることで役の人物の特殊性に触れることになるのか、人間の普遍性に触れることになるのかというものである。鎌田は、実践の中で、高校生たちが時代も場所も違う世界を生きる役の人物に演じることで触れ、自分と同じような感覚がこの人たちにもあると感じ、そのことによって結果的に自分のことを振り返っていく教育的ダイナミズムを見出していく。演じることがあくまで他者になることであり、自分に触れることを強制されないからこそ、かえって自然に自分と向かい合えるという逆説がここにある。させられているわけでもないが促されているような中動態的な状態を鎌田は目指しているように思われる。

第10章　理学療法士のコミュニケーションとインプロ（薄）

理学療法士養成に携わる薄は、理学療法士の仕事内容の複雑化・高度化と、理学療法士の量的拡大による学生のモチベーション・積極性の低下という二つの課題の間に立たされ、学生のコミュニケーション教育に悩んでいた。理学療法士のコミュニケーション教育には二つの前提的見方がある。一つは、理学療法士のコミュニケーションはマニュアル化でき、知識や技術として教えられるというもの、もう一つは、理学療法士のコミュニケーションには定型がなく、また生育歴や人柄も含むため教えることは難しいというものである。薄は、前者の見方でなされてきた、外部講師が敬語の使い方や挨拶の仕方を教えるコミュニケーション教育に疑問を呈する。しかしまた一方、後者の立場を取ってしまえば、元々コミュニケーション能力を持つ学生しかコミュニケーションはできないということになってしまい、理学療法士の量的拡大という課題に応えられなくなってしまう。

そのようなジレンマに立たされた薄は、インプロにそれを乗り越える可能性を感じる。「相手にいい時間を与える」というモットーや双方向的なインプロバイザーの関わりが、患者を大切にしていく理学療法士と重なり響き合う。しかもインプロは、ゲーム形式で体験しながら、その体験を言葉によって確認していくことができる。伝達的教授でもなく、放任でもない教育の可能性を薄はインプロに見出したのである。

薄がもう一つ直面するのが、創造性についての二項対立である。理学療法士によるリハビリは安全でリスクがないことが重要であり、そのためにはエビデンスの蓄積による確証が必要である。思いつきで、創造的にやるのは望ましくないとされる。しかし薄には、理学療法士が過度に失敗を恐れ、創造性をなくしてしまっていることへの危機感がある。

私たちは、創造性やイノベーションを、社会を大きく変えるものというように、大ごとに捉えすぎてはいないか。現場には、この患者さんとのリハビリでの関わり方をちょっと変えてみよう、記録にこういう要素もあると便利だから書いておくようにしようといった小さな創造性やイノベーションも多くある。同じことの反復ではなく、毎回小さな実験的試みを加えていく。そういった試みは、将来の大きな失敗を防ぐことにもつながる。逆に、変えた方がいいと感じているのに、変えるためにはエビデンスが必要だから何もしないという方がリスクがある。これも逆説的である。

第11章　保育者養成校におけるインプロ教育（直井）

保育者養成に携わる直井が演劇発表会に感じる二項対立がある。大人がやらせたい演劇をやるか、子どもがやりたい演劇をやるかである。直井は、前者を敵視し、全面的に後者の肩を持つ。そして、インプロに後者を支え、前者を崩すことを期待する。

この裏には二つの拮抗した教育観がある。一つは、教育とは私たちの社会が大事にしている考え方、知識・技術を精選して次の世代に伝えていくという文化的再生産の見方、もう一つは、教育はすべての発達する可能性を十分にひらき伸ばすことであるという発達の見方である。直井は、子どもが目一杯楽しんでいる時にその可能性がひらかれるという後者の見方を支持するが、決して放任主義ではない。学生と接する際になるべく介入せず、学生に自由にやってほしいと思いながら、実際には要所要所で学生にメッセージを伝えている。これは、自由に対する二項対立とも言い換えることができる。何をするか決まっている場を、軍隊のように感じる学生もいれば、分かりやすく快適だと感じる学生もいる。逆に、緩やかな枠組みを、自由だと感じる学生もいれば、何をやっていいのか不安になってしまう学生もいる。その制約と自由の間を、直井は感覚的に動いていく。

また、海の世界を描くエピソードにも、二項対立的な見方が含まれている。それは成功・失敗をめぐるものである。失敗したとやってくる学生に、直井は失敗していないのではと語りかける。学生にとっての成功は、上手な絵を描くという学校教育的な成功であるのに対し、直井は、活動を通して保育者と子どもたちが生き生きと心を通わせることを成功と捉えている。そうした直井の成功の捉えは、学生の実践に対する考え方を変えていく。

第12章　子どもと保護者が集うインプロの習い事（下村）

習い事としてのインプロという新たな取り組みに挑む下村は、団体の運営にもインプロの考え方を取り入れる。計画通りに進めようとせず、子どもたちや保護者の考えに委ねていく。保護者に率直に経営の問題を話してみたり、意見があれば遠慮せずに言ってほしいと求めたり、自分たちの状況をオープンにしている。普通、オープンにすると、傷つきやすくヴァルネラブルになる。しかし、ここにインプロの逆説がある。インプロでは、失敗を隠したりネガティブになったりすると、観客はそのプレイヤーに対し敵対的になるが、逆に失敗してもオープンであると、観客はそのプレイヤーを傷つけようとはせず温かく受け入れようとする。このインプロの逆説を信じて、下村はオープンになり、ヴァルネラブルになり、リスクを取っていく。そして、そのことによって子どもたちも保護者も活動を応援したい、一緒にやっていきたいとなり、結果的に安全な場を生み出すことになっていく。

このような運営方針は、ファシリテーターや参加者など、そこにいる人たちとの濃厚な人間関係をベースに進められるものである。そこには、事業を拡大させることが難しくなるというジレンマが生まれる。しかし、どこでも同じことをするのではインプロの魅力はない。下村は、プログラムをパッケージ化していく方向と、そのつど個別に手作業でつくっていくブリコラージュ的な方向の二項対立の狭間にいる。この二項対立の間で下村が今後どのように進んでいくのかは非常に興味深い。

第13章　コロナ禍に生まれたオンラインインプロワークショップの軌跡（内海）

内海の章は、新型コロナウイルス感染症の拡大によりオンラインのインプロワークショップが生まれた、その時期のリアルで貴重な記録である。そこでまず見られる二項対立は、対面かオンラインかである。内海は、コロナ禍においてインプロワークショップを中止するという選択肢はとらず、できることをおもしろがってやってみようという姿勢をとる。まずは対面ワークショップで実施していたものをオンラインで試しながら、できるものとできないものに仕分けしていく。しかしやがて、オンラインという状況を受け入れ、オンラインだからこそできることを次々に発見していく。ここに、困難をポジティブに捉え、制約を創造性の源としていくインプロ的逆転発想がある。

そして最後には、オンラインか対面かという二項対立から離れ自由になっていく。オンライン・対面の良し悪しという見方を超えて、インプロワークショップとしての良し悪しがある、それだけなのではないかというところに辿り着く。

スポーリンのインプロでも、ジョンストンのインプロでも、様々なゲームはある問題状況を解決するために生まれた。インプロは、困難を解決しようと新しいことを発想する人間の問題解決能力によって発展してきたとも言える。内海は、オンラインインプロを、地方在住者、障害者、高齢者、女性といった、これまでインプロが届かなかった人たちにアプローチする力強いツールであると感じている。今後、行動制限が緩和されていく中で、オンラインか対面かという二項対立は内海の言うようになくなっていくのか、あるいは独自のオンラインインプロが育っていくのか、これからの動向が注目される。

第14章　お笑い芸人である私とインプロ（野村）

お笑い芸人である野村には、まずお笑い芸人とはテレビにたくさん出て売れなければならないという「王道」のイメージに対する違和感があった。インプロに出会った野村は、お笑いで必要なのは一目で分かる独創性と瞬発力であり、インプロでそのことを身につけられるのではないかと考えた。しかし、インプロのショーに初めて出演した時、お笑いの舞台と同じ感覚で笑いを狙おうとするほど空回りし、逆に自分が全く意識しないところで笑いが起きるという逆説を体験する。頑張るとうまくいかなくなり、頑張らないとうまくいく。インプロの逆説である。

そんなインプロに興味を持ち学んでいくにつれ、野村は、インプロの考え方からお笑いの世界を見るようになる。そこで見えてきたのは、賞レースで勝ちたい芸人たちの姿である。勝とうとすると人との関係が切れていき、逆に勝つことを手放すと人とつながることができる。そしてその結果、いいパフォーマンスができるようになる。このインプロの逆説を知っている野村は、お笑いも独創性を全面に出して独力で切りひらいていくのではなく、互いのアイデアを披露し、つなげ、調和することが大事だと感じるようになる。そしてあえて、芸人以外の人とお笑いについての対話を重ねるようになる。お笑いを愛し、一方でお笑いの世界の中で苦しんだ野村が辿りついた場所である。

そして最後に、頑張って苦しんだその先に幸せがある、楽とは自分を甘やかすことだからもっと追い込まなければならないという価値観と、楽しい・楽という状態がその人の能力を最も発揮させられるという価値観の二項対立の中で、後者にもとづくお笑いを探り広めようとしている。

3　脱構築から考察する

ここまで各章の内容を二項対立という切り口から確認してきた。ここからは各章に見られた二項対立とその乗り越えを、フランスの哲学者ジャック・デリダの脱構築と重ね合わせながら考察する[1]。

精神と身体、理性と感性、能動と受動、思考と感覚、西洋と東洋、大人と子ども、真面目と遊び、正常と異常、健常と障害、オリジナルとコピー、内と外、安定と不安定、正気と狂気、計画と即興…。西洋近代的社会には数多くの二項対立が存在する。そして、これらの二項対立では一方が優れ、一方が劣ることが前提とされている。先ほど列挙した二項対立はすべて前者が優れ、後者が劣っているとされている。優れているものは正しいもの、正統なもの、正常なものとされ、劣っているものは間違ったもの、異端なもの、異常なものとされる。西洋近代社会はその優劣を絶対化し維持することで、逸脱を排し、安定する。その社会の中で生きる私たちにこれらの優劣は内面化されて無意識的なものとなり、思考、表現、行動を規制していく。このことに違和感を感じ、その解体を試みるのが脱構築である。

脱構築の戦略は、まずあえて二項対立の劣っているとされている方の肩を持って介入することである。劣っているとされるものが優れているとされるものよりも本当に劣っているのか、見方や条件によってはそうでないこともあるのではないかと問うてみる。これまで絶対的であった優れているとされていたものが、そうではないかもしれないと考えられる可能性が出てきて、優劣の安定が破られ混乱する。それまで疑われず無意識的になっていた二項対立とそれに内包される優劣が意識のもとに晒され、その奇妙さやおかしさが浮かび上がってくるのである。

これを学校教育とインプロの関係で考えてみる。学校教育は西洋近代社会において「王道」であり、社会に存在する二項対立の優れているとされている方を重視し、劣っているとされる方を極力排除しようとしてきた。一方、インプロは二項対立の劣っているとされている方の肩を持っている。インプロを学校教育に取り入れると、そこで当たり前となっているやり方や考え方に対してインプロがカウンター、あるいはオルタナティブとしてぶつかることになる。すると「王道」であり、そのことが当たり前すぎて気づかなくなっている学校教育のやり方や考え方が意識化され、疑問や問題もあぶり出されていく。学校教育においてはこれまでAが正しいと考えられていたけれども、それと相反するBが正しいと考えても成立してしまうのではないかという逆説も生まれる。インプロは期せずして「王道」を晒し、ずらし、異議を呈することになる。

4　毒でも薬でもあるパルマコン

しかし脱構築は優劣の逆転をねらっているわけではない。Aが優れていてBが劣っているという二項対立関係が、Bが優れていてAが劣っているという二項対立関係に変わったとしても、それでは新たな序列をつくり出すだけである。

デリダは脱構築のためにプラトン『パイドロス』に出てくるパルマコンを導き入れる。パルマコンとはギリシャ語で「薬」を意味し、また「毒」も意味する両面価値的なものである。治療もするが苦痛も与える。良いものであり、悪いものでもある。人はパルマコンに魅惑され力を与えられ動かされるが、惹きつけられすぎると道を踏み外し命を失うかもしれない。

学校教育とインプロの関係で考えると、はじめ、インプロは学校教育に対峙する。学校教育が強く揺るぎない間は、学校教育とインプロは二つの異なるものとしてはっきり分けられ、それらの性格の違いが強調される。学校教育を攻撃する「毒」の性格が強いものとなる。しかし、学校教育が滅び、インプロにすべて置き換えられればユートピアが訪れるわけではない。

二項対立ではAとBという境界ではっきり分けられた二つの概念が対立的に提示され、Aが勝つかBが勝つかすればその対立は解決して安定するという単純な図式で提示される。しかし実際には、すべてがAになればいい、Bになればいいといった単純な話ではない。

優れているとされたものに劣っているとされたものがぶつけられると、まずパルマコンの「毒」の側面が強く出る。しかし、優れているとされたものへの疑問が出され、問題があぶり出されると、今度はパルマコンの「薬」の側面が強まってくる。優れているとされるものの暴走を止め、疑問や問題を解決することを通して癒しや力を与えることになるのである。

インプロは学校教育にとってパルマコン的である。学校教育にとって薬のように見えて毒でもあり、毒のように見えて薬でもある。学校教育はインプロをぶつけられることで内包している疑問や問題があぶり出される。それはあたかも「毒」であるインプロが学校教育を痛めつけているように見える。しかしインプロは「薬」として学校教育の暴走に待ったをかけ、疑問や問題を解決し、癒しと力を与えるのである。

そんな「薬」としてのインプロに魅せられた人が、インプロが学校教育中に広まることを望んで動いたとしても、いざ広まってしまうと今度は学校教育を滅ぼす「毒」になってしまうかもしれない。パルマコンのような両面価値的なものを通して二項対立を見ると、この場合はAでこの場合はBという場合分け、AとBを統合したCを作り出す弁証法的乗り越え、AとBは実は同じものの裏表ではないかという両義性の視点など、様々な見方が出てくる。こうして単純な二項対立は解体され、不安定で混乱した状態が生み出される。

これを学校教育とインプロに置き換えると、学校教育とインプロを使い分ける、学校教育とインプロを統合した新たな教育を生み出す、あるいは学校教育とインプロは実は同じものを違った角度から見ているだけではないかと捉えるなどしているうちに、学校教育対インプロの単純な二項対立が解体され、不安定で混乱した状態が生み出される。

　インプロをパルマコンとして捉えると、実は学校教育もパルマコンだったのではないかという視点が出てくる。インプロと学校教育のどちらがいいかといった単純な話ではなくなってくる。そもそもインプロにも学校教育にも良いものと悪いものがある。インプロも学校教育も子どもたちに対して良く働く時もあるし、悪く働く時もある。そうすると、学校教育かインプロかという二項対立は解体され、良い悪いの新たな二項対立が取り込まれて混乱状態となる。この良い悪いも絶対的なものではなく、常に問い直される不安定なものである。そこで考えるべきはどのようなインプロは「薬」で、どのようなインプロは「毒」なのか、インプロをどのように使うと「薬」になり、どのように使うと「毒」になってしまうのか、どのような学校教育に対しては良く働き、どのようなものには悪く働くのかになる。ここではインプロは、もはや学校教育を一律に否定するものではなくなっている。

　インプロそのものが「薬」から「毒」に転じてしまう危険性も見過ごせない。例えば、自己検閲による自発的服従を暴いたインプロが、「自発的でなければならない」という規範に転じてしまい、新たな自発的服従と抑圧を生み出してしまうかもしれない。インプロもまた安定してはいられないのである。

5　パルマコンとしてのインプロ

学校教育とインプロは一方が一方を打ち負かしたり、一つに融合したりすることなく、緊張関係を保ち、矛盾を抱えながら、二つであり続ける必要がある。インプロは学校教育に対して「毒」でもあり「薬」でもあるパルマコンとして存在し続ける。そのことによって学校教育は完全な答えに辿り着かない不安定な状態のまま、時に自らを疑い、時に励まして進んでいくことになる。

インプロを学校教育化し無毒化することを以前、高尾は「目黒のさんま」の例えを用いて説明した（高尾 2017: 136-137）。落語の噺「目黒のさんま」では、さんまを食べたいと言った殿様に、家臣は身体に障るといけないと、脂を抜き、小骨を抜いて提供する。このさんまは「毒」にはならないが「薬」にもならない。インプロから「毒」を抜いてしまえば、学校教育とぶつかりはしなくなる。しかし、そのようなインプロは学校教育との緊張関係を保てなくなる。それでは、「毒」として学校教育の疑問や問題を浮かび上がらせたり、そのおかしさを指摘したりすることはできない。また「薬」として学校教育に活力を与えることもできない。

緊張関係があり続けるから、学校教育は新たに生まれ変わり続ける。時代は変わり、社会は変わる。それにともなって学校教育のある部分は崩れ、ある部分は新たに構築される。教育とは何か、学びとは何かを問い続け、課題を乗り越えながら、どこかで落ち着き固定することなく存在し続ける。

インプロは学校教育にとって無視できないものでありながら取り込まれず、ずれ続け、理解しがたいものであり続ける。「毒」でもあり「薬」でもある状態で、学校教育の伴侶として批判し活力を与え続ける必要がある。（デリダの言葉で言えば差延する必要がある。）

ここまで二項対立的に捉えてきた学校教育とインプロであるが、実は根源的には双方とも人間の成長と学びをねがうものであり、同根であるとも言える。すると学校教育とインプロの境界線はますます可変的、流動的なものになるだろう。

脱構築は二項対立を解体することにその最終的な目的があるのではない。二項対立によってもたらされる優劣関係の呪縛からずれて解放されることで、別の関係の可能性を考えることができるようになり、その結果、社会がより健全になり、人々がより自由になり、より幸せな人生を歩めるようになることを目指すものである。その目的地には辿り着けないかもしれないけれども、そこへと向かって進み続けようとする運動である。

6　インプロはなぜ脱構築的か

それではなぜインプロは脱構築的な性格を持っていたのだろうか。このことを最後にジョンストンのインプロに照らして考えてみたい。

著者たちがジョンストン本人に確認したことはないが、彼はデリダについて読んだことはないと思うし、彼が脱構築という言葉を使うのも聞いたことはない。彼自身が子どもの時に学校に適応できなくなったのをきっかけに逆から世界を眺め、学校教育で劣位とされる考え方で考えることが彼の習慣になったのである。その後、教員養成校で彼が共鳴する逆の考え方で教える優れた教師に出会い、教師となって学校から排除されている「落ちこぼれ」の子どもたちにその教育法を用いて劇的に成長するのを見た。その経験が彼のインプロ理論の基礎となった。

インプロはその理論に学校教育への批判的な意識があるが、一方、学校教育がなければインプロは生まれなかったかもしれない。ジョンストンの学校教育に対する態度はアンビバレントであった。ジョンストンは学校にうまく適応できず学校教育に対して憎しみを持つ一方、それは本来的な学びへの希求、学校教育が本来的な学びの場になっていくことの期待への裏返しでもあった。ジョンストンは学校教育がなくなればいいと思ってはいなかった。学校教育が子どもに愛される、本当の学びの場になることを望んでいた。

この「おわりに」の文章の作成中、２０２３年3月11日にジョンストンは90歳で亡くなった。筆者の一人である高尾は２０１９年9月にカナダのバンクーバーでのワークショップに参加したのが彼との最後の対面となった。別れ際、ゆっくりと立ち上がり、ハグをして、彼はこう言った。これがジョンストンから聞いた最後の言葉になった。

Make children love to go to school. It's my policy.
（子どもたちに学校に行くことを好きにさせる。それが私のポリシーです。）

7　インプロ教育のこれまでとこれから

高尾が学位論文「Keith Johnstoneのインプロは創造性を育てるのか」[2]を提出したのが２００４年である。それから20年となる。

初期のインプロ教育は、学校教育の枠組みと調和させながらゲームやアクティビティといった手法としてのインプロを授業に取り入れていこうとする方向と、インプロ的価値観を学校教育にぶつけることによって学校教育のネガティブな側面を暴露しようとする方向のいずれかに二極分化しやすかった。それは、インプロの「薬」としての側面を生かすか、「毒」としての側面を生かすかということである。

それがこの20年間でも多彩な実践が積み重ねられてきたことで複雑化してきている。インプロのパルマコン＝両面価値的性格を理解し、その「毒」と「薬」を見極めながら、学校教育に反映させていく方向である。

この20年で学校も大きく変化してきている。アクティブ・ラーニングが広まり、グループワークも以前より積極的におこなわれるようになってきている。インプロはそんな学校教育に対して単純に批判的な立場は取れなくなってきている。学校教育と調和するのか、学校教育を崩していくのかという二項対立に対して、現在のインプロ教育は合わせはするけれども飲み込まれない立ち位置を探っているように思う。学校教育を理解したり、取り入れられたりしつつ、学校教育に大事なところを譲らない、完全には巻き込まれないという、間の微妙なところで差延していく。筆者たちも仲間たちとともにその即興的営みをこれからも楽しんでいきたいと思う。

【注】

［1］この節の執筆には高橋（1998）のデリダの思想の解説（特に「プラトンのパルマケイアー」の解説）に多くの示唆を得ている。

［2］のちに『インプロ教育――即興演劇は創造性を育てるか？』としてフィルムアート社から出版。

【文献】

高尾隆（2006）『インプロ教育――即興演劇は創造性を育てるか？』フィルムアート社

高尾隆（2017）「インプロヴィゼーションと学びの関係デザイン」川島裕子（編）『〈教師〉になる劇場――演劇的手法による学びとコミュニケーションのデザイン』フィルムアート社

高橋哲哉（1998）『デリダ――脱構築』講談社

編著者一覧

【編著者】

高尾 隆 Takashi Takao

東京工業大学リベラルアーツ研究教育院教授

1974年島根県松江市生まれ。1998年東京大学文学部卒業。2004年一橋大学大学院社会学研究科博士課程修了。博士（社会学）。一橋大学学生支援センター専任講師、東京学芸大学芸術・スポーツ科学系音楽・演劇講座演劇分野准教授を経て現職。インプロをキース・ジョンストン氏などに師事。学校、劇場、企業、地域などでインプロ・ワークショップをおこなう。主宰するインプログループ、即興実験学校ではワークショップをおこなうかたわら、舞台にも立つ。著書に『インプロ教育 ―― 即興演劇は創造性を育てるか？』『インプロする組織』（共編著）など。

園部 友里恵 Yurie Sonobe

三重大学大学院教育学研究科准教授

1988年三重県松阪市生まれ。2010年横浜国立大学教育人間科学部卒業。2018年東京大学大学院教育学研究科博士課程修了。博士（教育学）。博士課程院生時代には、高齢者インプロ集団「くるる即興劇団」を結成し、「老いとインプロ」のアクション・リサーチを進めてきた。2016年度に三重大学着任後、「教師教育とインプロ」をテーマに、現職教員や教員志望学生とともにインプロの実践と研究を続けている。著書に『インプロがひらく〈老い〉の創造性――「くるる即興劇団」の実践』『人生100年時代の多世代共生』(共著)など。

【著者】

薄 直宏　Naohiro Usuki

理学療法士(教育・管理専門理学療法士)

新潟県生まれ。東京学芸大学大学院教育学研究科表現教育コース修了。修士(教育学)。臨床現場ではマネジメントと理学療法の実践、臨床実習生の指導、非常勤講師として大学や専門学校でコミュニケーション科目を担当している。また現職の理学療法士に対してコミュニケーション講習会を開催しその中でインプロの実践指導もおこなっている。

内海 隆雄　Takao Utsumi

インプロアカデミー代表

1985年横浜生まれ。東京学芸大学に在学中、高尾隆研究室インプロゼミにてインプロを学ぶ。大学卒業後はパティ・スタイルズ、ショーン・キンリー、レベッカ・ストックリー、ウィリアム・ホールといった、世界のインプロバイザーからインプロを学ぶ。インプロバイザーとして海外を含む100を超えるインプロ公演に出演するほか、全国各地において1000回を超えるワークショップを開催している。2020年にはインプロのスクール「インプロアカデミー」を立ち上げ、インプロのマインドとスキルを生徒たちにシェアしている。

鎌田 麻衣子　Maiko Kamata

東京学芸大学／群馬大学／和光高等学校非常勤講師

２００５年玉川大学文学部芸術学科卒業。２０２２年東京学芸大学大学院連合学校教育学研究科（博士課程）修了。博士（教育学）。２００６年より公立の高等学校や私立の和光高等学校で演劇の授業を非常勤講師として担当。２０１１年より高尾隆氏に師事し、以降ワークショップファシリテーターとして、小、中学校、大学、劇場、地域などでインプロやドラマワークショップをおこなう。論文に「冨田博之の演劇教育における演技のリアリズムについて――スタニスラフスキーの演技論との比較を通して」（2020）など。

神永 裕昭　Hiroaki Kaminaga

足立区立桜花小学校主幹教諭

東京学芸大学大学院連合学校教育学研究科学校教育学専攻修了。博士（教育学）。国語科「話すこと・聞くこと」領域の実践研究の過程において、インプロと出会い、高尾隆氏に師事する。現在は、現職の教員や教員を目指す大学生を対象にインプロのワークショップを実施し、学校教育におけるインプロの実践と研究に取り組んでいる。

郡司 厚太　Kota Gunji

高崎市立箕輪小学校教諭／東京学芸大学大学院連合学校教育学研究科（博士課程）

群馬大学教育学部を卒業後、東京学芸大学大学院教育学研究科表現教育コースに進学し、演劇教育を学ぶ。大学院修了後は、小学校教員として働きながら、演劇ユニットa/r/t/s Labを主宰し、群馬県内を中心に演劇ワークショップや公演をおこなっている。２０２1年から東京学芸大学大学院連合学校教育学研究科に在籍し、新たにArts-Based Researchの観点をふまえながら演劇と教育の研究を続けている。

下村 理愛　Rina Shimomura

一般社団法人IMPRO KIDS TOKYO 共同代表／株式会社フィアレス 役員／Tightrope Impro Theatre 講師

富山県出身。筑波大学大学院教育研究科在籍中、東京学芸大学高尾隆研究室にてインプロを学びつつ、カナダやアメリカに渡り、キース・ジョンストンらのワークショップに積極的に参加する。卒業後は株式会社LITALICOにて約四年間、発達障害のある子ども向けのソーシャルスキルトレーニング・親向けレッスン等を担当しながら、一般社団法人IMPRO KIDS TOKYOを設立。２０２1年よりカナダへ移住し、キース・ジョンストンの哲学を基礎としたインプロシアターであるTightropeのキャスト・講師として活動している。

豊田 夏実　Natsumi Toyoda

インプロワークショップファシリテーター

愛知県出身。名古屋大学教育学部卒業。東京学芸大学大学院教育学研究科表現教育コース修了。修士（教育学）。大学院在学中にヴァイオラ・スポーリンについての論文を執筆。大学院修了後はインプロワークショップファシリテーターとして活動。スポーリンのシアターゲームを実践し、スポーリンの教え子である俳優のゲイリー・シュワルツのオンラインワークショップを誘致。また東海地方でのインプロ普及に努め、大学や専門学校、高等専修学校での講師や、民間の学童保育、タレント事務所でもインプロ指導をおこなう。名古屋のインプロチームしばいぬ海賊団の共同主宰としてインプロショーにも出演している。

直井 玲子　Reiko Naoi

東京学芸大学個人研究員／非常勤講師

東京都三鷹市生まれ。東京学芸大学大学院教育学研究科表現教育コース修了。修士（教育学）。松山東雲女子大学講師、青山学院女子短期大学助教を経て現職。東京都内の公立保育園保育士時代からコミュニティーアートや表現ワークショップを学び、学校、病院、劇場、社会福祉施設などにおいて、演劇ワークショップなどの企画制作、指導者として活動する。現在はいくつかの大学の非常勤講師、地方自治体や園内研修の講師としてインプロや演劇教育の授業や講座を担当する。また「インプロとジェンダー探究プロジェクト」の共同代表として実践研究に取り組んでいる。

野村 真之介　Shinnosuke Nomura

お笑いコンビ　オシエルズ／一般社団法人日本即興コメディ協会　インプロファシリテーター／群馬大学非常勤講師

１９８８年鹿児島県枕崎市生まれ。２０１１年東京学芸大学を卒業。２０１３年にお笑いコンビ「オシエルズ」を結成。お笑いライブのネタやＭＣの出演だけでなく、「笑い」をテーマに企業や子どもを対象にしたワークショップ・講演・研修などをおこなっている。２０２０年に公益財団法人日本ユースリーダー協会主催「第11回若者力大賞」ユースリーダー賞を受賞。

福田 寛之　Hiroyuki Fukuda

仮面愛好家／株式会社うその／即興実験学校

一橋大学社会学研究科博士課程単位取得後満期退学。修士（社会学）。２００２年に即興演劇と出会い、BATS Improv や Loose Moose Theatre、Trestle Theatre で即興演技や仮面演技を学ぶ。２０１０年にはキース・ジョンストンを日本に招聘している。現在は、「仮面屋おもて」や仮面の祭典「Tokyo Mask Festival」を運営する一方、即興実験学校でワークショップやショーをおこない、非常勤講師として大学でインプロや仮面を教えている。

堀 光希　Koki Hori

ミテモ株式会社インプロバイザー

２０１７年東京学芸大学芸術・スポーツ文化課程表現コミュニケーション専攻卒業。２０１９年東京学芸大学教育学研究科総合教育開発専攻表現教育コース修了。修士（教育学）。大学在学時より高尾隆が主宰する「即興実験学校」にてインプロのパフォーマンスをはじめる。自身の企画するインプログループ「IMPRO Machine」ではインプロを主軸に活動しており、富士フルモールドシアターと共に「ストレンジシード静岡２０２０」に出演。一日で１００のシーンを即興で作る「インプロ百物語」を上演。企業や学校など多様な現場でインプロのワークショップを実施している。

吉田 梨乃　Rino Yoshida

東京教育専門学校専任講師／成城大学非常勤講師

東京学芸大学大学院連合学校教育学研究科単位取得満期退学。２０１３年より東京都内の区立学校教育支援センターにてソーシャルスキルトレーニングの助手を経て、現在は学校心理士として小中学校に派遣され、児童生徒への授業や教員研修をおこなう。研究テーマはキース・ソーヤーの理論に基づくワークショップ型授業の実践と学級経営の関連性。著書に『児童期・思春期のＳＳＴ ―― 学校現場のコラボレーション』（共著）『教育心理学の最前線』（共著）など。

新曜社

インプロ教育の探究
学校教育とインプロの二項対立を超えて

初版第1刷発行　2024年3月25日

編著者　高尾隆・園部友里恵
発行者　塩浦　暲
発行所　株式会社　新曜社
〒101-0051　東京都千代田区神田神保町3-9
電話 (03)3264-4973(代)・FAX (03)3239-2958
e-mail : info@shin-yo-sha.co.jp
URL : https://www.shin-yo-sha.co.jp/

組版所　Katzen House
印　刷　星野精版印刷
製　本　積信堂

ISBN978-4-7885-1841-4 C1037

新曜社の本

インプロがひらく〈老い〉の創造性
「くるる即興劇団」の実践
園部友里恵 著
四六判１８４頁
本体１８００円

応用インプロの挑戦
医療・教育・ビジネスを変える即興の力
Ｔ・Ｒ・デュデク／Ｃ・マクルアー編
絹川友梨 監訳
Ａ５判２３２頁
本体２５００円

パフォーマンス心理学入門
共生と発達のアート
香川秀太・有元典文・茂呂雄二編
Ａ５判２４４頁
本体２４００円

街に出る劇場
社会的包摂活動としての演劇と教育
石黒広昭 編
Ａ５判２３２頁
本体２４００円

身体《ことば》と言葉《からだ》
舞台に立つために　山縣太一の「演劇」メソッド
山縣太一・大谷能生 著
四六判２６４頁
本体１５００円

遊ぶヴィゴツキー
生成の心理学へ
Ｌ・ホルツマン 著
茂呂雄二訳
四六判２４８頁
本体２２００円

革命のヴィゴツキー
もうひとつの「発達の最近接領域」理論
Ｆ・ニューマン／Ｌ・ホルツマン著
伊藤崇・川俣智路 訳
四六判４５２頁
本体３６００円

＊表示価格は消費税を含みません。